JOACHIM VON KÖNIGSLÖW – BRÜCKEN

JOACHIM VON KÖNIGSLÖW

BRÜCKEN

MYSTERIEN DES ÜBERGANGS

MAYER

Inhaltsverzeichnis

**Moderne Brücken –
Vom Wölben in Stein zum
scheinbar schwerelosen Schwingen**

Von Ursprung und Sinn des Brücken-bauens

Fast alle großen Sinnbilder des Lebens, mit denen der Menschengeist umgeht, sind der Natur entnommen: Fels und Gipfel, Berg und Abgrund; Fluss und Quelle; Baum und Wald; Meer und Sonne. Es gibt aber auch solche, die der menschlichen Kultur entstammen: Tor und Turm, Weg und Mauer, Pflug und Wagen. Aber wie von den Bildern aus der Natur das der Sonne unvergleichlich ist, so ist es unter den Bildern menschlicher Kulturschöpfungen das der Brücke.

Es drückt die größte und weiteste Spannung des menschlichen Bewusstseins und zugleich ihre Überwindung aus: Das Erlebnis, dass es ein »Hier« und ein »Drüben« gibt, dass es Erde und Materie und dass es Himmel und Geist gibt, aber vor allem, dass es eine Verbindung zwischen beidem gibt oder geben muss, und weiter, dass diese Verbindung nicht von selbst da ist, sondern geschaffen werden muss. Kann man die Situation des Menschengeistes auf Erden, eingeschlossen in seinen Leib und in irdische Gesetzmäßigkeiten, aber freiheits- und erlösungsdurstig, kürzer und prägnanter ausdrücken als im Bilde der Brücke?

In diesem Sinne ist die schönste, aber noch vollends ungreifbare Urform der Brücke der Regenbogen, von Gott als Zeichen einer verheißenen Rückkehr ins Paradies, als Sinnbild seines neuen Bundes mit den Menschen nach der Sündflut gesetzt. Die hat sich zwar verlaufen, aber es ist, als habe sich damals die Insel der Menschenwelt vom Urkontinent des Paradieses endgültig abgelöst und drifte nun immer weiter davon ab.

In den Urkulturen stellen die Sonne in der Sonnenbarke, der Fährmann mit seinem Boot, der Seemann mit seinem Schiff die Verbindung über das trennende Gewässer her, sei es irdisch, sei es metaphysisch – so Charon über den Styx, so der heimatsuchende Odysseus über das trennende Meer. In späteren Kulturen wurde der Brückenbau zur vornehmsten Kulturaufgabe des Menschen.

Man kann sagen: Die Religion wurde zu einer solchen Ur-Brücke zwischen Himmel und Erde für die Menschheit, und so ist es kein Wunder, dass sich seit dem ältesten Römertum die herausragendsten Priester als »pontifices«, als »Brückenbauer« bezeichneten. Das mag bei den Römern auch äußere Gründe haben, schließt aber den metaphorischen Sinn immer mit ein. Denn diese Bezeichnung entstammt dem Wissen, dass es irdische und geistige Brücken gibt. Die irdischen Brücken sind von jeher das Übungsfeld des Menschen, Übergänge von Ufer zu Ufer zu schaffen; Brückenbau ist Kulturtat par excellence. Da wird geistig konzipiert und irdisch verwirklicht, was zugleich im umgekehrten Sinne gilt: An der irdischen Brücke wird erübt, was für den Menschen der Brückenschlag ins Spirituelle, ins Übersinnliche werden muss. Denn wer zum Beispiel den Übergang vom Leben zum Tod, dem niemand entgeht, nicht als Sturz in den Abgrund erleben will, muss vorher beginnen, eine Brücke – *seine* Brücke – in die jenseitige Welt zu bauen.

Diese Verhältnisse sind für manch heutigen Menschen etwas in Unklarheit und Verwirrung geraten, sodass sich für ihn verschiedene Richtungen des Fragens ergaben: Sind die Brücken auf Erden Bilder des eigentlichen Sinnes von Brückenschlag, der sich immer im Geistigen abspielt, als Idee, als Lebensprojekt – oder ist die erstrebte Verbindung von der Erde, von der Realität zu fernen, ideellen Zielen nur eine sinnbildliche Projektion dessen, was die Menschen im Laufe ihrer Geschichte als Brückenbau und Brückenformen entwickelt haben?

Jeder mag diese beiden Ansichten erwägen und in sich abwägen. Mir jedenfalls scheint es, dass die sichtbaren Brücken nur dann wie durchleuchtet von »Sinn« erscheinen, wenn man sie als Bilder innerer Prozesse, Absichten und Lösungen zu erleben vermag. Diese Absichten mögen sich irdisch verfestigt haben, diese Prozesse mögen in manchen Brückenkonstruktionen zu formaler Routine erstarrt sein; immer aber steckt in ihnen ein »Mehr«, das jede Brücke zu einem Faszinosum macht.

Das ist eine kühne Behauptung in einem Zeitalter, das alles Bauen funktionalisiert und entzaubert hat. Sie ist dennoch wahr. Denn nur scheinbar, solange man den Blick nicht über die Durchschnittlichkeit technischer und formaler Routine erhebt, ist das Bauen von Brücken entzaubert worden. Man werfe nur einen Blick auf die großen Brückenbauwerke unserer Zeit, die Ströme, tiefe Schluchten und ganze Talweitungen überspannen, die Meeresbuchten und ganze Meeresarme überschwingen. Da gerät man in ein Staunen, das einem den Atem benehmen kann!

Solche »Urbrücken« aus zu Seilen geflochtenem Naturmaterial findet man auch heute noch in den Anden und im Himalaya.

So rekonstruierte E. Duperrex 1907 die Brücke über die Donau, die Apollodorus unter Kaiser Trajan etwa 105 n. Chr. errichtete.

Wagen wir also eine noch kühnere Behauptung: Solche Brückenbauten sind die völlig säkularisierten Tempelbauten unserer Zeit. Das ist keine Blasphemie! War noch im Mittelalter Religion die Brücke zu Gott – Brücke zum als geistig erlebten Sinn des Menschenwesens, so waren die großen Kathedralen die sichtbaren Brücken zu Gott und ihre gewaltigen Türme die Brückenpfeiler. Ist heute die Eroberung und Durchdringung des Raumes, ist Kommunikation im Raum und im sozialen Gefüge der Menschheit die Chimäre, der unsere Zeit als ihrer Religion nachjagt und der sie ihre Tempel baut, so sind eben jetzt die Brücken über die Meeresarme und die Alpenschluchten ihre Heiligtümer: über das »Golden Gate«, über den Hafen von Sydney, über den Bosporus und den Fehmarn-Belt, über die Elbe-Mündung bei Hamburg oder die Mündung der Seine bei Rouen oder gar die Brücke über den Öresund, die seit kurzem die Ostsee zu einer Art Binnensee macht.

Diese Brücken sind in die Horizontale gespannte »Tempel« – ein wenig »tierisch« könnte man meinen, wie ja auch die Tiere fast alle in die Horizontale gestreckt und eingeordnet sind. So »springen« solche Brücken unnachahmlich elegant und gespannt wie ein Raubtier nach dem Anlauf über ihre ersten Pfeiler zum Hauptsprung über die große Weite der Mittelöffnung, die heutzutage kilometerbreit sein kann. Aber dieses »Raubtierhafte« ist nur der eine Aspekt. Vergessen wir den anderen nicht: Je größer die Spannweite der Mittelöffnung ist, desto höher müssen die Pylonen sein, über die die Stahlseile und Haltetrossen solcher modernen Brücken gezogen sind. Längst haben sie die Höhe der höchsten Kathedralen übertroffen!

War einst der »Pylon« die aufgereckte Torwand eines ägyptischen Tempels, Tor zu einem Brückenschlag ins Geistige, der sich ganz als dunkles, unterirdisches Mysterium im dahinterliegenden Tempel abspielte, so sind »Pylonen« im Sprachgebrauch, den der heutige Mensch normalerweise als einzigen kennt, die beiden luftigen Stahltürme oder -tore (oft auch nur ein einziger), über die sich die Seile spannen, an denen die ganze Brückenkonstruktion aufgehängt ist. Auch heute »Tor«, wie im Alten Ägypten, aber nicht mehr den Weg in ein unterirdisches Mysterium weisend, sondern in die luftigste Weite eines Brückenschlags, der uns nach

Die mit Häusern und Läden überbaute mittelalterliche Londonbridge in einer Stadtansicht des Matthäus Merian.

einem sanft gekrümmten Schwung durch die Luft auf dem anderen Ufer des Flusses oder Meeres oder Abgrunds wieder auf den festen Boden der Erde entlässt.

Zwei solche Tore, gleichsam noch als Tempelpylonen ausgebildet, zeigt uns eines der ältesten Beispiele dieses Brückentyps: die berühmte Kettenbrücke über die Donau in Budapest, erbaut in den Jahren 1837 bis 1849. In einer Anekdote zu ihrer Entstehung scheint der Doppelsinn des Brückenbaus auf; deshalb sei sie hier eingefügt: Ihr Inaugurator war Stephan Graf Széchenyi, der große ungarische Staatsmann. Als 1820 sein Vater gestorben war, konnte er wegen des starken Eisgangs nicht über die Donau zu dessen Begräbnis gelangen; die sommers bestehende Schiffsbrücke war abmontiert. Dieses Erlebnis nagte an ihm, und er ruhte nicht, bis

Die Budapester Kettenbrücke, erbaut 1837-1849 durch William Thierney Clark, spielte schon in der Revolution von 1848 eine wichtige Rolle als Donauübergang.

er den Bau einer festen Brücke ins Werk setzen konnte; das zog sich bis 1837 hin. Zuvor, auf einer Englandreise, hatte er dort den »modernen« Brückenbau studiert und in WILLIAM THIERNY CLARK den Ingenieur gefunden, der ihm die Brücke projektierte, die nach ihrer Vollendung am 20. November 1849 lange Zeit als Wunderwerk galt.

Wunderwerke sind auch die allermodernsten Brücken, von denen wir eben sprachen und die uns so leicht und schwebend auf das andere Ufer setzen. Werden wir - wie im ägyptischen Tempel – dadurch verwandelt? Nein! Jedenfalls nicht im Vollzug des Brückenübergangs, vor allem nicht, wenn wir ihn im Auto in der »Rushhour« vollziehen; denn für Autos, nicht für Menschen sind diese Brücken gemacht. Wenn wir uns aber wirklich – als Menschen – dem Anblick solcher Meisterwerke der Technik stellen, dann können uns angesichts dieser nun ganz »offenbaren Mysterien« die Augen für das Wunder des Übergangs geöffnet werden!

Dazu ist freilich eine Bewusstseinsanstrengung nötig; aber gerade um ein solches »Augen-Öffnen« für die Mysterien des Übergangs soll es in diesem Buch gehen, von den bescheidensten Anfängen des Brückenschlags an.

Brücken zwingen uns nicht. Sie sind da. Wir können sie benutzen oder nicht. Ihr Überschreiten verlangt keine Einweihung, keine Verwandlung, ja meistens nicht einmal mehr wie früher einen Brückenzoll oder eine Gebühr. Man denke, wie es wäre, wenn man je nach Länge oder Schönheit für jeden Brückengang etwas bezahlen müsste! Wie kostbar wäre dann das andere Ufer! Ist es doch bei jeder Fähre oder jeder Schiffsfahrt so! Aber es ist nicht ausgeschlossen, dass so ein Brückenzoll wieder eingeführt wird, schließt ihn doch jede Autobahngebühr schon ein.

Die mit jedem Übergang, mit jedem Brückenschlag verbundene »Einweihung«, den Kampf und die Mühe und die entsprechende Bewusstseinsverwandlung hat nämlich schon der Erbauer für uns abgeleistet. Die mittelalterlichen Brückenbauer - das waren halb mönchische Bruderschaften – taten es »um Gottes willen«, als ein frommes Werk; für die modernen Brückenbauer, die Ingenieure der Neuzeit, war es ein Ringen um neue Erkenntnisse und deren technische Umsetzung, und oft ein persönliches Schicksalsdrama. So ist es kein Wunder, dass die ersten Ingenieure, die in England begannen, Meeresarme zu überbrücken, Pioniere mit dramatischen Lebensschicksalen waren. Ihr Ringen und ihr Werk wurden von den Zeitgenossen auch als menschliche Großtat erlebt. So kommt es, dass THOMAS TELFORD (1757–1834), der Erbauer der Brücke über den Menai-Meeresarm in Wales, und die beiden Stevensons, der Vater GEORGE (1781–1848) – der Konstrukteur der ersten Lokomotive – und vor allem sein Sohn ROBERT (1803–1859), der große Brückenbauer, in der Westminster-Abbey unter den »Großen« Englands beigesetzt wurden.

THEODOR FONTANE hat uns in seiner Ballade von der »Brücke am Tay« ein dramatisches Denkmal dieser Pionierzeit des Brückenbaus hinterlassen, und manchem wird noch aus seiner Schulzeit der Refrain im Ohr klingen: »Tand, Tand ist das Gebilde von Menschenhand!« Das rufen die Hexen, die den Einsturz der Brücke ins Werk setzen. FONTANE schrieb seine Ballade am 29. Dezember 1879, unmittelbar nach dem Bekanntwerden des Unglücks, als unter der Wucht eines schweren Wintersturms das Mittelstück der damals längsten, erst zwei Jahre zuvor erbauten

Kircher.

Die legendäre Clifton-Brücke über den Avon in Bristol, geplant und begonnen 1836 von Isambard Kingdom Brunel, aber erst nach seinem Tode am 18.12.1864 eingeweiht – heute noch in Gebrauch.

Eisenbahnbrücke in Schottland zusammenbrach und einen Zug samt allen Menschen darin in die Tiefe riss.

Die Erschütterung durch diese Katastrophe ließ den Dichter die Metapher des »Turmbaus zu Babylon« wählen, die alles große Kulturwerk und Kulturwagnis als Hybris verdammt. Aber jede Kulturtat ist eine Münze mit zwei Seiten: Sie ist zugleich »Tempel der Zukunft« - wie auch der Turm zu Babel (soll man sagen: »in Wirklichkeit«?) ein heiliges Tempelbauwerk war. Die Hexen FONTANES – sie sind Nachfahren der SHAKESPEARE'SCHEN Hexen aus »Macbeth« – sind heute antiquierte Wesen, ebenso wie heute eine pauschale Verteufelung des Fortschritts als gotteslästerlich antiquiert ist.

Moderner, realistischer ist der kritische Blick auf solche Taten des Fortschritts als Frage nach dem Schicksalsdrama und der Gewissensprüfung und Moral des Erbauers. Unter diesem Gesichtspunkt hat den gleichen Brückenbau und sein Misslingen der deutsche Schriftsteller MAX EYTH beschrieben, und zwar in dem tief bewegenden Kapitel »Berufstragik« seines berühmten Buches »Hinter Pflug und Schraubstock«.

Es gibt etwas, das den Begriff der »Tragik« noch überhöht und läutert: Es ist das Opfer. Damit der Bau nicht Hybris, Gotteslästerung sei, muss er durch ein Opfer gerechtfertigt sein oder muss gar selber Opfertat sein! Beschäftigt man sich mit der Geschichte des Bauens, vor allem aber des Brückenbaus, stößt man allenthalben auf zahlreiche Bauopfersagen, die uns aus archaischen Kulturen, sei es vom Balkan, aus Griechenland oder aus dem Mittelalter, überliefert sind. Griechische und albanische Volksballaden sprechen sozusagen gläubig davon. In das große Werk des jugoslawischen Nobelpreisträgers IVO ANDRIĆ »Die Brücke über die Drina« ist das Motiv des Bauopfers als eine Geschichte furchtbaren Aberglaubens, abergläubischer Bauverhinderung und deren schrecklicher Bestrafung eingegangen:

Die Firth-of-Forth-Brücke in Schottland, erbaut 1883-1890 von Fowler und Baker. Nach der Einsturz-Katastrophe der »Brücke am Tay« sollte dieses eindrucksvolle Bauwerk jene Brücke übertreffen als Beispiel von Festigkeit und von der Größe der Ingenieurkunst.

Historische Aufnahme der Alten Brücke (Stari Most) von Mostar, 1566 erbaut von Sinan oder seinem Schüler Hayrudin, zerstört am 9. November 1993; als Replik wieder errichtet und eingeweiht am 23. Juli 2004.

> »Leicht erdenkt das Volk Geschichten und schnell verbreitet es sie, die Wirklichkeit aber verknüpft und vermischt sich wundersam und untrennbar mit diesen Geschichten. Die Bauern, die des Nachts dem Guslaren zuhörten, erzählten, die Fee, die den Bau (der Brücke über die Drina bei Wischegrad) zerstöre, habe Abidaga (den Bauführer) wissen lassen, dass sie erst dann mit der Zerstörung aufhören würde, wenn er in die Grundmauern zwei Kinder, Brüder und Schwestern, namens Stoja und Ostoja (= Halte und Bleibe) einmauere. Und einige schworen, sie hätten die Sejmen (= Polizisten) gesehen, wie sie in den Dörfern ein solches Kinderpaar suchten.«[1]

ANDRIĆ ist solchen Geschichten gegenüber Agnostiker und motiviert sie aus der Volkspsyche heraus; aber die Überzeugung, dass der Bau einer Brücke ein heiliges Werk, in einem höheren Sinne ein Opfer sei, das der Bauherr und Stifter der Menschheit bringe, ist tief in ihm verwurzelt. Damit steht er, der unter der Brücke von Wischegrad aufwuchs, unter dem Eindruck einer alten türkisch-islamischen edlen Tradition: die Brücke zu verstehen als fromme Stiftung zum Nutzen der Mitmenschen. Das ist eine Idee, die viele Brückenbauten im alten Osmanischen Reich beförderte und der rationalen Mystik des Islam entsprach; eine Haltung, die dann auch im aufgeklärten Europa manchen Fürsten bewogen hat, den Nutzen einer Brücke mit dem Ruf, ein Wohltäter zu sein, zu verbinden.

Aber das ist nicht der wahre Sinn eines Opfers. Der spricht sich in der tiefsten Brückendichtung, die es gibt, in GOETHES »Märchen«, ganz anders aus:

Die Welt ist zerfallen in zwei Reiche, die vom Flusse getrennt sind. Im einen betrauert die »Schöne Lilie«, deren Berührung alles Lebende zu Tode bringt, ihr Geschick und wartet auf Erlösung; im anderen sehnt sich der Jüngling – ein edler Königssohn – nach der Geliebten, der Schönen Lilie, von der er weiß, dass ihre

[1] *IVO ANDRIĆ, »Die Brücke über die Drina«, Frankfurt 1962.*

Berührung ihm den Tod bringen wird. Die Unvereinbarkeit der beiden Welten, der Jenseitig-Geistigen wie der Diesseitig-Irdischen, von Körper und Geist, ist damit ebenso gemeint wie das unausweichliche Aufeinander-Bezogensein von Geist und Stoff: Das ist das Drama der menschlichen Seele, die beides in sich zu vereinen hat.

Herüber ans diesseitige Ufer hat den Jüngling der Fährmann gebracht; aber zurück ans andere Ufer darf der ihn nicht wieder bringen. Trauer herrscht auf beiden Seiten des Flusses; aber es gibt die Prophezeiung einer Erlösung. »Ach, warum steht der Tempel nicht am Flusse! Ach, warum ist die Brücke nicht gebaut!«, singt die Schöne Lilie.

Es gibt allerdings Möglichkeiten, über den Fluss zu gelangen: Der Schatten des Riesen zur Zeit der Morgen- oder Abenddämmerung trägt einen hinüber – aber das ist ein Übergang in Traum und Fantasie, der im klaren Licht des Tages nicht möglich ist. Zur Höhe der Mittagszeit aber spannt die Grüne Schlange ihren Leib als einen festen Bogen aus Edelstein über den Fluss – das ist ein Übergang in den erhöhten Augenblicken menschlichen Seins. Beides sind bedingte Ausnahmen, nicht der ersehnte freie Verkehr der Menschen hinüber und herüber! Die Schlange tröstet zwar die Schöne Lilie, kennt sie doch die Vorzeichen baldiger Erlösung:

> »Die Weissagung von der Brücke ist erfüllt!, rief sie aus; fragt nur diese gute Frau, wie herrlich der Bogen gegenwärtig erscheint. Was sonst undurchsichtiger Jaspis, was nur Prasem war, durch den das Licht höchstens auf den Kanten durchschimmerte, ist nun durchsichtiger Edelstein geworden. Kein Beryll ist so klar und kein Smaragd so schönfarbig.
> Ich wünsche Euch Glück dazu, sagte Lilie, allein verzeiht mir, wenn ich die Weissagung noch nicht erfüllt glaube. Über den hohen Bogen Eurer Brücke können nur Fußgänger hinüberschreiten, und es ist uns versprochen, dass Pferde und Wagen und Reisende aller Art zu gleicher Zeit über die Brücke herüber- und hinüberwandern sollen. Ist nicht von den großen Pfeilern geweissagt, die aus dem Flusse selbst heraussteigen werden?«

Und doch mehren sich alsbald die Vorzeichen. Die Schlange hat bei ihren Streifzügen durch die Klüfte der Erde entdeckt, dass der unterirdische Tempel erbaut ist, und vom Alten mit der Lampe ertönt zum ersten Male der entscheidende Ruf: »Es ist an der Zeit!« Dieser Alte ist der Eingeweihte, der die Entwicklung überschaut. Da beschließt die Schlange – auch sie eine der Kräfte in diesem innerseelischen Drama –, sich zu opfern. Es ist das im Augenblick der größten Tragik, da der Königssohn die schöne Geliebte endlich doch erreicht hat, sie umfasst und leblos niedersinkt. Noch einmal steht die Schlange als leuchtender Bogen über dem Fluss – etwas vom Wesen der »Urbrücke« des Regenbogens scheint in ihr auf! Dann zerfällt sie in abertausend Edelsteine, die der Alte sorgfältig sammelt und in den Fluss schüttet. Der nimmt diese Opfer an.

Weitere Ereignisse und Vorzeichen kommen hinzu, und das verheißungsvolle »Es ist an der Zeit« ertönt zum zweiten und zum dritten Male. Als das aber geschehen ist, beginnt der Tempel sich zu bewegen, gleitet unter dem Flusse hindurch und steigt am anderen Ufer ans Licht der Sonne empor. Dieses wunderbare Geschehen erleben alle, die betroffen sind, im Inneren des Tempels mit, und schließlich heißt es:

> »Über dieser Feierlichkeit, dem Glück, dem Entzücken hatte man nicht bemerkt, dass der Tag völlig angebrochen war, und nun fielen auf einmal durch die offene Pforte ganz unerwartete Gegenstände der Gesellschaft in die Augen. Ein großer, mit Säulen umgebener Platz machte den Vorhof, an dessen Ende man eine lange und prächtige Brücke sah, die mit vielen Bogen über den Fluss hinüberreichte; sie war an beiden Seiten mit Säulengängen für die Wanderer bequem und prächtig eingerichtet, deren sich schon viele Tausende eingefunden hatten und emsig hin- und widergingen. Der große Weg in der Mitte war von Herden und Maultieren, Reitern und Wagen belebt, die an beiden Seiten, ohne sich zu hindern, stromweise hin- und herflossen. Sie schienen sich alle über die Bequemlichkeit und Pracht zu verwundern, und der neue König mit seiner Gemahlin war über die Bewegung und das Leben dieses großen Volks so entzückt, als ihre wechselseitige Liebe sie glücklich machte …
>
> Gedenke der Schlange in Ehren, sagte der Mann mit der Lampe, du bist ihr das Leben, deine Völker sind ihr die Brücke schuldig, wodurch diese nachbarlichen Ufer erst zu Ländern belebt und verbunden werden. Jene schwimmenden und leuchtenden Edelsteine, die Reste ihres aufgeopferten Körpers, sind die Grundpfeiler dieser herrlichen Brücke, auf ihnen hat sie sich selbst erbaut und wird sich selbst erhalten …«

Damit haben wir aus dem vielfältigen Kosmos dieser Dichtung freilich nur das eine, das Motiv der Brücke, herausgelöst und dargestellt. Aber nur um das geht es ja hier, und in wunderbaren Bildern wird uns von Goethe gezeigt, wie nur das Opfer eines Teiles von uns selbst – denn seit dem Sündenfall ist die Schlange uns ja einverleibt und »einverseelt« – einen echten Brückenschlag im Leben ermöglichen kann.

Die Brücke bildet nun mit dem neu aufgetauchten Tempel eine fest zusammengehörige Einheit. Denn über die Brücke hinweg kommunizieren die Menschen mit dem Tempel! Das ist nicht ein bloßes Hin und Her zwischen gleichgültigen Ufern: Zu dem »Mysterium des Überganges« gehört als ein wesentlicher Aspekt, dass die Ufer jeweils von verschiedener Qualität sind. Das mag einem wohl beim Schicksalsstrom, dessen Ufer Tod und Leben, Diesseits und Jenseits sind, ohne weiteres einleuchten, nicht aber bei den Ufergefilden irdischer Flüsse, und doch ist deren Verschiedenartigkeit ein »offenbares Geheimnis«. Man kommt ihm aber nur mit großem Einfühlungsvermögen auf die Spur.

Der »aufgeklärte Zeitgenosse« glaubt oder denkt, die Ufer eines Flusses, eines Meeresarmes seien gleich: Es ist das gleiche geografische Gebiet unten, der gleiche Himmel darüber, meistens die gleichen Menschen, die gleichen Sitten hüben wie drüben. Gehören die Ufer verschiedenen Ländern an, so ist das eine andere Sache, die geschichtlich oder politisch zu begründen ist, aber meist wenig mit den Ufern selbst zu tun hat. Da müsste man denn schon an solche besonderen Phänomene denken wie die unterschiedlich ausgeprägten Berg- und Wiesenufer der osteuropäischen Ströme. Aber wird an ihnen nicht nur deutlich sichtbar, was immer gilt: ein feines Anders-Sein der Ufer?

Der Mensch trägt auf seine Weise diese feinen Qualitätsunterschiede der Ufer in sich. Auf welchem er sich auch befindet, das gegenüberliegende Ufer ist immer das »andere«, das, zu dessen Erreichen eine Anstrengung, eben ein Brückenschlag nötig ist. Auf einem vergleichbaren Felde wiederholt sich da derselbe ewige Wesensunterschied wie bei den Geschlechtern. Zwischen ihnen ist *Liebe* der einzige *echte* Brückenschlag! So beschreibt es auch das Märchen:

Nachdem der Alte mit der Lampe nach dem Auftauchen des Tempels den Jüngling den drei Königen zugeführt hat, weihen ihn diese mit vermächtnishaften Worten zu künftiger Regierung. Der eherne König mit dem Rufe: Das Schwert zu der Linken, die Rechte frei!, der silberne mit den Worten: Weide die Schafe!, der goldene mit der Aufforderung: Erkenne das Höchste! – Nachdem er diese Weihe empfangen hat, eilt er zur Schönen Lilie, umfängt sie und spricht, zum Alten gewendet:

> »O mein Freund!, herrlich und sicher ist das Reich unserer Väter, aber du hast die vierte Kraft vergessen, die noch früher, allgemeiner, gewisser die Welt beherrscht: die Kraft der Liebe. Mit diesen Worten fiel er dem schönen Mädchen um den Hals; sie hatte den Schleier weggeworfen, und ihre Wangen färbten sich mit der schönsten unvergänglichsten Röte.
>
> Hierauf sagte der Alte lächelnd: Die Liebe herrscht nicht, aber sie bildet, und das ist mehr.«

Was die Liebe und das Opfer gebildet haben, wird nun sichtbar. Denn unmittelbar nach diesen Worten des Alten folgt die vorher zitierte Beschreibung der Brücke als Frucht des Opfers der Schlange.

Wie selten aber gelingt im Leben dieser Brückenschlag dauerhaft! Welt und Leben sind voll von misslungenen Brückenschlägen, Brückenruinen, Behelfsstegen oder Brücken aus Eis oder Zucker, die bald schmelzen oder schwinden, und meist ziehen die Wasser breit und brückenlos dahin! Wäre der Unterschied zwischen den Geschlechtern zu eliminieren, wäre das Leben um seine wesentlichen Spannungen, Farben und Anreize gebracht!

Zwischen den Ufern der Flüsse ist diese Eliminierung der Unterschiede – genauer gesprochen: des Erlebens der Unterschiede – schon weitgehend gelungen. Wenn ein Autofahrer über die Brücken unserer Städte gleitet, nimmt er den Fluss nicht mehr wahr; der müsste schon so breit wie der Rhein sein. Er sieht nur den Verkehr und die Schilder; nichts im fortlaufenden Band des Verkehrsweges zeigt die Brücke an, die nur der seitlich Stehende noch sieht. Auf den Autobahnen ist das Übergangs-Erlebnis auf das blaue Flussschild über dem Wellensymbol am Straßenrand verkürzt – und ohne es zu bemerken, rast der Autofahrer, von hohen Schutzwänden abgeschirmt, über einen gewaltigen Abgrund: das Kochertal oder das Moseltal bei Winningen.

Aber ist diese Erlebnis-Reduktion eine Realität? Ist sie nicht vielmehr Kennzeichen eines uns auferlegten Realitätsverlustes, der den Menschen um viele der in ihm veranlagten Möglichkeiten bringt, Spannungen auszuhalten und Anreize zu empfinden, die ihm Kraft und Lust zu schöpferischen Taten geben könnten?

Ein schönes Beispiel solchen Anreizes beschreibt Goethe in »Dichtung und Wahrheit«. Welche Fülle von Welterfahrung liegt in den schlichten Worten, mit denen der alte Goethe das Wandeln des jungen durch Frankfurt beschreibt:

> »Am liebsten spazierte ich auf der großen Mainbrücke. Ihre Länge, ihre Festigkeit, ihr gutes Aussehen machte sie zu einem bemerkenswerten Bauwerk; auch ist es aus früherer Zeit beinahe das einzige Denkmal jener Vorsorge, welche die weltliche Obrigkeit ihren Bürgern schuldig ist. Der schöne Fluss auf- und abwärts zog meine Blicke nach sich; und wenn auf dem Brückenkreuz der goldene Hahn im Sonnenschein glänzte, so war es mir immer eine erfreuliche Empfindung. Gewöhnlich ward alsdann durch Sachsenhausen spaziert und die Überfahrt für einen Kreuzer gar behaglich genossen. Da befand man sich nun wieder diesseits, da schlich man zum Weinmarkte, bewunderte den Mechanismus der Krane wenn Waren ausgeladen wurden.«[2]

Es sei vor allem auf den unscheinbaren Satz hingedeutet: »Da befand man sich nun wieder *diesseits*.« Der junge Goethe war »jenseits« gewesen. Sachsenhausen ist das andere Ufer. Man muss sich stets ein wenig »Jenseits« verschaffen, um wieder wache Augen für das »Diesseits«, für den »Mechanismus der Krane« zu haben. Eine leichte Spannung hat sich aufgebaut, sie löst sich während der Überfahrt in eine »gar behagliche Stimmung« auf. Es war die Brücke, die dem fein empfindenden Kind, das Goethe damals war, dieses Erlebnis ermöglichte. Sie war ein Denkmal der Fürsorge der Obrigkeit – irdisch betrachtet –, sie war aber auch heilig und himmlisch sanktioniert, wenn die Sonne auf dem goldenen Hahn des Brückenkreuzes glänzte. In dieser anmutigen Schilderung haben wir, fein angedeutet, die ganze Fülle der Brückenmetaphorik.

Ob sich darauf wohl ab und zu ein heutiger Frankfurter besinnt, der womöglich im Stau der Rushhour auf einer der Mainbrücken im Auto schwitzt? Vielleicht geht er einmal zu Fuß über den Kettensteg, um den Übergang auszukosten und sich der Frankfurter Skyline distanziert gegenüberzustellen. Denn Goethes »Alte Mainbrücke« gibt es ja nicht mehr, nur noch als eine moderne Replik anstelle der alten, als ein Bauwerk, in dem man die mittleren Bögen durch eine moderne Balkenträgerkonstruktion ersetzt hat, um der Schifffahrt eine genügend weite Öffnung zu geben.

Aus einem guten elementaren Instinkt heraus verschaffen sich Kinder dieses Erlebnis des Übergangs, von Hin und Zurück, wie es Goethe beschreibt, wenn sie über ein Brückchen am Bach hin- und herlaufen, oder wenn es gar deren zwei gibt, über die man nach drüben und zurück laufen kann. Und schließlich gibt es, oder wie wir heute sagen müssen: gab es – als höchste Steigerung, als ein übermütiges »Festhalten« dieses Augenblicks des Schwebens über dem Wasser zwischen den Ufern den Tanz, den Reigen auf der Brücke. Jedermann kennt das alte Tanzlied: »Sur le Pont d'Avignon on y danse, on y danse …« Aber wir brauchen so weit gar nicht zu gehen: »Es führt eine Brücke über den Main …« Das sangen und tanzten

[2] Johann Wolfgang von Goethe, *»Dichtung und Wahrheit«, Erstes Buch.*

früher die Erwachsenen auf der Brücke, heute singen und spielen es allenfalls noch die Kinder im Kindergarten.

Was eine Brücke ist: das Wissen darum verdanken wir meist den Erlebnissen der Kindheit. Bei Ivo Andrić, dem großen Brückenliebhaber, klingt das so:

> »Wenn ich an Brücken denke, so taucht in mir die Erinnerung auf, nicht an jene, über die ich am meisten gegangen bin, sondern an diejenigen, die meine Aufmerksamkeit und meinen Geist am stärksten festgehalten und angeregt haben. Da sind zuerst die Brücken von Sarajewo, über die Miljacka, deren Lauf das Rückgrat von Sarajewo bildet; sie sind seine steinernen Wirbel. Ich sehe sie deutlich und zähle sie, der Reihe nach. Ich kenne ihre Bögen und ihre Geländer.«[3]

Bleiben wir, um eine weitere Dimension der Brücke zu erfassen, in Bosnien. In Bosnien, genauer in Herzegowina, stand eine der schönsten Brücken der Welt, die sich durch tausend Abbildungen in das Bewusstsein der Menschen geprägt hatte und als Titelbild zahlreicher Jugoslawien-Bücher gar zum Sinnbild für dieses ganze, nun untergegangene Land geworden war. Es ist der »Stari Most« – die »Alte Brücke« – in Mostar gemeint. Sie war aus hellem Kalkstein gefügt und überspannte in einem unnachahmlich kühnen und zugleich leichten Bogen die schluchtartig eingetiefte Neretva. Sie wurde im November 1993 von der kroatischen Artillerie zerschossen. Abertausende von Touristen kennen sie noch, sind arglos hinüber und herüber gewandelt. Wie leicht kam einem dabei die Metapher von der Brücke zwischen Orient und Okzident, von der Brücke zwischen den Kulturen über die Lippen, auch wenn beide Ufer – wir sprachen davon – doch scheinbar gleich waren.

Der Krieg hat uns grausam eines Besseren belehrt. Nicht dass es so hätte sein müssen, aber dieser Krieg hat bewirkt, dass die Metapher von der Verschiedenartigkeit der Ufer – hier die Welt der westlichen, katholisch geprägten, herzegowinischen Kroaten, dort die Welt der östlichen, islamisch geprägten, bosnischen Muslime – in die Wirklichkeit gestoßen wurde! Der Abgrund ist nun unüberbrückbar. Der mit viel Geld und politischem Druck ins Werk gesetzte und zugleich so naive Versuch der Versöhnung, für den gerade Mostar zum Beispiel und zum Sinnbild erkoren worden war, schlug fehl. Deshalb steht über Mostar heute – so paradox es klingt – die zerstörte helle Brücke als ein wahreres Sinnbild der Lage, als es die sichtbar existente Brücke jetzt sein könnte. Die Brücke, stände sie noch, oder würde, was inzwischen ja geschehen ist, wieder aufgebaut, wäre eine Lüge. Denn das Phantombild der einstigen Brücke steht schmerzend in der Erinnerung und ist die »wirklichere« Brücke. Das Phantom ist die Realität! Es schmerzt so, weil das Phantombild bezeugt, dass der Brückenschlag innerlich und äußerlich keine Utopie, keine Unmöglichkeit war, sondern durch menschliches Ungenügen, menschliche Schuld ins Reich der Zerstörung hat eingehen müssen.

So ist diese Brücke nach 400 Jahren irdischen Bestehens in das Reich der geistigen Urbilder zurückgekehrt, wo sie weiter besteht, nicht anders als der Regenbogen. Manchmal wird sie in der Erinnerung auftauchen und in unserem Geist erscheinen wie unter bestimmten Witterungsverhältnissen der Regenbogen erscheint – ungreifbar und doch real.

[3] Ivo Andrić, *»Brücken«, in: »Brücken der Welt«, herausgegeben von Oto Bihalji-Merin, Wiesbaden o.J.*

In diesem Sinne müssten sich auch viele Brücken im menschlichen Zusammenleben nach ihrem Wahrheitsgehalt befragen lassen. Damit stoßen wir auf ein unauflösbares widersprüchliches Phänomen alles menschlichen Seins und Schaffens: Es kann nur im »Diesseits«, im Reiche des Fertigen, Unlebendigen, Toten, Form und Dauer gewinnen. Daher kann jedes geschaffene Werk immer nur Denkmal, Hinweis auf das ursächlich zugrunde liegende Leben, den bewirkenden Strom schöpferischer Kräfte sein.

> »Warum kann der lebendige Geist dem Geist nicht erscheinen?
> Spricht die Seele, so spricht, ach, schon die Seele nicht mehr«,

heißt es in den »Xenien« von SCHILLER und GOETHE. Baut der Mensch, so ist das, was er gebaut hat, schon dem lebendigen Bauprozess entfallen, ist Mal, ist Zeichen, ist Erinnerung an einen lebendigen Schöpfungsvorgang geworden.

Das Reich der produktiven Ideen ist aber nur die eine, die höchste Daseinsstufe eines Bauwerks; es gibt auch die andere: die Stufe seiner Zwecke und Funktionen. Wenn das Bauwerk als Träger seiner Funktionen seinen Zweck erfüllt, bleibt es dienend im Strome des Lebens. Erst wenn etwa die Verkehrsströme sich andere, modernere, breitere und bequemere Übergänge suchen, dann entfällt das Bauwerk dem Leben. Es ist zum Denkmal geworden; als ästhetische oder historische Kulisse Bild einer früheren Realität.

Doch diese Situation – gleichsam die »Brückenidylle« – gibt es in Deutschland selten. Auch die der Gestalt nach alten Brücken, die wir in unserem Lande noch finden, sind der Substanz nach kaum noch Zeugnisse des ursprünglichen Bauens. Kriege, Zerstörung, Hochwasser, Modernisierung haben die originale Bauform und -substanz zerstört. Stein für Stein oder im Ganzen wurde das Bauwerk erneuert und verjüngt. Als jungem Menschen war mir dieses Renovieren und Rekonstruieren ein furchtbares Gräuel; ich glaubte zu empfinden, dass mit der Patina, den Rissen und Sprüngen auch das Wesen selber verloren gehe und seine Wahrhaftigkeit verliere. Das stimmt, und doch hat mir die Lebenserfahrung mittlerweile gezeigt, dass das Wesen die zugrunde liegende Idee in ihren Wandlungen ist und dass ihre Einkleidungen und Materialisationen wechseln können, ja wechseln müssen! Was am Kölner Dom oder am Dom zu Speyer ist denn noch wirklich original? Und doch möchte ich auf das Bild dieser Bauwerke nicht verzichten, solange da auch nur eine Spur von Kontinuität ist. Solange da so etwas wie der fortdauernde Lebenstrieb des tausendjährigen Rosenstocks von Hildesheim ist, der sich aus dem Schutt herausdrängt und dem sich wieder erneuernden Strauch fortdauernde Identität gibt.

Fragwürdig wird es, wenn nach fünfzig Jahren völliger Unterbrechung ein neues Bauwerk plötzlich in den alten Formen wieder aufwächst wie die Frauenkirche in Dresden. Doch ist das ein vielschichtiges Problem. Sie wächst nicht um ihrer selbst willen in die Höhe, sondern um des Bildes von Dresden willen, das zwar nicht mehr intakt, aber noch da ist und in dem sie – als rekonstruierbarer Teil – empfindlich fehlt. Ein anderer Teil dieses Bildes von Dresden ist die Augustus-Brücke über die Elbe. Sie ist noch da. Aber ist es noch dieselbe Brücke, die auf dem berühmten Bild von Canaletto über den Fluss führt? Keineswegs! Denn sie wurde vor dem

Ersten Weltkrieg neu erbaut, wenn auch in den alten Formen rekonstruiert und erweitert. Ihre den alten nachempfundenen Formen tragen zur Authentizität des berühmten Bildes der Elbfront in Dresden bei und rechtfertigen nun ihrerseits den Aufbau der Frauenkirche. So verwickelt sind die Verhältnisse!

Gibt es unter den großen alten Brücken Deutschlands eine, die noch ganz »die alte« wäre? Die »alte« – ja, aber in welchem Zustand ihres Altseins? Dem römischen? Dem mittelalterlichen? Dem barocken? – Dem Zustand, in dem sie unseren Augen in der Realität oder auf Bildern so überliefert ist, dass wir sagen: *das ist* sie! Wann ist ein Mensch er selbst? Als junger, als alter oder als Mensch in einer anderen bestimmten Lebenssituation? Das ist bei GOETHE nicht zu sagen, bei BISMARCK ja, bei CHAPLIN erst recht!

Schauen wir mit dieser Frage auf ein paar alte, berühmte Brücken hin: die Römerbrücke in Trier – die Drususbrücke über die Nahe in Bingen – die »Steinerne Brücke« in Regensburg – die Alte Mainbrücke in Würzburg – die gedeckte Rheinbrücke in Säckingen – die Schlossbrücke in Berlin, so lautet die Antwort: Alle diese Brücken sind im Wesentlichen Rekonstruktionen eines bestimmten Zustandes, der sich als der »kanonische« erwiesen hat. Da mag unter den großen alten Brücken Deutschlands vielleicht nur die Neckarbrücke in Heidelberg noch ganz die alte sein, so wie sie auch schon geisterhaft auf den Bildern Turners figuriert. Aber damals, zu Turners Zeiten, war sie eine noch junge Brücke (erbaut 1789), erst wenige Jahrzehnte alt.

Nur da, wo die Erinnerungsbilder der Menschen stark genug waren, sind nach 1945 die Brücken in den alten Formen neu entstanden, als bildgewordene Konstruktions- oder Formidee.

Betrachten wir daraufhin einmal den langen Lauf des Rheins von Basel an. Nur in Basel gibt es noch eine alt-neue Rheinbrücke in den Formen des Mittelalters mit der kleinen spitzen Brückenkapelle, die wunderlich zu den Türmen des stromauf hochragenden Münsters kontrastiert. Diese sechsbogige Brücke hat in der neutralen Schweiz den Krieg überstanden. Alle anderen Brücken am dann folgenden tausend Kilometer langen Lauf des Stromes sind – zumindest in Deutschland – zerstört worden. Die einzige, die erhalten war und über die die Amerikaner den Rhein überqueren konnten – die Eisenbahnbrücke von Remagen –, wurde nachträglich gesprengt und dann nicht wieder aufgebaut.

Die anderen aber wurden wieder neu errichtet. Ganze Generationen von Brücken kamen neu hinzu. Das waren einmal die »klassischen« Rheinübergänge im Herzen der Städte, die um diese Übergänge herum entstanden waren: in Breisach, Straßburg-Kehl, Speyer, Mannheim-Ludwigshafen, Worms, Mainz, Koblenz, Bonn, Köln, Düsseldorf und in Duisburg-Ruhrort. Dazu die Eisenbahnbrücken, die meist in der Nähe dieser Städte das Streckennetz hüben und drüben verbinden. Dann – seit den späten sechziger Jahren – die Generationen der Autobahnbrücken, die als kühne Hängebrücken mit hohen Pylonen den Strom außerhalb der Städte überspannen. Schließlich die Reihe der Straßenverbindungsbrücken, die – meist als einfache oder doppelte »Stahlharfen« – den Rhein auch bei den mittelgroßen Städten überbrücken: bei Neuwied, bei Krefeld, bei Wesel, Rees und Emmerich.

Am Oberrhein entstanden die neuen Brücken meist im Zusammenhang mit Staustufen; aber die prägen sich als Form und als »Brücken-Ereignis« nicht so recht ein. Denn sonst ist bei einem so großen Fluss wie dem Rhein jede Brücke noch ein »Ereignis«, eine »Überbrückungstat« von zeichenhaftem Charakter, mag ihr Bau auch nur die Pflichtaufgabe irgendeiner Landesstraßenbau- oder Bundesautobahnbauverwaltungsbehörde sein, die das Straßennetz zu schließen und ein lästiges Verkehrshindernis zu bewältigen hat. Auf diese Art, von gleichsam anonymen Baubüros entworfen, sind leider in den letzten Jahren viele wenig charaktervolle Betonbalkenbrücken auf hohen Pfeilern entstanden; Talüberbrückungen für die Autobahn oder für die neuen Hochgeschwindigkeitstrassen der Bahn. Sie sind durch ihre schiere Höhe und Größe eindrucksvoll und können als aerodynamische und schwingungsdynamische ingenieurtechnische Meisterwerke beeindrucken. Aber sie wirken nicht durch ihre formale Qualität, die das »Überschwingen« eines Tales als Form oder Zeichen sichtbar machte.

Aber so war es nicht immer. Gerade die Anfänge des Autobahnbaus in Deutschland weisen viele gute Lösungen auf. Sie entstanden, weil man, ganz abgesehen von der strategischen Bedeutung, auf die es ihrem obersten Bauherrn vor allem ankam, im Bau dieser Verkehrswege einen Kulturfortschritt sah, dem man durch gültige Bauformen zeichenhafte Gestalt verleihen wollte. Aber das waren nur glückliche Momente eines Übergangs in einer Entwicklung, die insgesamt anders verlief:

Aus dem »Mysterium des Übergangs«, das die große alte Bogenbrücke aus Stein inmitten der alten Städte verkörperte, wurde die »Routine des Übergangs«, die im Lebensgefühl des Benutzers das Relief der Erde nivelliert und den Übergang als Erlebnis negiert oder ihn zur gigantischen Sensation steigert: wenn ganze Meere überbrückt werden.

Schaut man sich die Generationen der Brücken an, die Menschen im Laufe ihrer Geschichte gebaut haben, so verkörpern sie gleichzeitig eine Folge von Zeitaltern verschiedener Werkstoffe. War Holz der älteste? Sicherlich nicht. Aber Holz markiert den Übergang zur festen Brückenkonstruktion. Denn vor der festen Brücke liegt das Zeitalter – oder besser gesagt: die Sphäre, denn sie dauert ja bis heute fort! – des beweglichen Bootes, Floßes oder Schiffes, das zum anderen Ufer trug. Vor der Brücke waren Furt und Fähre. Die Letztere gibt das Urerlebnis der Überfahrt, des Übersetzens. Und als Kinder singen wir: »Wer will uns bringen ans andere Ufer, Fährmann, Fährmann, komm und hol über …« Wer das Erlebnis des unüberbrückten Flusses, der unzugänglichen Insel nicht hatte, kann nie ein Verständnis für das Wunder des Brückenbaus entwickeln!

Es wäre angebracht, hier eine Pause einzuschalten, in der jeder Leser ans Ufer des Stromes seiner Erinnerungen treten und die Stelle eines »Stehens am unüberbrückten Flusse« aufsuchen sollte. Da ich es bin, der dies schreibt, bin ich wohl der Erste, den diese Aufforderung betrifft.

Auf Anhieb fällt mir nichts ein; sind wir doch alle Kinder einer Zivilisation, die jedes Hindernis gleich überbrückt, soweit es den »äußeren« Raum betrifft. Doch alsbald steht mir ein Jugenderlebnis eindringlich vor Augen: eine Radfahrt allein, als Dreizehnjähriger, während eines Aufenthaltes im Bayerischen Wald. Ich hatte mir vorgenommen, am Fluss Regen entlang von Regensburg nach Roding zu fahren. Nicht weit von diesem Ort war mein Ferien-Zuhause. Es gibt Straßen im Tal, am Ufer des Flusses. Von Nittenau an flussaufwärts wird das Tal immer stiller und abgelegener; dieser einsame Flussabschnitt hatte es mir angetan; ihn wollte ich erkunden. Wege am Fluss würde es schon geben, und so fuhr ich von Kloster Walderbach an, wo das letzte kleine Sträßchen endgültig das Tal verlässt, um über die Berge hin weiterzuführen, auf Feld- und Wiesenwegen weiter am Nordufer des Flusses entlang.

Es war eine herrliche Landschaft, in der Talweitungen und Engen miteinander wechselten; der Weg wurde immer schmaler und holpriger. Schließlich endete er auf einer großen Wiese. Gegenüber am anderen Ufer lag ein kleines Dorf. Voraus versperrte eine steile Bergwand, unter der der Fluss am Prallhang dahinzog, jeden Durchgang. Es war später Mittag; das Dorf lag wie ausgestorben; kein Steg, kein Kahn am Ufer; kein Mensch war zu sehen, den ich hätte anrufen können – ich wäre damals freilich eher vor Schüchternheit und Scham in den Boden versunken, als das zu tun! –; jeder Ausweg schien verstellt. Ein Wehr sperrte den Fluss. Oberhalb war er breit und tief, unterhalb rasch strömend und reißend.

Da stand ich nun! Das Licht färbte sich bereits nachmittäglich rot. Meine Fahrt war noch weit; eine Fahrt zurück und ein weiter Umweg über die Berge schienen mir ausgeschlossen. Und immer noch stand ich da am Ufer des Flusses. Das Bild dieses nachmittäglich stillen Dörfchens in der Flusslandschaft zwischen den grünen Bergen war unsagbar schön; aber das nahm ich nur halb unterbewusst wahr. Je länger ich da stand, desto auswegloser schien mir, dem dreizehnjährigen Weltentdecker, die Brückenlosigkeit. Kein Ausweg eröffnete sich; niemand erschien, den ich hätte anrufen können; kein Kahn tauchte hinter der Biegung des Flusses auf, um mich überzusetzen. Sollte ich einfach schreien? Niemals – unmöglich! Aber es musste etwas geschehen! Da waren nur der Fluss und die Tatsache, dass ich hinüber musste. Diese beiden Fakten zogen sich wie eine Schlinge um mich zusammen. Die Tränen standen mir in den Augen, und so kam es – ich weiß nicht wie –, dass ich alsbald im Wasser stand, am Beginn des rauschenden, gischtenden Wehrs, das Fahrrad auf den Schultern balancierend, und durchs strömende, stürzende Wasser der Steinschüttung des Wehrs mich Schritt für Schritt, Meter für Meter durch die reißende Strömung kämpfte, immer in der Gefahr, auszugleiten, den Halt zu verlieren, mit Tränen der Wut und verzweifelten Mutes im Auge. Das Wehr mochte sich gut hundert Meter weit schräg durch den Fluss ziehen. Wie ich diesen Übergang damals geschafft habe, weiß ich nicht mehr – aber irgendwie kam ich hinüber, mit zitternden Armen und Knien. Am anderen Ufer fand ich eine Straße, die mich über Regenpeilstein nach Roding führte.

Warum erzähle ich das? Kam ich doch letztlich auch ohne Brücke hinüber! Und doch: Das Erlebnis der »Brückenlosigkeit«, um das es hier geht, hatte sich gerade in diesem Fall bis zum Äußersten angestaut; wäre ich damals ein erwachsener Fantast, ein abenteuernder Ritter oder ein altirischer Mönch gewesen und nicht ein dreizehnjähriger, nicht besonders mutiger Bursche – ich hätte mich ins Wasser gestürzt. Nicht anders als Dr. Faust, als er hinüberwollte in das Reich der Geister und – da er die Brücke dahin weder finden noch bauen konnte – schließlich verzweifelt den Giftbecher ansetzt: »Zu neuen Ufern lockt ein neuer Tag!«

So stand damals das Kind – ein Junge in der Pubertät – vor der selbst gewählten »Brückenlosigkeit« am Fluss. Dieses Jugenderlebnis gehört als Entwicklungsschritt in seine Biografie. Hinter ihm aber lag Regensburg. Da war er hergekommen. Da überspannt die sechzehnbogige »Steinerne Brücke« den Strom. Am gleichen Morgen hatte er sie überquert.

Hält man diese beiden Erlebnisbilder nebeneinander, so ist das eine die Situation des Einzelnen, der seine Brücken im Leben finden oder bauen muss – und das andere ist die Gabe einer Kulturentwicklung, die aus »brückenlosen« Anfängen die Reife entwickelt hat, für *viele* Menschen, zum Nutzen und Segen der Gemeinschaft, Brücken zu errichten.

Diesen beiden »Reifungen«, der des Einzelnen und der eines ganzen Zeitalters der Kulturentwicklung, wollen wir zum Abschluss dieser einleitenden Betrachtungen nachgehen. Schauen wir zunächst auf die Entfaltung des Überbrückens hin:

Erst war da das Boot – die Fähre; dann kam – aus vielen Booten zusammengesetzt – die Schiffsbrücke. Sie zu bauen, war schon eine gewaltige Kulturtat; aber diese war noch ganz getragen und eingefügt in das Element des Wassers. Das war nicht etwa nur eine primitive Frühform der Brücke; wie heute zogen auch schon in alten Zeiten große Heere mit ihrem ganzen Tross und schwerem Gerät darüber. Als Kind bin ich einige Male über die Schiffsbrücke bei Bad Godesberg gefahren, die die Alliierten nach dem Zweiten Weltkrieg dort wie anderswo am Rhein anstelle der zerstörten festen Brücken gebaut hatten. Jede moderne Armee hat ihre Pioniere, deren wichtigste Aufgabe das Brückenschlagen ist.

Wer weiß schon, dass in Köln noch 1895 als Hauptbrücke über den Rhein die alte Schiffsbrücke bestand!

Schon 2 500 Jahre früher gab es aber eine weitaus großartigere Schiffsbrücke als die moderne über den Rhein, nämlich die Brücke, die der persische Großkönig Xerxes 480 v. Chr. über den Hellespont schlagen ließ, um Europa zu erobern. Hören wir, was der griechische Geschichtsschreiber Herodot darüber berichtet:

> »33. Darauf machte er (Dareios) Anstalten, nach Abydos zu ziehen. Inzwischen aber hatte man über den Hellespont von Asien nach Europa hinüber Brücken geschlagen. Am hellespontischen Chersones gibt es zwischen Sestos und Madytos, Abydos gegenüber, eine Stelle, wo die Küste breit in die See vorspringt, da, wo nicht lange danach Artayktes, der Statthalter von Sestos, von den Athenern unter Xanthippos, dem Sohne Ariphrons, denen er in die Hände gefallen war, lebendig ans Kreuz geschlagen wurde, jener Perser, der sich sogar in den Tempel des Protesilaos in Elaius Weiber bringen ließ und sie dort freventlich missbrauchte.
>
> 34. Nach dieser Stelle hatten die damit beauftragten Phoiniker und Ägypter von Abydos aus zwei Brücken geschlagen; die Phoiniker hatten die eine aus weißem Flachs, die Ägypter die andere aus Byblos verfertigt. Von Abydos bis an die gegenüberliegende Küste sind es sieben Stadien. Da aber, als die Brücken geschlagen waren, erhob sich ein heftiger Sturm, der sie zerschlug und gänzlich zerstörte.
>
> 35. Als Xerxes das hörte, befahl er in seinem Zorn, dem Hellespont dreihundert Peitschenhiebe zu versetzen und auch ein paar Ketten in die See zu versenken. Ja, man sagt, er habe seine Henkersknechte hingeschickt, um den Hellespont zu brandmarken, und ihnen befohlen, ihn zu peitschen und dabei mit rohen und frevelhaften Worten also anzureden: ›Du tückisches

Wasser, so bestraft dich unser Herr, weil du ihn beleidigt hast, obwohl er dir nichts zuleide getan hat. Und König Xerxes wird doch über dich gehen, du magst es wollen oder nicht. Dir aber bringt mit Recht kein Mensch ein Opfer, du schmutziger, salziger Fluss.‹ So befahl er ihnen, den Hellespont zu bestrafen; denen aber, welche die Aufsicht über den Brückenbau geführt hatten, ließ er den Kopf abschlagen.

36. Und seine Schergen, denen dies widerliche Geschäft oblag, besorgten das auch. Die Brücken aber wurden von anderen Baumeistern wiederhergestellt, und zwar auf folgende Weise: Es wurden Fünfzigruderer und Dreiruderer ausgelegt, für die Brücke auf der Seite des Pontos Euxeinos dreihundertsechzig, für die andere dreihundertvierzig, dergestalt, dass diese gegen den Pontos schräg, jene der Länge nach in der Strömung des Hellesponts lag, damit diese die Taue in Spannung hielte. Außerdem wurden schwere Anker ausgeworfen, an der Brücke auf der Seite des Pontos wegen der von dort wehenden Winde, an der anderen, westlichen Brücke, auf der Seite des Aigaiischen Meeres, des Süd- und Südostwindes wegen. Zwischen den Dreiruderern und den Fünfzigruderern aber ließ man an drei Stellen eine Durchfahrt offen, sodass leichte Fahrzeuge nach Belieben in den Pontos hinein- und aus dem Pontos herausfahren konnten. Dann wurden die Taue vom Lande aus mittels hölzerner Winden straffgezogen. Auch ließ man es nie bei einem Tau bewenden, sondern band immer je zwei aus Flachs und je vier aus Byblos zusammen. Dicke und Qualität waren gleich, die von Flachs aber waren im Verhältnis schwerer, da die Elle ein Talent wog. Als die Brücken so weit fertig waren, zersägten sie Baumstämme und machten daraus Bohlen, die so lang wie die Brücken breit waren, legten sie dicht nebeneinander auf die ausgespannten Taue und verbanden sie dann miteinander. Zuletzt brachten sie Reisig und, als sie das gleichmäßig ausgebreitet hatten, auch noch Erde darauf. Als sie auch damit fertig waren, brachten sie auf beiden Seiten eine Bretterwand an, damit die Zugtiere (und die Pferde) nicht scheuten, wenn sie von oben das Meer sähen.

54. An diesem Tage richteten sie sich auf den Übergang ein, am folgenden aber warteten sie die Sonne ab, um sie aufgehen zu sehen, verbrannten allerlei Räucherwerk auf den Brücken und streuten Myrtenzweige auf den Weg. Als die Sonne aufging, goss Xerxes aus einer goldenen Schale ein Trankopfer in die See und betete zur Sonne, dass ihm kein Unfall zustoßen möge, der ihn hindere, ganz Europa zu unterwerfen und bis ans äußerste Ende dieses Erdteils zu gelangen. Nachdem er gebetet hatte, warf er die Schale, dazu einen goldenen Mischkrug und ein persisches Schwert, einen so genannten Akinakes, in den Hellespont. Ob er das aber hineinwarf, um es der Sonne zu weihen oder weil es ihn reute, dass er den Hellespont gepeitscht hatte, und er deshalb die See beschenken wollte, muss ich dahingestellt sein lassen …

56. Als Xerxes nach Europa hinübergegangen war, sah er sich mit an, wie sein Heer unter Peitschenhieben herübergetrieben wurde. Sein Heer aber zog ununterbrochen sieben Tage und sieben Nächte lang über die Brücken.«[4]

[4] Herodot, *»Das Geschichtswerk« in zwei Bänden (Bibliothek der Antike im Aufbauverlag) Berlin und Weimar 1967, »Polymnia«, Kapitel 33–36, 54–56.*

Interessant ist, dass Ägypter und Phönizier es sind, die dem Großkönig Xerxes diese Brücken bauen. Das ganze ungeheuerliche Werk ist ein Kräftemessen zwischen dem Gott-König der Perser und der Gottheit des Hellespont. Denn jene Meerenge wurde von den »Alten« als ein göttliches Lebewesen erlebt, das gnädig gestimmt, aber auch bestraft werden kann. Zwischen den beiden »Göttlichkeiten« wird das Heer mit Peitschenhieben hinübergetrieben; wahrscheinlich hatten auch viele Soldaten Angst, sich dieser Herausforderung an die Götter auszusetzen. So großartig die technische Leistung dieses Brückenschlages ist – er ist geradezu das Gegenbild dessen, was in Goethes Märchen die Verheißung der »Brücke« bedeutet: freier Verkehr zwischen befreundeten Ufern …

Wo aber taucht die Kunde von einer ersten festen Brücke über einen großen Strom auf? Wieder ist es Herodot, der uns in einer ersten glaubwürdigen Nachricht davon berichtet. Die erwähnte Brücke befand sich in Babylon, der altorientalischen Weltstadt. Nach Herodot lässt eine kluge Königin namens Nitokis diese Brücke erbauen; manche Historiker identifizieren sie mit der Gemahlin des mächtigen Königs Nebukadnezar II., der von 604 bis 562 v. Chr. herrschte. Wer aber weiß, ob dieses Bauwerk nicht schon weitaus ältere Vorgänger hatte! Herodot berichtet:

> »185. Weit oberhalb der Stadt Babylon aber ließ sie in geringer Entfernung von dem Flusse das Bett für einen See graben, so tief, dass man auf Grundwasser stieß, und so groß, dass es einen Umfang von vierhundertundzwanzig Stadien hatte, wobei die ausgegrabene Erde zugleich zur Eindeichung des Flusses benutzt wurde …
>
> 186. War das der nächste Zweck, so hatte sie daneben auch noch einen weiteren Vorteil davon. Da die Stadt aus zwei durch den Fluss getrennten Teilen besteht, so musste man unter den vorigen Königen,

Der antike »Pons Aelius« (136 n. Chr.) in Rom, später als »Engelsbrücke« mit den Statuen des Bernini und seiner Schüler (1669-1688) Vorbild vieler barocker Brücken (Stich von G. Piranesi).

Der »Pons Fabricius« in Rom wurde 62 v. Chr. errichtet; seine Halbkreisbögen und Flutöffnungen sind typisch für römische Brücken.

um von einem Teil in den anderen zu gelangen, sich eines Fahrzeugs bedienen, und das wird doch wohl recht umständlich gewesen sein. Aber auch dem wusste die Königin abzuhelfen ... Sie ließ sehr lange Steine zurechthauen und, als sie deren genug hatte und das Bett gegraben war, den ganzen Fluss hineinleiten. Darauf, während der See allmählich volllief und das alte Flussbett trocken wurde, ließ sie in der Stadt nicht nur die Flussufer und die von den Mauerpforten ans Wasser führenden Abhänge wie die Mauer mit Ziegelsteinen ausbauen, sondern auch ungefähr in der Mitte der Stadt aus den gehauenen Steinen eine Brücke herstellen und die Steine durch Eisen und Blei verbinden. Bei Tage wurden viereckige Balken darauf gelegt, damit die Babylonier hinübergehen könnten; des Nachts aber wurden die Balken weggenommen, damit die Leute in der Nacht nicht hinübergingen und einander bestöhlen. Nachdem der See vollgelaufen und die Brücke fertig geworden war, leitete sie den Euphrat wieder in das alte Bett. Auf diese Weise war nicht nur ein See hergestellt, worauf es zunächst abgesehen war, sondern den Bürgern auch zu einer Brücke verholfen.«[5]

Das sechste vorchristliche Jahrhundert ist keine vorgeschichtliche Vergangenheit mehr, sondern ein Zeitalter hoher Kultur, in der das Verstandesdenken der Menschheit bereits erwacht war. Zum führenden Volke der damaligen Zeit auf dem Gebiete von Technik und Zivilisation wurden die Römer. Sie erbauten die erste feste Brücke über den Tiber; die war jedoch noch aus Holz: der Pons Sublicius.

Der Pons Salarius über den Anio, einen Nebenfluss, der wenig oberhalb von Rom in den Tiber mündet, gilt als die erste Steinbrücke der Römer. Auch sie stammt aus dem sechsten vorchristlichen Jahrhundert. Sie wurde im sechsten nach-

[5] Herodot, »Das Geschichtswerk« in zwei Bänden (Bibliothek der Antike im Aufbau-verlag) Berlin und Weimar 1967, »Kleio«, Kapitel 185–186.

christlichen Jahrhundert vom Gotenkönig TOTILA zerstört, aber bereits 569 n. Chr. wieder hergestellt. Ein berühmter Stich des PIRANESI zeigt sie im Zustand des 18. Jahrhunderts. Eine solche Steinbrücke ist unverwüstlich, sofern sie nicht durch äußere Einwirkungen wie Krieg, Hochwasser oder Unterspülung zerstört wird.

Mit den Römern verbreitete sich die Brückenbaukunst durch das ganze Gebiet ihres damaligen Reiches. Auch über den Rhein gab es seinerzeit schon feste Brücken, wenn auch nicht aus Stein – aus Holz! Über die Mosel – bei der spätantiken Metropole Augusta Treverorum, dem heutigen Trier – gab es sogar eine Brücke mit steinernen Pfeilern. Doch war der Oberbau freilich aus Holz.

Die ausgereifte Form der Brücke – auch sie von den Römern herstammend – ist die steinerne Bogenbrücke. Mehr als 2000 Jahre lang prägte ihr Bild unseren Begriff von Brücke. Aber wie auf allen Lebensgebieten geht auch auf diesem Felde im 20. Jahrhundert die Gültigkeit des Alten zu Ende. Neues beginnt. »Aufstand des Viadukts« nennt PAUL KLEE ein Bild aus dem Jahre 1937, das wie ein Sinnbild dieses Vorgangs wirkt (auch wenn sein eigentlicher Sinn ein anderer, politischer sein mag!). Verschiedenfarbige, vor einem grauvioletten Grund hintereinandergeschachtelte Brücken- oder Torbögen sind da wie zu Lebewesen mutiert. Die Pfeiler oder Pfosten der Bögen werden zu Beinen, bekommen Füße und beginnen bedenklich nach vorne zu schreiten. Sie sagen den Dienst auf, sie protestieren, sie gehen weg! Diese zeichenhaften Halbgestalten wirken wie behoste Unterleiber, wie ein Gegenbild zur ägyptischen Hieroglyphe des »Ka«, die das belebte Seelenwesen bezeichnet; denn die besteht aus betend erhobenen Armen.

So verschwinden in der Mitte des 20. Jahrhunderts die Bögen als Konstruktionselement, vertrieben vom rechten Winkel. Aber sie kommen zurück: sei es als ästhetisches Zitat, unschöpferisch, sei es als asymmetrisch oder parabolisch gekrümmte Kurve mancher Brücken- (oder Dach-)konstruktionen. Die aber haben kosmische Bahnen und Kurven als Vorbild, nicht mehr das Bild des in sich ruhenden Erdenrundes und der Himmelskuppel, von dem der Halbkreisbogen der römischen Brücke abgeleitet war.

Warum aber bezeichnen wir die Bogenreihe mit ihren meist halbkreisförmigen Bögen als die ausgereifteste Form der Brückenkonstruktion? Sie bot neben der Festigkeit des Bogens das Bild eines rhythmischen Organismus: War die geforderte Spannweite zu groß, setzte man einen neuen Bogen an. Der aber ruht auf Pfeilern. Der Wechsel von Bogen und Pfeilern ist wie das Schreiten des Menschen: Stütze und Halt, dann wieder Schritt und Bewegung.

Aus diesem Wechsel und seinen Rhythmen, seinen Takten, besteht das Leben und vor allem jegliche Entwicklung im Leben. Glied um Glied setzt sich an, formt sich um oder metamorphosiert sich, wie im Raum, so in der Zeit – unter dem Blickpunkt solcher Vorstellungen wachsen die Entsprechungen vom Lebenslauf zum Bild der Brücke ins Unermessliche.

So wie es das Bild des Lebens als des Zeitenstroms gibt, auf dem ich dahinfahre oder -treibe, so gibt es auch das der Brücke als der Lebensbahn in der Raumeswelt – und zwar der Bogenbrücke. Sie strebt mit Schwung und Zwischenhalt und immer wieder neuem Ansatz zum anderen Ufer. Die erste Metapher ist das kosmische, gleichsam passiv-fließende Bild des Lebens, die andere das aktive Bild des Lebensweges als einer Tatenfolge aus Aufschwung und Abstützung, aus Halt und neuem Versuch.

Die »Steinerne Brücke« zu Regensburg. Der Dom noch ohne seine (neu)-gotischen Turmspitzen.

So stand, so steht das Bild der Brücke vor den Menschen, am ausgeprägtesten im hohen Mittelalter. Wie sah »die Brücke« damals aus? Man betrat sie durch ein Tor; das konnte den Übergang sperren und bewachte ihn wie ein stets gegenwärtiger Wächter. Dann folgte Bogen auf Bogen, wobei die Bahn allmählich anstieg bis zur Scheitelhöhe der mittleren Bögen. Irgendwo in diesem mittleren Bereich stand wieder ein Turm. Brücke und Turm waren wie das Bild von Reiter und Pferd – dieses sich bewegend, tragend, weiterführend; jener der Lenker, das Sinnbild des zügelnden »Ich«.

In diesem Turm oder statt des Turmes oder daneben auf einem anderen Pfeiler gegründet: die Brückenkapelle – jede Brücke war auch ein Heiligtum, ein den Gewalten der Natur abgetrotztes, dem Segen guter Mächte verdanktes Menschenwerk: durch Gebet, durch Opfer, durch Dankbarkeit musste es dem Kosmos wieder eingefügt werden, durch Gebet und Dankbarkeit erhalten werden. – Von der Mitte an senkte sich die Brückenbahn wieder abwärts – so wie der Lebensweg – dem anderen Ufer zu. Da stand wieder ein Turm: als Wächter, als Riegel, als Tor zum Reich des anderen Ufers – Geburt und Tod.

So sahen die alten Brücken aus! Zum Beispiel eine der ältesten, »vornehmsten in Deutschland«, die Steinerne Brücke in Regensburg. Matthäus Merian zeigt sie uns in einem sehr schönen Kupferstich so, wie sie zu seiner Zeit – also in der Mitte des 17. Jahrhunderts – in ihrer mittelalterlichen »Pracht« noch aussah.

Weniger geformt, mehr wie das wilde Wuchern eines Bogenreihenweges über die sich weit ausbreitenden Wasserarme des Flusses erscheint die Brücke von Tours über die Loire mit ihren mehr als zwanzig Bögen. Ihren »Prospekt« hat uns ebenfalls Matthäus Merian überliefert.

Will man heute eine solche Brücke sehen, die wirklich noch ihre drei Türme hat, so muss man nach Cahors in Südfrankreich reisen. Da gibt es den Pont Valantré, der den Lot überbrückt. Bei seinem Anblick fühlt man: Da ist das ganze Leben in

Die Karlsbrücke in Prag mit dem Altstädter Brückenturm in einem Stich des 19. Jahrhunderts.

das Bild der Brücke komprimiert. In der Wirklichkeit des Lebensweges sind die Spannungsbögen weiter, oft unregelmäßig, die Pfeiler je nachdem massiver oder aber gefährdeter, die Einschnitte größer. Eigentlich gehört auf jeden Pfeiler eine Kapelle; sollte doch auf dem Erker, dem Ruheplatz jeden Pfeilers, ein Fest gefeiert werden: aus Dankbarkeit für den zurückgelegten Weg, für den Bogen, der gehalten hat und hält – und zur Ermutigung für die nächste Etappe.

So steigt also ein jeder Mensch durch ein »Morgentor« seines Lebens auf die Brücke, spannt nun seine Lebensbögen, seine Schicksalsschritte von Pfeiler zu Pfeiler – über den Scheitelpunkt hinweg zum »Abendtor« seines Lebens, mit jedem Pfeiler dem Anprall von Wasser und Wogen und Eisgang trotzend, vielleicht sogar den zur Stromschnelle verengten Strom des Wassers unter der Brücke nutzend, um unterschlächtige Mühlräder für sich arbeiten zu lassen.

Die Stimmung eines solchen Brückenganges, zu frommer Pilgerschaft gesteigert, findet sich bei JOSEPH VON EICHENDORFF, in ein romantisches Gedicht verwandelt, wieder. Da heißt es:

O wunderbares tiefes Schweigen
Wie einsam ist's noch auf der Welt!
Die Wälder nur sich leise neigen,
Als ging der Herr durchs stille Feld.

Ich fühl' mich recht wie neu geschaffen.
Wo ist die Sorge nun und Not?
Was mich noch gestern wollt erschlaffen,
Ich schäm' mich des im Morgenrot.

Die Welt mit ihrem Gram und Glücke
Will ich, ein Pilger, frohbereit
Betreten nur wie eine Brücke
Zu Dir, Herr, übern Strom der Zeit.

EICHENDORFF ließ sich von der Stimmung der ihn durchflutenden Bilder tragen; wir wollen ihm dabei keine bewusste Philosophie unterstellen; und doch umfassen seine Bilder mehr, als ihm wahrscheinlich selber dabei bewusst war:

Der Erlebnisbogen des Gedichts hebt an als »Morgenfrühe« nach erquickender Nacht. »Ich fühl' mich recht wie neu geschaffen, Wo ist die Sorge nun und Not?« Da ist also ein »Gestern«, dessen man sich schämt. Noch deutet nichts auf den Aufbruch hin, der sich dann plötzlich als Brückengang eröffnet: »Die Welt mit ihrem Gram und Glücke« wird zur Brücke – die ganze große universale Welt! Wie kann denn die Welt auf einmal »Brücke« sein? – Wenn die Zeitlichkeit als Strom gesehen wird, dann stimmt das Bild: Wir treten ans Ufer im Morgenrot – frohbereit – und gehen hinüber. »Zu neuen Ufern lockt ein neuer Tag«, lässt GOETHE den verzweifelten Faust rufen, der sich am Abend seines bisherigen Lebens fühlt. Am anderen Ufer sein aber heißt: Wir haben »das Zeitliche gesegnet«. Ist dieser Tag noch der Tag, der eine Tag, mit dem EICHENDORFFS Gedicht anhebt? Nein! Er hat sich metamorphosiert in den »Lebenstag«, das »Heute«, dem ein anderes »Gestern« vorausging. Dieses andere »Gestern« – es kann nur ein anderes, früheres Leben sein.

Der Göltzschtalviadukt der Eisenbahnlinie Nürnberg – Leipzig, eingeweiht 1850 – die größte allein aus Ziegelsteinen errichtete Brücke aller Zeiten.

Eine solche Folgerung ist weder als Gedanke noch als Bild überraschend. Betreten wir denn nur *eine* Brücke im Leben? Es sind deren unendlich viele, aber jede davon ist ein Bild *eines* Lebens. So schließt das Gedicht, recht betrachtet, die Fülle der »Brückengänge« ein, in deren *einen* sich das lyrische Ich, sagen wir Eichendorff, mit einer »Wiedergeburt« hineinschwingt, um hinüberzupilgern zum Herrn! Aber wartet denn der Herr bereits am Ende dieser einen Brücke? Oder kann es nicht auch am Ende eines späteren, vielleicht noch kühneren Übergangs sein? Aber wer Pilger ist, ist froh-bereit, und seine Kraftquelle liegt im Ziel und nicht in der Etappe!

So betrachtet ist die »Brücke« für den Einzelnen ein Sinnbild des Lebens; für die Zeitalter und Kulturen ist sie ein »Realsymbol« und für die Menschheit gar ein Lebensorgan, das diese als Frucht ihrer Entwicklung dem Gefüge der Erde »einverleibt«.

In jedem gelungenen Brückenschlag, in jedem geglückten Brückenübergang gerinnt aber auch Leben zur Form, bleiben Erfahrung und Erinnerung. Diese Form jedoch, weil sie der Mensch den oft so ungestalteten und unübersichtlichen Werdeprozesssen hinzufügt oder entgegensetzt, wird dadurch zugleich »Kunstwerk«. Denn alles, was der Mensch über das Naturwerk oder ein formloses Werden und Vergehen hinaus willkürlich und bewusst neu schafft, ist Kunstwerk, mag auch die »gefallene«, die ihrem eigentlichen Sinn und Zweck entfallene Kunst auf Erden überwiegen. Wo sich aber Zweck oder Notwendigkeit und Form zu vollkommener Harmonie verbinden, wird »Sinn« sichtbar. »*Sinn wird sichtbar*« – das ist eine der schönsten Umschreibungen des Wesens von Kunst.

In den Brücken, den dauernden Gestaltungen von Übergang, vermag »Sinn« wie in kaum einer anderen Gattung von Kunstwerken zu »erscheinen«. Das macht (fast) jede Brücke zu einem »Faszinosum«. Ist es damit nicht ebenso wie mit jeder Menschenindividualität? Genug also von allgemeinen Betrachtungen. Suchen wir nun individuelle Brücken-Gestaltungen auf. Denn nicht mit dem »Sinnbild Brücke« oder einem bestimmten »Typus Brücke«, sondern nur mit einem einzelnen Brückenbauwerk kann man lebendige Begegnungen haben.

Ein Hinweis sei noch gegeben, ehe die bunte Reihe der »Brücken-Porträts« beginnt: Man kann dieses Buch auch lesen, anschauen und aufnehmen wie musikalische »Variationen« großer Komponisten. Diese heißen zwar »Variationen« – das heißt »Veränderungen« –, meinen aber mehr: nämlich eine Folge von Entwicklungs- und Übungsschritten im Ausgestalten und Umwandeln eines gegebenen Themas. Dabei sollten auch dessen tiefere Dimensionen und die vielleicht zunächst verborgenen Qualitäten zum Ausdruck kommen.

Im gleichen Sinne wird hier versucht, auch Brücken mit vertieftem Blick zu betrachten, sie aus dem »nur« landschaftlichen, »nur« konstruktiven, »nur« kunsthistorischen Kontext ihres »Daseins« zu lösen und sie durch das Medium der Empfindungen und Gedanken des Betrachters in den Zusammenhang dessen zu stellen, was Brücken als Lebensgleichnis oder als Archetypus im menschlichen Erleben und im historischen Geschehen bedeuten können – nachdem sie aus dem Geist des Konstrukteurs und den Händen (und Maschinen) der Bauleute entlassen sind, für sich im Raume stehen, den Wirkungen der Elemente und den Einflüssen von Zeit und Geschichte preisgegeben.

Die hier vorgestellte Auswahl der Beispiele ist natürlich unvollkommen und unausgewogen. Denn sie ist aus den ganz individuellen biografischen Möglichkeiten des Verfassers entstanden. Der ist kein professioneller Brückenforscher oder Brücken(kunst)historiker; sondern ihm ergaben sich hier und da auf seinen Reisen die Begegnungen mit den hier gezeigten Brücken. Im Norden, Osten und Süden und selbst im Westen fehlt ihm manches an Anschauung. Aber das macht nichts! Denn jede gezeigte Brücke ist ihrerseits nur »Beispiel« – ist nur eine der irdischen Ausformungen dessen, was »Brücke« ihrem Wesen nach ist im Sinne der goethischen Maxime: »Alles Vergängliche (– und sagen wir auch: alles Sichtbare –) ist nur ein Gleichnis!«

Prolog: »Geh über die Brücke!«

Als eine wichtige Facette unserer bisherigen Betrachtungen ergab sich, dass fast alle Kinder unangeleitet für sich das »Mysterium des Übergangs« – die Brücke – entdecken und es spielend und übend dem Fundus ihrer Lebenserfahrungen einverleiben – lässt man sie nur ungestört genug spielen.

Immer wieder kann man in einem Kindergarten, der seine Schützlinge nicht mit allzu viel gesteuerter Beschäftigung von sich selber ablenkt, das Folgende erleben: Die Kinder sitzen auf dem Boden; unter dem Spielzeug haben sie eine Brücke gefunden oder bauen sie sich aus einem Brett oder Karton; ein blaues Tuch wird ausgebreitet; es stellt das Wasser dar; ein grünes oder andersfarbiges ist das Land, die Wiese; dazwischen der Fluss: die Unterbrechung, der freie Fußboden als das zu Überbrückende; möglichst sollte auf dem »Wiesenufer« oder der »Stadtseite« noch ein Tor sein. Auf der anderen Seite aber endet die Brücke – im Meer, im Wasser! Ein Schiff legt an, und so bildet die Brücke eine Art von Landungssteg.

Diese häufige, natürlich immer wieder variierte Spielanordnung ist befremdlich: Denn nach unserer Erwachsenen-Vorstellung verbindet eine Brücke Land mit Land über ein Hindernis, ein Wasser hinweg. Aus der Lebensperspektive der Kinder aber ist die Brücke ein Steg, an dem sie »anlanden«, wenn sie aus dem »Himmelsmeer« – dem Reich des Vorgeburtlichen, der geistigen Welt – auf die Erdenwelt kommen. Daher ist auch das Tor so wichtig. Durch das Tor betritt man die Wiese: den Ort, wo sich nun das Leben abspielt. Wie ein Paradies wird diese Fläche mit allen vorhandenen Tieren »bevölkert«, sie wird geschmückt mit Bäumen, Häusern und Figuren. Aber auch der Drache wird dort platziert, der Schatz, die Prinzessin und der König.

Das Spiel besteht nun zur Hauptsache darin, dass über die Brücke eifrig hinüber- und herübergewandert und geführt wird und dass das Tor häufig geöffnet und geschlossen wird: für Zwerge, Püppchen, Tiere, Menschen, Reiter und Wagen – ein endloses Spiel, das einen Lebenszustand, eine archetypische Ursituation ausdrückt und noch nicht etwas zielvoll Biografisches meint; es meint das Vorspiel dazu: das Einüben der »Inkarnation«.

Insofern entspricht die Grundgeste des Spiels in gewisser Weise dem Bild, das womöglich über dieser Spielstätte an der Wand hängt: Raffaels »Sixtinischer Madonna«: Auf diesem Bilde ist es die Madonna, die das Kind herüberträgt in unsere Welt, herausschreitend auf einer Wolkenbrücke aus dem Reich des Vorgeburtlichen, das angefüllt ist mit unzähligen Engels- oder Kinderköpfen.

Das Brückenmotiv taucht ebenfalls in den Zeichnungen der Kinder auf; auch da ist die Brücke oft gekrönt von Tor und Turm, und ein Mensch – das Kind selbst – wandert hinüber. Dieses Motiv tritt erstmals auf, wenn das Kind schulreif wird; da kündigt sich ein wichtiger Übergang, ein gewaltiger Entwicklungsschritt an, den das Kind auskostet und malt – sofern man ihm diese »Ausreifung« nicht durch allzu frühen Schulbesuch genommen hat.

Auch später, in der Pubertät, erscheint das Brücken-Thema wieder. Nun ist es biografisch geworden und meint eine existenzielle, oft schmerzlich erlebte Situation: »Geh über die Brücke …!« Das heißt nun: »Wage den Schritt ins Ungewisse, in Neuland hinein; verlasse das sichere Ufer der Kindheit; geh über den schmalen Weg geradeaus über den Abgrund, ohne zu zaudern, ohne zu stürzen …« Das ist jetzt eine innere, seelische Brücke; es erfordert Mut, sie zu beschreiten.

Im Gegensatz dazu erlebt das kleine Kind dieses Hinübergehen real, indem es auf einem Baumstamm hinüber- und herüberbalanciert; nicht, um drüben anzukommen, sondern um Übergang und Gleichgewicht zu üben, und ist es drüben, dreht es sich um und geht gleich wieder über die Brücke zurück. Dem Jugendlichen dagegen ist es zumute wie dem jungen Parzival, als er nach versäumter Frage und verfehlter Probe am nächsten Morgen die Gralsburg verlässt und die Zugbrücke hinter ihm so schnell und unfreundlich hochgezogen wird, dass er beim Vorwärtsstolpern nur mühsam das Gleichgewicht behält. Und das bleibt nicht der einzige Graben und Abgrund, den er zu überwinden hat.

Nicht nur Parzival – jeder sich entwickelnde Mensch muss die Brückenübergänge seinem Leben einfügen und sich ein immer neues Brücken-Schlagen

Lena hatte keine Abhandlungen über Brücken gelesen, als sie im Kindergarten dieses Bild malte. Es ist offenkundig, dass die Brücke hier nicht Abbild, sondern Ausdruck der Lebenssituation eines Übergangs ist.

Die Brücke zwischen blauem Tuch (Meer, Himmel…) und grünem Tuch (Land, Welt…) hat mancherlei Aspekte. Ganz selbstverständlich geht das Kind damit um.

zur Fähigkeit machen; denn oft genug stürzen Brücken in den Hochwässern des Lebens ein. Der Brücken-Übertritt muss geradezu zum funktionierenden Organ des Menschen werden, das ihm Kenntnis von den biografischen Übergängen des Lebens vermittelt.

Insofern ist jeder Mensch zum »Pontifex« – zum Brückenbauer – berufen, und in gesunder Weise übt es auch jeder Mensch bereits als Kind. Ob er das Brückenbauen im späteren Leben dann als Handwerker oder Priester (es muss ja nicht gleich als Papst, als »Pontifex maximus« sein), als Bauingenieur, Schriftsteller, Philosoph oder einfach nur als Liebender ausübt, ist dann Sache seines individuellen Schicksals. Der Lebensweg des Menschen ist kein gerader öder Straßendamm, sondern ist voller Brücken und Tore – Überführungen und Unterführungen –, man muss immer wieder oben drüber oder drunter durch. Je mehr von diesen Brücken es gibt und je vielfältiger sie gestaltet sind, desto interessanter und reicher stellt sich das Leben dar.

Begeben wir uns also auf den Weg und schauen uns aus der Überfülle der Möglichkeiten eine Reihe von ausgewählten Beispielen an!

»BRÜCKENSCHLÄGE« –

ELEMENTARE FORMEN UND TYPEN DES BRÜCKENBAUS

Steg über den Marksbach

Es ergab sich so, dass am Anfang der Arbeit an dieser »Brückenreise« ein kleines eigenes »Pontifikat« stand. Mit »Pontifikat« meine ich hier nicht den historisch-kirchlichen Begriff, sondern übersetze es ganz wörtlich und volkstümlich mit »Brückenbauerei«. Ich baute also selber eine Brücke – nicht allein, versteht sich, sondern als Mithelfer. Das kam so:

Meine Frau ist Kindergärtnerin, hat einen ganz privaten Kindergarten und als Auslauf und Lebensfeld für die Kinder eine kleine Wiese gepachtet. Diese Wiese liegt unweit des Hauses in einem Tälchen, durch das baumbeschattet der Marksbach fließt. Das ist ein »moderner« Bach: Er ist begradigt und so stark eingetieft, dass es nicht rückgängig zu machen ist. Da aber die Verbauung bereits halb verrottet ist, wirkt das Gewässer schon wieder halb natürlich. Für die Kinder ist also kein flacher Talgrund mit einem in Schleifen dahinziehenden Bach zu gewinnen. Da wollte meine Frau wenigstens ein »Brückchen« und ein »Treppchen« zum Wasser hinab, damit die Kinder etwas besser zu Bach und Wasserelement in Beziehung treten können.

Der Vater eines der betreuten Kinder ist Bauingenieur, hatte Spaß an dem Plan, besorgte alles nötige Material, und eines Tages in den Ferien war es so weit: Er und ich zimmerten an einem Samstagvormittag neben dem Bach auf dem Trockenen eine vier Meter lange »Brücke«. Es dauerte nur fünf Stunden.

Als einmal festgelegt war, wie die Grundkonstruktion beschaffen und wie stabil die Brücke sein sollte – dass sie zum Beispiel, der Kinder wegen, ein sehr festes Geländer haben sollte –, ergab sich alles andere von selbst: Maße, Konstruktion, Aussehen. Kein Stück Holz zu viel, kein Brett, keine Latte zu wenig; und so war denn bald das »Gebilde« – wie auf dem Bild zu sehen – fertig: ein Stück »saubere« Zimmermannsarbeit. Dieser Steg konnte einige Tage später – nun allerdings waren sieben Männer nötig! – auf seine Widerlager am Bachgraben eingesetzt und befestigt werden.

Damit wäre denn die Geschichte auch schon zu Ende! Was ist daran? Wozu erzähle ich das? Was mir zum eindrücklichen Erlebnis ward, ist das Folgende: Es ist das Faszinosum der Zimmermannsarbeit. Ist das Ziel gegeben, ist der Plan klar, dann ergibt sich alles von selbst. Nichts ist aus ästhetischer Rücksicht gemacht, und doch ist das Ergebnis auf seine Art schön. Die nötigen Stützenabstände, die Verstrebungen, die Schutzplanken ergeben einen Rhythmus, ergeben eine Symmetrie, ergeben eine Bild-Form. Die Brücke hat eine Mitte und eine in sich stimmige Proportion – alles das in bescheidenstem Maße. Aber es kommt ja nicht auf das »Groß« oder »Klein« an, sondern auf das Faktum, auf die Qualität der Sache als solcher.

Abends im Bett konnte ich mir die Konstruktion noch einmal ganz folgerichtig vorstellen – so in sich klar war sie – und konnte so imaginär die Nägel nachzählen, die wir gebraucht hatten: 266, abgesehen von den paar krumm gehauenen!

Was mich also an der ganzen harmlosen »Brückenmacherei« so fasziniert hat, dass ich sie an den Anfang dieser Betrachtungen stelle, ist das »Urphänomen« des Brückenbaus, das zu gleicher Zeit ein allgemeines Kulturphänomen ist: Da keimt in der menschlichen Vorstellung die Idee, wird zur Absicht, zum Plan, ein Hindernis zu überbrücken (wenn in diesem Falle auch mehr in spielerischer Art – aber für Kinder ist jedes Spiel ernst und wird »durchgefühlt« bis auf das zugrunde liegende Lebens- oder Weltphänomen!), da sind dann andere, die schaffen das nötige Material herbei, haben die Fähigkeit, den Plan zu spezifizieren und zu verwirklichen, und am Ende ist die ganze Situation verwandelt: Der Natur wurde ein Stückchen Kultur, ein Stückchen Menschenwerk hinzugefügt, aber aus der Beachtung der Gesetzmäßigkeiten des Ortes (Bach und Ufer und Boden) und des Materials und

Ob sommerliches Rinnsal, ob reißender Wildbach, ruhig liegt der Steg über dem Marksbach, nur durch sein eigenes Gewicht gehalten.

Zwecks (Druck-, Spannungs-, Festigkeits- und Größenverhältnis). Das Ästhetische ergibt sich daraus, ist nicht Absicht oder Zutat. Gerade das lässt das Ergebnis befriedigend sein.

So viel zu meinem fünfstündigen »Pontifikat« – in Wirklichkeit, mit allen Vorbereitungen und Folgetätigkeiten dauerte es natürlich länger. Diese »Stegmacherei« wird aber als ein Urerlebnis noch lange in mir nachwirken.

Steg auf der Barbianer Alm in Südtirol

Das »saubere Stück Zimmermannsarbeit« reizt dazu, gleichsam ein Gegenstück zu betrachten: einen Steg, der wie aus der Natur herausgewachsen oder wenigstens ganz in sie zurückgewachsen ist. Um das zu sehen, machen wir einen Abstecher auf die Barbianer Alm in Südtirol. Da war unterhalb der »Latschenbrennerei« ein schluchtartig eingetiefter Bach zu überbrücken. Das tat man in der klassischen Art und Weise, legte zwei Baumstämme über den Bacheinschnitt, Querhölzer darüber und zur Befestigung derselben je einen weiteren dünneren Stamm rechts und links. Zwei aberwitzig dünne und schiefe Rundhölzer, auf zwei Gneis-Felsblöcke im Bachbett aufgestellt, dienen als stützende »Pfeiler«.

Diese Brücke mag wer weiß wie lange ihren Dienst getan haben, sie wurde alt und morsch. Brach man sie deshalb ab? – Nein – man legte darüber einfach eine neue Brücke, als zweite Schicht: Zwei längere dickere Baumstämme bilden jetzt die Tragebalken, denn die Spannweite ist ja nun größer; wieder bilden quer gelegte Rundhölzer die »Fahrbahn« mit je einem längsliegenden Befestigungsholz rechts und links. Dazu aber nun ein Geländer, das außen durch seine Eckpfosten von je zwei Stützen gehalten wird; diese Stützpfosten sind zwischen die Rundhölzer gekeilt und schräg – nicht senkrecht – befestigt.

All diese Balken und Hölzer sind auch in sich schief und krumm und inzwischen unter dem Einfluss des Bergwetters silbergrau verwittert. Die »Pointe« dieser Brückenkonstruktion ist jedoch, dass eine Fichte, die unmittelbar neben der »alten« Brücke wuchs und sich mit ihren Wurzeln zwischen zwei Felsblöcken verkrallt hatte, beim Bau der »neuen« Brücke abgesägt wurde und nun den einen Tragebalken der Brücke als Pfeiler stützt. Nicht einmal die Seitenäste des Stammes hat man abgeschlagen.

So liegt diese Brücke wie ein aus dem Berg herausgewachsenes Naturwesen über dem Bach und zeigt wie eine Pflanze ihre Wachstums- und Entstehungs»ringe«. Der eine Längsstamm der unteren alten Brücke ist geborsten; aber da er nicht mehr belastet wird, hängt er so angebrochen noch immer in der Luft. Auch heute noch? Ich sah ihn so zuletzt vor etlichen Jahren!

Diese Brücke zeigt geradezu urbildlich die Reduktion aller Gestaltung auf das Notwendigste; nur die Säge zum Zurechtsägen, der Hammer zum Festnageln wurden als Werkzeuge gebraucht; nichts wurde behauen, geglättet, ergänzt; Felsen und Baum werden als Widerlager und Stützen benutzt; aber auch nichts Verrottetes wird beseitigt oder gar erneuert. Der Übergang über den Bach muss sein – die Brücke

Die Brücke, gleichsam zum Naturwesen geworden, passt sich dem Charakter des Wildbachs an.

wird geschlagen, aber sie wird sofort in den Kreislauf der Natur entlassen, wo nach jedem Werden unmittelbar das Vergehen einsetzt und die Spanne der »Dauer« deutlich das Altern aller Lebe- und Naturwesen zeigt. Werke der menschlichen Kultur sind diesem Altern freilich auch unterworfen, aber der Mensch ist normalerweise immer bestrebt, allen seinen Werken den Anschein von Dauer und Festigkeit zu geben und ihnen zustandserhaltende Pflege angedeihen zu lassen und sie damit deutlich dem Werdens- und Vergehensstrom der Natur entgegenzusetzen – auch wenn jedermann weiß, dass jedes Bauwerk und alles Menschenwerk seine Zeit und Befristung hat.

Das Verblüffende dieses Stegs in den Alpen ist, dass da ein solches »Kulturwollen« außer Kraft gesetzt ist und wir der Brücke zugleich als Jüngling und als Greis in einer Generationenfolge begegnen, wie sie den natürlichen Lebewesen eigen ist, seien es Bäume, Tiere oder Menschen.

Steg über die Prahova in den Karpaten

Ein drittes Beispiel – krasser noch als die Brücke auf der Alm – soll den äußersten Gegensatz zum Steg über den Marksbach, zu solider deutscher Zimmermannsarbeit zeigen. Ich fand es in Rumänien, am Karpatenfluss Prachova, nahe bei Sinaia, dem bekanntesten Bergkurort des Landes. Dort entdeckte ich ein staunenerregendes Kunstwerk technischer Improvisation, das einem Tinguely Ehre gemacht hätte. Denn wie dessen skurrile (Kunst-)Maschinen funktionierte es tatsächlich; es war ein begehbarer Steg!

Ich spazierte außerhalb von Sinaia am linken Ufer der Prachova flussaufwärts, wohl wissend, dass da lange keine Brücke kommen würde, die mich zum rechten Ufer mit der großen Straße zurückgeführt hätte. Da sah ich – ein Stück weit voraus – eine Frau über eine Wiese vom Berg herabkommen und mit zielbewussten Schritten im Auenwald zwischen Weg und Fluss verschwinden. Das wunderte mich. Als ich dann selbst an der Stelle war, wo sie den Weg überquert hatte, bog auch ich in den Wald ein. Ich stolperte über Stock und Stein zum Flussufer hin, und – siehe da! – ich fand mich gerade unterhalb des abenteuerlichsten Steges, den ich je gesehen! Vom knapp anderthalb Meter hohen Steilufer auf meiner Seite aus hing das Brücklein in die grünen Wogen des aufgischtenden Bergflusses hinein und hangelte sich dann mit geradezu schmerzlichen Verdrehungen bis zur breiten Schotterbank des anderen Ufers hin. Über diesen Übergang also war die Frau verschwunden.

Ich sah mir nun die Brücke genauer an. Der Bergfluss mochte vielleicht zehn Meter breit sein; man hatte – so schien es mir – nach Biberart Erlen- und Birkenstämme am Ufer gefällt und quer über das Wasser fallen lassen, so schief und gebogen, wie sie von Natur aus waren. Da die Länge nicht reichte, hatte man vom Schotter des anderen Ufers aus andere, dickere Hölzer ins Wasser gelegt, auch einen verbogenen Eisenträger, darauf wieder andere lange krumme Stämmchen gelegt, sodass ein bis ins aufschäumende Wasser durchhängendes Tragwerk aus zwei Lagen von in sich und gegeneinander krummen schlanken Stämmen entstanden war. Darauf lag eine Art von Knüppeldamm aus dünneren, grob zurechtgesägten Queràsten; darüber hin zogen sich wieder lange Stangen, um Halt zu geben und zu befestigen. Auf diese wiederum waren vom linken Ufer aus unregelmäßige Bretterstücke als Trittbahn genagelt, aber nur etwa drei Meter weit – dann war wohl der Holzvorrat zu Ende gewesen. In anderthalb bis zwei Meter Abstand waren Pfosten an die stromaufwärts gelegene Seite der Brücke genagelt, aufrecht oder schief, wie

Hier fehlt nur noch der Paul Klee'sche »Equilibrist«, der mit einem Schirm in der Hand über das Geländer balanciert!

es gerade kam. Verbunden waren sie durch ebenfalls daran genagelte gebogene Äste oder Stämmchen – also andeutungsweise ein Geländer. Da sowohl dieses »Geländer« mal oben, mal unten an den Pfosten als auch der »Gehweg« mal unten, mal über den Trägern befestigt war, je nachdem, wie tief oder hoch die Trägerhölzer gelagert waren, bot die Brücke auf den ersten Blick das Bild einer Art von zusammengestürztem Dachstuhl, der ins Wasser gefallen war. Aber dieser Anblick täuschte: Jedes Teil diente dem Zweck, ob plump oder skurril. Man konnte die Brücke – mit leichtem Schwindeln und schwachem Schwanken – durchaus überschreiten, fast bis aufs Niveau der Wasseroberfläche hinabsteigend, um dann auf den schiefen Hölzern zum Schotterufer hinüberzubalancieren.

Wie ein exotisches Lebewesen überhing sie, sich hinabbeugend, das grün schäumende Wasser, gleich einer einjährigen Pflanze, die das nächste große Hochwasser ausreißen und zerstören würde. So sicher, wie dieses Hochwasser kommen wird, so sicher und schnell wird die Brücke dann wieder über den Fluss wachsen und wuchern, aus dem Holz gemacht, das gerade da herumliegt, das man unmittelbar am Ufer fällen und zusammennageln kann, falls Säge, Hammer und Nägel zur Hand sind.

Nachdem ich die Brücke genau »inspiziert« und mich über ihr Dasein verwundert hatte, ging ich weiter. Ich kletterte durch den Wald den Talhang hinauf und kam auf eine große Wiese – eine alte Flussterrasse. Auf deren anderer Seite – bergwärts – lag eine Siedlung von mehreren neu erbauten »Bungalows«. In Rumänien ist so etwas noch eine Seltenheit, wohl durch die Nähe des bekannten Kurortes zu erklären. Ich sah die Häuser – und augenblicklich wurde mir bewusst, warum dort unten dieser halsbrecherische Steg war: als Lebensnotwendigkeit für die Bewohner dieser Häuser, für die er der direkte Flussübergang zur großen Straße im Tal war; denn die Zufahrt zur Siedlung querte den Fluss erst zwei Kilometer flussab.

Mochten die Leute auch moderne Europäer sein und mit Autos in die Stadt fahren – hier war aber zugleich ein archaischer Instinkt des Überbrückens zum »Bauwerk« einer zeitlosen Subkultur geronnen – gefährdet, zerbrechlich und doch unverwüstlich: Denn wie Unkraut sich stets und kräftig erneuert, so wird an dieser Stelle nach jedem Hochwasser bald eine neue Brücke geschlagen sein – ein rumänisches Gegenstück zum Steg über den Marksbach.

Plattensteg in Upsprunge bei Paderborn

Ein einfaches Brett, über einen Wildbach gelegt – das scheint die Urform der Brücke zu sein. Es ist ein vorläufiger, provisorischer Übergang, denn jedes Hochwasser schwemmt diesen Holzsteg wieder hinweg. Und doch zeigt ein solches Brett in jeder Wildnis Kultur an. Das im Bild gezeigte Beispiel fand ich in den Karpaten auf dem Weg zum tief in Wald- und Bergwildnis verborgenen Heiligtum der alten Daker: Sarmizegetusa. Aber nicht der Holzsteg – gar in ausgereifter Zimmermannskonstruktion – ist das urtümlichste Mittel des Übergangs über einen Bach. Es ist vielmehr der einfache Plattensteg. In der südwestenglischen Heidelandschaft von Dartmoor gibt es Wasserläufe, die seit Jahrtausenden von einfachen Steinplatten überbrückt werden. Es gibt nichts Archaischeres als solch einen Steinsteg in der baumlosen, menschenleeren Heide. Aber die scheinbare Ödnis wird durch den künstlichen Steg zur Kulturlandschaft, auch wenn sonst ringsum nichts Menschengemachtes zu sehen ist, und vor dem ahnenden Geiste taucht die Erinnerung an ferne Druiden und Barden, an Hirten und Herden, an keltische Krieger und frühgeschichtliche Handelswege auf, die auch in Vorzeiten schon das scheinbar so öde Land durchzogen haben. Zu den ältesten Kulturtaten der Menschheit gehört das Gangbar-Machen der Erde. Und ein wichtiger Teil dieser Aufgabe war das »Überbrücken« der hemmenden Gewässer.

Es mag solche Brückenplatten auch anderswo an vielen Orten der Welt geben. Sie sind dauerhafter als das Brett über den Wasserlauf.

Wir aber wollen uns diese »Urbrücke« an einem nahe liegenden Beispiel ansehen. Es ist geradezu hässlich. Aber es zeigt, was gemeint ist. Es handelt sich um eine eisengerahmte Betonplatte mit Absplitterungen und Abplatzungen, die über einen wunderbar klaren, sprudelnden Quellbach gelegt ist. Wo gibt es denn solche Bäche? – In der Nähe von Paderborn, in der »Quellenlandschaft« des Hellwegs, liegt versteckt in einer Senke das Dorf Upsprunge nächst Salzkotten. Da entspringt das Flüsschen Heder; der Name des Dorfes sagt es schon. Aber niemand, der es nicht mit eigenen Augen gesehen hat, kann sich vorstellen, wie das geschieht: Aus unzähligen Quellen, Quellteichen, Löchern und Mulden – überall im Dorf – quillt das Wasser, fließt unter Scheunen und Häusern hervor, vereinigt sich zu kleineren und größeren Bächen, endlich zu zwei kleinen Flussarmen, die das Dorf rasch durchströmen und sich am Ortsausgang zum Flüsschen Heder vereinen, das dann klar und kräftig durch Wiesen und Weiden der Lippe zuströmt.

Unser Bild zeigt, wie da irgendwo im Dorfe zwischen den Hausgärten zwei Bäche entstehen, sich unter dem Maschendraht eines Zaunes vereinigen und dann frisch und klar und eilig durch den nächsten Garten davonströmen. Da liegt nun, als Zugang zu einem der Gärten, eine solche Platte als Steg über dem Wasser – nichts weiter. Man kann hinüber – das ist alles. Aber das ist schon ungeheuer viel: trockenen Fußes ans andere Ufer zu gelangen. Es ist im Miniaturmaß, im Keimzustand das Bild, das im Mythos der Strom Styx zwischen den Ufern von Leben und Tod, von Diesseits und Jenseits ist. Nur führt da keine Brücke hinüber; hier aber, im Leben, »übt« der Mensch, die kleinen Gewässer zu überschreiten – nicht im Sprung, sondern indem er sich für seine kleinen Schritte einen Weg bahnt, eine Bahn zurechtlegt. Denn jedem legt sich *sein* trennendes, hemmendes Gewässer in den Weg, den gerade er *sich* zu bahnen hat – jedem ein anderes, jeder einen anderen – und das ganze Leben besteht aus solchen Brückenschlägen.

Hier – bei dem im Bilde gezeigten Beispiel – ist es so, dass fünf Meter oberhalb das Gewässer noch gar nicht da ist. Ist es aber da, muss es der Mensch als Faktum anerkennen, es sich zähmen und es überschreitbar machen. Es ist auch sonst mit den Lebensschicksalen nicht anders. Zeigt sich ein Hindernis, ein zunächst unlösbar scheinendes Problem, muss eine Lösung gefunden werden.

Ein Brett über einen Wildbach in den Karpaten. Ist das schon eine Brücke?

Da liegt nun die hässliche Platte; aber wie schön ist sie, wenn man nichts darin sieht als die geebnete Bahn. In einem solchen Ausdruck schwingt Biblisches mit; es ist mitgemeint. Wer will, mag es nachlesen:

»Es spricht die Stimme eines Rufers in der Einsamkeit:
bereitet den Pfad des Herrn,
macht Seine Wege gut und gerade,
füllet alle Täler aus und traget alle Berge ab und Hügel;
alles, was krumm ist, werde gerade;
alles, was steil ist, verwandle sich in ebnen Weg.
Dann soll alles Erdensein das Heileswirken Gottes schauen«

Lukas, Kap. 3, Vers 4 in der Übersetzung von Emil Bock.

Ob abgesplitterte Betonplatte oder Brett, das ein Waldarbeiter über den Wildbach gelegt hat: Der Steg führt nicht zurück ins Paradies oder in das alte Heiligtum der Daker, sondern in die Zukunft; denn wir alle sind – selbst in der tiefsten Alltäglichkeit – »Wegbereiter des Herrn«. Wir wissen nur nicht, wo und wann er kommt.

Eine alte Betonplatte liegt als Gartensteg über einem der Quellbäche in Upsprunge bei Paderborn.

Bohlensteg in Upsprunge

Im gleichen Dorf Upsprunge an anderer Stelle findet man den im Bild gezeigten Bohlensteg. Da ist der Übergang derber, fast unverwüstlich, die schwersten Wagen könnten da hinüberrollen. Der Steg überbrückt wiederum einen der Quellbäche der Heder; rechts neben dem Steg sprudelt gleich ein kleiner Nebenbach hinzu. Überall rauscht und strömt und glitzert beweglich das Wasserelement, überall flirrt und schimmert durch windbewegte Zweige das Licht und bewegt Sonnenflecken und Schattenfiguren auf dem Boden – aber unverrückbar fest ruhen die zweimal zwei Bohlen.

Es sind wohl alte Bahnschwellen, die hier zu ihrer endgültigen Bestimmung und zum »Frieden« gefunden haben. Sie sind »Wesen« einer anderen Zeitordnung; die beiden Schwellenpaare kontrastieren wunderlich mit den beiden starken Birkenstämmen, auf die der Übergang wie auf einen Brückenkopf hinzuführen scheint. Die beiden weißen Stämme streben auseinander und recken in symmetrischer Gebärde ihre Äste jeweils voneinander fort. Der kleine Pfad umgeht sie unauffällig.

Diese Birken sind Lebewesen einer Naturordnung, die es auf weit mehr als ein Jahrhundert Lebenszeit bringt; die beiden Bohlen sind auch Holz vom Holze alter Bäume – nicht gerade von Birken –, aber sie sind »Wesen« einer reduzierteren Lebendigkeit, sind tot. Aber Stein und Metall gegenüber sind sie »lebendiges Material«, das auch verwittert und verrottet. Aber das spielt sich in einer Lebensordnung ab, die mehrere Jahrhunderte umfassen kann, da der Stoff trocken und spröde ist.

Das Wasser strömt weich und beweglich darunter hindurch, das Wasser strömt in den Birkenstämmen herauf, verdunstet und verteilt sich flüchtig in der schattigen Atmosphäre zwischen Bäumen, Teich und Wasserlauf. Hier ist die Brücke das Feste, das Dauernde, das Tote inmitten eines Kreislaufs von ständiger lebendiger Verwandlung – und doch ist das Leben als Prozess der Verwandlung größer, umfassender, dauernder als alle stofflich feste Dauer, wie sie hier der Mensch bewirkt hat.

Immer hat es für den Menschen etwas Befriedigendes, wenn er dem Strom des Lebens ein Zeichen oder ein Stückchen Wirklichkeit der Dauer einzuprägen vermag. Das feste Skelett, das er in sich trägt, versucht er auch der Welt als Gerüst einzuziehen. Das ist einer der Aspekte von »Kultur«! Nur aus der Spannung, der endlosen Antinomie von sich entwickelndem und vergehendem Leben und Form, die ins »tote« Material die Dauer prägt, ist das Kulturschaffen der Menschen zu verstehen. Tiere vollziehen so etwas nicht oder nur gleichnishaft: im Schneckenhaus, in Muschelschale und Perle.

Zwei alte Eisenbahnschwellen als Steg über einem Quellbach der Heder in Upsprunge.

Niemand in Upsprunge hat sich angesichts dieses Bohlenstegs, der abseits von den Häusern in den Gärten an einem Quellteich liegt, jemals solche Gedanken gemacht. Das ist auch gar nicht nötig. Wichtig ist nur, dass diese Gedanken möglich sind, dass sie gleichsam in der Sache beschlossen sind; und wenn man sie denkt, dann können sie zu einer Brücke, zu einem Übergang werden zwischen dem festen Stoff, den »Realien« des Lebens und der beweglichen Welt der Ideen, des Geistes und der ätherischen Kräfte.

Es gibt in Upsprunge auch »richtige« Brücken. So zum Beispiel die schöne Brücke mit dem flach gespannten Bogen über das Wasserbecken unterhalb der Mühle, deren Rad von einem Arm der Heder rauschend angetrieben wird. Bogen und Widerlager sind aus dem örtlichen Kalkstein, die Brüstung aus rotem Backstein, und der elegante Schwung wirkt sogar ein wenig venezianisch. Sie ist aber dadurch verunstaltet, dass – wie bei vielen Brücken – einseitig oder beidseitig die Kanalisationsrohre an der Brücke befestigt über das Wasser geführt werden – deshalb zeigen wir sie nicht.

Aber eine ähnlich schöne Form, nicht verunstaltet, eine ähnliche Situation des Übergangs finden wir im nahen Paderborn.

Die »Teufelsbrücke« auf Torcello

Wenn man fragte, welche Vorstellung sich bei dem Wort »Brücke« am häufigsten einstellt, so wäre es das Bild des Bogens. »Brücke« und »Bogen« sind fast synonym. Bisher haben wir noch keine Bogenbrücke betrachtet. Ein geradezu urbildliches Beispiel von »Brücke als Bogen« begegnete mir in Italien.

Als Archetyp des Brückenbauers einer Balkenbrücke aus Holz haben wir den Zimmermann kennen gelernt. Für denjenigen aber, der aus Stein eine Wölbung fügt, gibt es eine andere Bezeichnung: »Architekt«, das heißt wörtlich: Bogenbauer. Diese Benennung hat sich vom ursprünglichen Handwerk dessen, der das Gewölbe vorrüstet und dann aus Stein fügt, gelöst und ist gleichsam zu Adel gekommen: Denn als »Architekten« bezeichnen wir heute den Menschen, der mit schöpferischem, künstlerischem Sinn Bauten entwerfen kann, und trennt diesen Begriff von dem des »Ingenieurs«, dem, der die technischen Mittel kennt, berechnet und zur Verfügung stellt, damit die Handwerker nun das Werk beginnen und den Plan des Architekten in die Wirklichkeit umsetzen können. Bogenbauer ist der Architekt schon lange nicht mehr.

Wir wollen hier allerdings nur dem Bild des einfachen Balkens aus Holz, dem Zimmermannswerk, das Bild des einfachen Bogens gegenüberstellen, wie es die »Ponte del diavolo« zeigt. Aber ein Brückenbogen, so schlicht er auch sein mag, ist immer Architektenwerk. Schauen wir hin: Da ist nichts außer einem schlanken, elegant gespannten Bogen mit der geringst möglichen Auflage an Ziegeln, um die Wölbung gangbar zu machen für Mensch und Vieh. Die kleine Brücke dient dazu, die Felder und Gärten jenseits des Kanals zugänglich zu machen. Da braucht es kein Beiwerk wie Geländer, keine glatte Fahrbahn, keine exakt und waagerecht gefügten Stufen.

So wie es sich ergab, sind drei, vier Ziegelstufen mit einer Umrandung aus hellem Kalkstein schräg auf den Brückenbogen aufgelegt bis hinauf zur Scheitelplatte, die in sanfter Rundung der Wölbung des Bogens folgt. Da sind nur ein, zwei Schichten von Ziegeln als vermittelnder Unterlage, dann geht es wieder über drei, vier abschüssige Stufen hinab. Das ist alles. Es ist die vollendetste Bogenbrücke, die ich kenne – soweit Vollendung heißt: nur das Wesentlichste in knappster Form.

Was hier auf Torcello so schlicht und urbildhaft in Erscheinung tritt, findet im nahen Venedig in der »Ponte degli Scalzi« seine überaus elegante und weit gespannte meisterliche Ausgestaltung.

Aber auch um die einfache Urform hervorzubringen, bedurfte es hoher Kultur und alter Traditionen. Solche Brücken werden nicht von Bauern oder für Bauern bloß als Zugang zu ihren Feldern errichtet. Torcello ist uralter Kulturboden; es trug einst eine schon vor Jahrhunderten untergegangene Stadt: die Keimzelle Venedigs. Heute sind da nur noch wenige Bauernhöfe, und die meisten Felder werden wohl von der nahen Nachbarinsel Burano aus bewirtschaftet.

Von der Anlegestelle aus führt ein schmaler Fußweg neben einem Kanal in das Innere der Insel, wo sich der frühromanische Dom mit dem großartigen Mosaikbild des Jüngsten Gerichts und die Rundkirche Santa Fosca als einzige Zeugen der einstigen Stadt erheben. Auf halber Strecke kommt man an der Teufelsbrücke vorbei. Wahrscheinlich war dieser Bogen früher keineswegs nur eine »Bauernbrücke« wie heute, sondern diente als Zugang zu einem inzwischen längst verschwundenen Haus oder Gut – vielleicht war es aber auch so, dass man im Umkreis Venedigs die Brücken so erbaute, weil es den alten Traditionen entsprach und die Handwerker eben damals noch »Architekten« im wahrsten Sinne des Wortes waren.

Hier in Torcello wird das Prinzip der Brücke abstrahiert: Von der Bogenbrücke bleibt fast nur der Brückenbogen.

Wie dem auch sei: Das stille Eiland Torcello zeigt uns die »Brücke als Bogen« so, dass Bild und Sinnbild in ihr in eins verschmelzen.

Doch kehren wir nun nach Westfalen zurück.

Brücke an den Paderquellen in Paderborn

Nicht weit von Upsprunge, etwa zehn Kilometer weiter östlich, liegt ein ungleich berühmterer Quellenort: Paderborn. Aus zahlreichen Quellen, die sich in mehrere Hauptbäche sammeln, entsteht das Flüsschen Pader, das wenige Kilometer weiter nordwestlich, beim Renaissance-Schloss Neuhaus, in die Lippe mündet.

Der östlichste Paderarm quillt aus mehreren Teichen ans Licht des Tages, und dort beginnt das herrliche Spiel des Spiegelns von Licht im Wasser. Das zeigt unser Bild – und zugleich die erste Brücke, die die Pader überspannt, oder sollte man nicht besser sagen: überspringt? Denn eine Brücke ist immer auch die erstarrte Bewegung des »Überbrückens«. Sie wird von jedem Benutzer wiederholt, vielmehr erneuert, denn der Brückenbauer hat sie ein für alle Mal in die für diese Brücke gültige Form gefasst. Und die ist bei jeder guten Brücke nicht nur funktional, sondern auch künstlerisch. Die Funktion ist Bild geworden.

Diese Paderborner Brücke zeigt das in wunderbarer Weise. In Goethes Märchen ist die feste Brückenform aus der Bewegungsgeste der Grünen Schlange entstanden, die mit ihrem Leib den Fluss überspannte und sich schließlich in eine dauernde Form hinein opferte. An ein schlangengleiches Überspannen mag man auch hier denken. Der Bogen ist flach und elegant, eine Wölbung aus exakt behauenem Bruchstein; darüber ist in waagerechten Lagen aus dem gleichen Bruchstein der »Brückenkörper« gemauert und schließt in der mitschwingenden Linie der Brüstung ab. Diese setzt – ein wenig höher als die Höhe der Teichbegrenzungsmauer – auf dem einen Ufer bei einem niedrigen Pfeiler an, greift dann die Bewegungsgeste der Brückenwölbung auf, sie aber abflachend und vermittelnd, sodass der »Brückenleib« am Scheitelpunkt am schmalsten ist, und schwingt dann am anderen Ufer wiederum in einen flachen Pfeiler aus. Da löst sich dann die Brückenform im Gebüsch der Teichböschung optisch auf. Es ist eine sehr schlichte Brücke, wohl aus barocker Zeit, aber sie ist schön.

Das barocke Gebäude dahinter (im Bilde links) – in einem kleinen Park auf einer Insel zwischen den Paderarmen gelegen – ist die ehemalige Domdechanei, heute Bibliothek. Südlich davon – auf einer Anhöhe – »thronen« die rekonstruierte ottonische Kaiserpfalz und darüber der Dom mit seinem mächtigen Turm. Diesen wuchtigen, massiven Bauwerken gegenüber verkörpert die kleine Brücke – als Kontrapunkt – etwas von Leichtigkeit, als ob sich ihr Baumeister vom Wasserelement habe inspirieren lassen!

Im Übrigen bildet sich in der Lage von Quellteich und Brücke die gleiche Geste ab, die wir auch beim Plattensteg in Upsprunge sahen, hier nur ins Weitläufige und Prächtige eines Parkes mit schlossartigem Bau vergrößert: ein Gewässer, das eben noch nicht da war, wird nach wenigen Metern schon überbrückt. Man kann das, auf das menschliche Schicksal bezogen, auch urbildlich auffassen: Nahe der Stelle, wo der eine eben noch trockenen Fußes seinen Weg nahm, muss kurz darauf der andere (man mag das zeitlich oder räumlich nehmen) schon ein Hindernis überwinden, muss einen Brückenschlag vollbringen. Denn Schicksalsprüfungen sind immer individuell! Und die Kaiser, die da oberhalb der Quellen, gleichsam noch »im Trockenen« ihre Reichstage abhielten, strauchelten dann, anders als die Bewohner der Paderufer, vielleicht in den Alpen oder in Italien am Po oder ertranken gar wie Barbarossa fern im Saleph.

Aber solche Gedanken führen uns weit ab von dem stillen Quellteich, dem ein Flüsschen entspringt, das eine kleine Brücke so geschmeidig und elegant überspringt wie ein Tier, das zum Sprung über ein Hindernis nie mehr Kraft, als nötig, oder weniger, als gebraucht wird, einsetzt – und geradeso verhält es sich mit der Brücke auf unserem Bild.

Brücke an den Paderquellen in Paderborn. Links die ehemalige Domdechanei, erbaut 1676-78 nach Plänen des Ambrosius von Oelde.

Holzsteg über die Volme bei Dahl

Die Volme ist ein kleiner Nebenfluss der Ruhr, die sie nördlich von Hagen erreicht. Eine alte große Handelsstraße von Frankfurt nach Münster und Norddeutschland führt durch ihr Tal, ausgebaut als B 54. Heute aber fließt der Fernverkehr über die Berge, auf der A 45, der Autobahn Sauerlandlinie. Das schöne, tief eingeschnittene Tal der Volme ist von alters her stark industrialisiert. Man findet nur wenige Abschnitte, wo Natur unverstellt ins Blickfeld tritt.

Ein solcher Platz ist talaufwärts von Dahl, wo die Bundesstraße unmittelbar am Flüsschen entlangführt und – kurz vor der nächsten Fabrik – der abgebildete Steg ins Bild tritt. Er verbindet die Straße mit einem größeren Bauernhof, der mit dem Wagen wohl auf anderem Wege zu erreichen ist. Es ist ein Holzsteg »klassischer« Konstruktion: zwei Bohlen breit, mit einem Geländer, dessen Pfosten über die breit ausladenden Querträger der Laufplanken abgesteift werden. Ein hässlicher, aber unauffälliger Eisenständer trägt die Brücke in der Mitte. Sie ist verhältnismäßig lang, überspannt das kleine Flüsschen und eine verkrautete Kiesbank am anderen Ufer. Ein wenig krumm und unregelmäßig ist der »Handlauf« und passt sich so der Landschaft und der bäuerlichen Welt an, die der Steg mit der »großen Straße« verbindet. Deren Leitplanke öffnet sich zur Brücke hin. Sie ist im Vordergrund zu sehen und umfasst wie eine Hand die Planke, die als Geländer die zwei, drei Stufen Niveauunterschied bis zur Höhe des Brückengeländers vermittelt.

Hat der Ankömmling diese drei Stufen genommen, nimmt ihn der Steg auf, geleitet ihn wie einen persönlichen Gast und führt ihn etwas linkisch-freundlich hinüber; mit einer gewissen Verbindlichkeit der Bewegung, die durch den Rhythmus der vielen Geländer-Pfosten etwas Vorwärtsdrängendes hat: nicht heftig, eher geruhsam, aber doch so, dass spürbar wird, dass »Stehen-Bleiben« eigentlich nicht erwünscht ist. Der Steg ist wie ein beflissener Hausknecht, der den Gast zu seiner »Herrschaft« – den Häusern, denen er dient – auch wirklich hinbringen will. Sonst wäre der Stegbenutzer auf der schmalen Brücke ja auch ein Hindernis.

Aber der Gast bleibt natürlich doch auf der Mitte der Brücke stehen, sieht ins dunkle, mäßig verschmutzte Wasser der Volme hinab und schaut sich die Flora der Uferbänke an. Sie sind mannshoch verwachsen. Es sind vor allem die »Einwanderer-Pflanzen«, die fast alle deutschen Flussläufe besiedeln: rosa blühende Balsaminen, die weißen Dolden der Herkulesstaude, Wermut, oder sind es wilde Spiräen? – und manch anderes, das sich im zivilisatorischen »Unland« der Flussufer ausgebreitet hat, eine herrliche Wildnis, ein ausgespartes Stück einer Welt, zu der ein so altväter-

Holzsteg über die Volme, der die (Bundes-) Straße mit einem Bauernhof verbindet.

licher, derb-einfacher Steg gut passt. Kein Auto kann einen hier verscheuchen, und ein wenig ist es so, als versammelte sich hier eine Gesellschaft von »Unzeitgemäßen«, von als zu einfältig ausgemustertem »Landschaftspersonal«. Das ist einmal der Steg selber, aber auch der aufs Geländer gelehnte Betrachter (warum eilt er nicht seinen Geschäften, seinem Zeitplan nach?), da ist der kleine Fluss, verspielt, weil er einmal gerade nicht abgeleitet ist, um Turbinen und Maschinen zu treiben (auch so ein Arbeitsloser etwa? Denn früher tat er es doch, auch an dieser Stelle!), da ist die ungebrauchte Kiesbank mit all ihren unnützen, exotischen, eigentlich nicht in eine »ordentliche« deutsche Landschaft gehörigen Gewächsen, und dazu noch ein paar Enten. Sozusagen lauter Müßiggänger!

Es stimmt schon: »ausgemustert« – denn ein Stückchen weiter unterhalb ist der Einlauf vom Werkskanal der oberhalb gelegenen Fabrik. Die aber braucht die Wasserkraft nicht mehr, hat sicher billigen Strom – und mir fällt ein, dass ich bei früheren Fahrten wahrgenommen hatte, dass dieses Flussstück unter dem Steg trocken lag! Gelobt sei also die Außerdienststellung der Volme und ihr Eintritt, eigentlich ihre Rückkehr in den Kreis der Müßiggänger.

Es tut wohl, sich ein Weilchen unter diesen Geschöpfen aufzuhalten.

Dann »ruft« der treue Diener, der Steg, zur Ordnung, und man geht, wie er es vorgesehen hat, den Weg zu Ende; die Pfosten des Geländers geben freundlich-bestimmt den Takt dazu. Ist man drüben willkommen? Wenigstens gibt es kein Schild: »Privatweg! Durchgang verboten!« Gelobt sei solche Lebensart und Lässigkeit!

Brücke über die Gräfte von Schloss Werdringen bei Wetter an der Ruhr

An der Paderbrücke, die wir betrachteten, konnte uns aufgehen, dass die »eigentliche« Formvorstellung, die wir mit einer Brücke verbinden, der Bogen ist. Der schwingt sich von Ufer zu Ufer. Auch der Halbkreis ist ein Bogen – und doch liegen Welten zwischen dem bewegten Schwung eines flachen Bogens und dem in sich ruhenden Halbkreis einer Brückenbogenöffnung. Diese hat die Tendenz, sich durch eine Spiegelung zum vollen Kreis zu ergänzen. Die Römer liebten die klare Form und Konstruktion des Halbkreisbogens. Sie ist typisch für die alten Römerbrücken; spätere Zeiten, vor allem nach dem Ausgang des Mittelalters, bevorzugten die eleganteren, kühneren Flachbogenbrücken, die ja auch größere Spannweiten ermöglichten und Masse sparten.

Aber wozu braucht man eine große Spannweite, wenn man eine stille Schlossgräfte überbrücken will? Da darf die Brücke gemächlich auf festen Pfeilern über das Wasser schreiten und mit ihren drei Bögen drei etwas nach oben und unten gelängte Kreise bilden. Eigentlich – das sieht man – war der Wasserstand der Gräfte früher höher, und dann ergibt sich exakt der Kreis: halb Luft, halb Wasser, halb wirkliche Öffnung, halb gespiegelter Schein. Aber die Hälften runden sich ja zum Ganzen, und dieses Ganze bildet die Welt ab. Der Kreis ist das Sinnbild der Welt und ihres In-sich-Ruhens, ist Ganzheit und Geschlossenheit, ist Yin und Yang aus kontrastierenden, in sich verschlungenen Hälften.

Drei Bögen, drei Kreise: Da steigert sich das Erlebnis zur Harmonie eines Triptychons, eines Dreiklangs, über den hinweg die ruhige waagerechte Linie der Brüstung zieht.

Die Bogenwölbungen der kürzlich renovierten Brücke sind aus schmalen Bruchsteinplatten – dem hier anstehenden hellen Ruhrsandstein – in exakter Wölbetechnik gemauert und bilden einen strahligen Kontrast zu den waagerecht geschichteten Lagen der Hausteine beim übrigen Brückenkörper. Das Wasser in der Gräfte ist fast schwarz; umso satter vermag sich das helle Bauwerk darin zu spiegeln.

In ihrer klaren Geometrie ist diese schlichte Brücke sehr schön. Sie atmet – man möge diesen Ausdruck nicht für zu unbescheiden halten! – kosmische Ruhe. Denn alle Bewegungen sind hier zum Ausgleich gebracht. Die Bewegung quer hinüber ist zum ruhigen Gang von Bogen und Pfeilern herabgemildert; die Längsbewegung strömenden Wassers ist zur Ruhe des spiegelnden Teiches geronnen, der mit Blättern und Lichtreflexen eine Art Sternenkosmos im dunklen Wasser abbildet.

Eine solche Brücke erschließt sich nur demjenigen, der sie von allen Seiten zu betrachten versucht und der sie vor dem Hintergrund des schlichten, aber mit seinen beiden verschieden hohen Runderkertürmchen sehr malerischen Schlossbaus betrachtet.

Wo befindet sich dieses kleine unscheinbare Meisterwerk von Brücke? Schloss Werdringen liegt mitten im Ruhrgebiet; wenige hundert Meter nördlich liegt ein Yachthafen am Harkortsee, einem Stausee der Ruhr bei Wetter; wenige hundert Meter südlich befindet sich der riesige Verschiebebahnhof von Hagen-Vorhalle. Autobahn und Eisenbahn führen in Sichtweite vorbei, und wenn ich mit dem Intercity-Zug an den Rhein und in den Süden rase, erkenne ich die Baumgruppe des alten Parks, in dem sich Schloss und Brücke verbergen – und doch ist es ein Platz völliger Abgeschiedenheit in einer Oase aus Wiesen und Feldern, deren es im Ruhrgebiet ja viele gibt. Kaum einer kennt Werdringen, kaum einer weiß den Weg dahin – und das ist gut so!

Daher träumen Schloss, Teich und Brücke inmitten eines immer noch recht verwilderten Parks mit wunderschönen alten Bäumen so vor sich hin. Wovon könnten sie da träumen? Von dem Geheimnis, dass hier ringsum einst echtes Herzblut derer pulste, die das Ruhrgebiet schufen. Wenige hundert Meter weiter in Vorhalle liegt

Wäre wie früher der Wasserstand in der Gräfte höher, dann blickte uns die Brücke mit drei kreisrunden, dunklen, aber hell umwimperten Augen an.

irgendwo das Haus Harkotten, das Gutshaus, in dem FRIEDRICH HARKORT geboren wurde. Der war einer der legendären Pioniere der Industrialisierung, des Eisenbahnbaus, des Dampfschiffbaus, des Maschinen- und des Bergbaus. In Sichtweite von Werdringen, gegenüber auf dem Bergsporn über der alten Ruhr und dem heutigen breiten See, liegt die Ruine der Burg Wetter, in der HARKORT seine berühmte »Mechanische Werkstätte« einrichtete. Es ist wirklich wie ein Zeichen des Tao: Die Ruhe schlingt sich nach innen, nach außen kreist und drängt die Dynamik der Bewegung, die alles ringsumher verwandelte und das dröhnende Industriegebiet schuf. – Werdringen aber darf träumen. Es gibt zwar einen Kulturverein, der als Prinz dieses Dornröschen wachzuküssen versucht – mit Ausstellungen, Konzerten und anderen Veranstaltungen. Möge es aber nur ein klein wenig, nicht ganz wach werden! Ein bisschen weniger verwildert dürfte der Park schon sein, das Wasser ein bisschen weniger schwarz und seicht – aber ein gepflegter Park mit großem Parkplatz sollte doch daraus nicht werden!

Die Hönnebrücke in Volkringhausen im Sauerland

Urtümlicher, elementarer als die Brücke von Werdringen ist die Brücke von Volkringhausen im Sauerland. Sie überbrückt das Flüsschen Hönne, das erst durch ein sanftes, dann felsiges, enges Tal der Ruhr zustrebt. Volkringhausen ist ein ganz kleines Dorf, und wir sehen auf dem Bild eine richtige »Dorfbrücke«, ein »Gebrauchsstück« ohne Verzierung und besondere architektonische Zutaten. Gerade deshalb wirkt sie eindrücklich und stark.

Im Gegensatz zum vorigen Beispiel, wo eine Schlossgräfte überspannt werden musste, ist es hier eine Brücke über ein fließendes Gewässer; die flachen Bögen sollen – bei Hochflut – viel Wasser durchlassen, und die beiden Pfeiler der dreibogigen Brücke sind durch halbrunde Wellenbrecher-Vorlagen verstärkt. Aus deren Kappen wächst allerlei Kraut, und auch sonst hat sich mancherlei Grün in den Vorsprüngen des rauen Mauerwerks festgesetzt.

Die Brücke ist aus dem im Hönnetal anstehenden Kalkstein errichtet. Nur die Wölbung der drei Bögen ist aus rechteckigen, schön behauenen Blöcken, die übrige Brückenwand aus grob zurechtgeschlagenem Bruchstein-Mauerwerk. Eine besondere Note erhält das Bauwerk dadurch, dass die Brüstung, die in einer leicht gewölbten Linie über die drei Bögen führt, weder eine Gerade ist noch schön geglättete Abschlussplatten hat, sondern ganz unregelmäßig aus groben Blöcken gemauert ist. Daher wirkt sie so wie eine fast zackige Bekrönung – das passt gut zum Charakter dieses »Urwesens Brücke«. Es ist ganz vom Grün des Waldtals umhüllt, das flussabwärts immer enger und felsiger wird.

Das Bild zeigt nicht, dass die Brücke inmitten des Dorfes liegt; es verdeckt auch den Schilderwald an beiden Enden des Bauwerks. Wenigstens hat man das hässliche Kanalisationsrohr, das bis vor wenigen Jahren außen an der Brücke entlangführte, entfernt.

Die Brücke wurde inzwischen renoviert; sie wirkt nun monumentaler und liegt nicht mehr so verwunschen zwischen Grün und Kraut.

So steht sie da, nimmt die schmale Fahrstraße auf und führt sie in einer ganz leichten Wölbung über das Flüsschen, am alten Gemäuer wohl eines Mühlenhauses vorbei, ohne sich selbst – etwa mit einem Buckel – bemerkbar zu machen. Mancher Benutzer, wenn er sich überhaupt zu diesem abgelegenen Bauwerk verirrt, wird gar nicht bemerken, was für ein urtümlich schönes Brückenbauwerk er überquert!

Inzwischen hat man die Brücke renoviert, die Fugen sind neu verputzt, und ihre Umgebung ist »saniert« worden. Das heißt: die herrliche Wildnis von Stauden und Kraut im Bachbett und auch der wunderbare alte Baum hinter dem Fachwerkhaus sind verschwunden. Dafür tritt der Baukörper der Brücke kantiger und selbstbewusster in Erscheinung; die unbehauen hervorstehenden Blöcke wirken jetzt weniger urtümlich, aber um so ästhetischer.

Vielleicht dachte man: »Unser Dorf soll schöner werden…« und hat es karger gemacht. Natürlich wollte man das Beste, um den nun erkannten Wert der alten Brücke ins rechte, nüchterne Licht der Gegenwart zu setzen. Eine Tafel neben der Brücke versöhnt ein wenig damit: da ist eine alte Ortssage aufgeschrieben von einer Hirtin, die von irgendeinem Männchen in eine Höhle gebracht und dort für viele Jahre verzaubert und festgehalten wird. Als sie dann doch wieder herauskommt, ist das Dorf verändert, ihr Elternhaus längst zerfallen, und alle ihr bekannten Menschen sind verschwunden.

So ähnlich geht es auch mir, dem Besucher, wenn ich nun nach etlichen Jahren bei der Wiederkehr die verwunschene Idylle der ersten Begegnung kaum noch wiedererkenne. Aber das ist ja der Lauf der Welt!

Die alte Volmebrücke in Dahl

Dahl ist ein altes Dorf mit einem geschlossenen Ortskern in einer Weitung des engen Volmetals. Es gehört heute als deren südlichster Vorort zur Großstadt Hagen, hat sich aber – bis auf ein kurzes Stück Hauptstraße städtischen Charakters – sonst seine dörfliche Art bewahrt. Der Ort wird durch die Volme in zwei Hälften geteilt. Durch die südöstliche, der S-Schleife des Flusses folgend, führt die Hauptstraße (die B 54); da liegen Kirche und Brauerei und der klassizistische Amtshof; auf der anderen, nordwestlichen Seite des Bogens liegen Bauern- und Wohnhäuser, aber auch der Supermarkt.

Die Notwendigkeit des Brückenschlags zwischen den beiden Ortshälften liegt also auf der Hand. Zu den Häusern am westlichen, dörflichen Ufer kommt man heutzutage mit seinem Auto über eine andere Brücke. Die alte Brücke »darf« nun wie früher ganz den Fußgängern dienen, nachdem sie irgendwann einmal dem Schicksal von Abbruch, Neubau und Verbreiterung entgangen war.

Mit drei gedrungenen Korbbögen überspannt die Brücke das Flussbett, in dem das meist flache Gewässer über Kies und Geröll dahinströmt. Die Brücke hat eine leichte Wölbung; die Bögen sind unterschiedlich weit: der mittlere ist durch eine etwas größere Öffnung betont. Die Pfeiler treten flussauf und flussab über spitzbogenförmigem Grundriss als kräftige Halbtürme hervor und bilden oben Erker, um die die Brüstungen mit hellen glatten Steinplatten herumgeführt werden; so wirken sie wie zwei zackige Schlangen. Vier solcher spitzen Nischen gibt es, in die man treten kann und ins glitzernde Wasser und auf die Pracht der rotviolett blühenden Balsaminen an den Ufern und auf den Schotterbänken hinabschauen kann.

Immer ist die Brücke belebt; immer gehen Menschen hinüber und herüber. Auf der einen Seite, unmittelbar am Fluss, liegt der Laden, auf der anderen Seite führt die Brücke zur alten Dorfkirche mit Schieferdach und spitzem Turmhelm. Sie liegt jenseits der großen Straße, schaut mit vier rundbogigen Fenstern zu Fluss und Brücke hin und ist aus dem gleichen graubraunen Gestein wie diese gemauert. Das erweckt ein Gefühl von Verwandtschaft und Zusammengehörigkeit. Diente die Brücke früher nicht vor allem der Kirche und den Kirchgängern, die sonntags geputzt und feierlich darüber zum Gottesdienst gingen? Wohin führen denn überhaupt Brücken? Vom Leben ins Leben! Aber ihnen war früher gleichsam eine höhere Oktave einverwoben. Sie führten vom Alltag hinüber in einen erhobenen, würdigen Bereich; denn der Weg über die Brücke ist immer auch ein wenig Läuterung und Überwindung. Und jenseits lag das Heiligtum. Wenn da aber kein Heiligtum war, dann hatte die Brücke meist selber eines: eine Brückenkapelle, ein Heiligenbild.

Diese nüchterne Dorfbrücke im märkischen Sauerland hat das nicht. Zu ihrer Würde gehört, dass sie den Weg zur Kirche trug und trägt. Schaut man sie von der flussaufwärts gelegenen Seite an, wirkt sie in sich schon wuchtig und monumental. Der größere Mittelbogen verleiht ihr eine betonte Mitte, in der eine gewisse »Feierlichkeit« mitschwingt. Die drei tragenden Bögen sind aus gut behauenen, senkrecht gestellten Steinplatten gemauert, während das Mauerwerk der Zwickel eine waagerecht geschichtete Bruchstein-Struktur hat; ein leichter Knick der Brüstung über dem Scheitelpunkt des großen Bogens betont die Mitte und verleiht dem Schwung der Brückenlinie eine Andeutung von Eleganz und Spannung. Mächtige Bäume am linken, flussabwärts gelegenen Ufer bilden mit ihrem Grün einen kräftigen Kontrast zum hellen Grau des Gemäuers, während am rechten Ufer die Häuserzeile der Hauptstraße bis über das Wasser hin vorkragt.

Drei unterschiedlich weite Bögen beleben die Dreiheit dieser Brücke, die doch mit der ruhigen Linie ihrer Wölbung eine Einheit ist.

Es ist eine Brücke, die das Maß des Menschen und das Maß des Flusses harmonisch in sich aufgenommen und es in die Bewegung eines dreifachen Sprungs mit Anlauf, Hauptsprung und Ausschwung verwandelt hat. Diese Bewegung erlebt man vor allem beim Blick flussauf, wo kaum 200 Meter weiter eine Eisenbahnbrücke des 19. Jahrhunderts das Flüsschen überspannt. In der Exaktheit und Solidität des Bruchsteinmauerwerks ist sie ein gutes »Werkstück«, aber die gestreckte Bewegung und ruhige Spannung der alten Brücke geht ihr ab. Die neue Brücke ist ein gutes Bau»werk«, die ältere ein belebtes Bau»wesen«.

So ruhig der Anblick der Brücke vom Wasser her auch wirkt, die auskragenden Erker geben dem Übergang eine gewisse Dramatik.

Die Brücke von Schloss Höllinghofen an der Ruhr

Die Brücke schwingt sich ins geöffnete Tor. Wie gut passt zu dieser Geste der Spitzbogen!

Eine ganz andere Geste des Übergangs vermittelt uns das folgende Bild. Es zeigt die Schlossbrücke von Höllinghofen. Schloss Höllinghofen ist ein Wasserschloss unweit der Ruhr. Es liegt ganz versteckt auf dem waldigen Höhenrücken, den die Ruhr zwischen Hüsten und Wickede umfließt. Es ist in Privatbesitz; kein Schild weist darauf hin. Und so war es mehr ein Zufall, dass ich es fand und versuchte, im näher zu kommen.

Ein großer, halb verwilderter Park mit altem Baumbestand und verschilften Teichen umgibt es, die im Sommer ganz von Goldrute und Balsaminen umblüht sind. Das Schloss selber liegt efeuumwachsen mit grauem Bruchsteinmauerwerk in seiner stillen Gräfte. Nur ein Brückenbogen schwingt sich hinüber und leitet den Zugangsweg sogleich durch einen gotischen Spitzbogen hinein in das Haus; das Haus »verschluckt« den Weg gewissermaßen wie ein geöffneter Mund.

Aber dieser Eindruck ist nicht bedrohlich und finster – und das kommt durch die aus exakt behauenen Sandsteinblöcken gefügte Brücke. Sie setzt wie im Sprunge mit einem flachen Bogen hinüber, sozusagen freiwillig, ja begierig, den Zugang ins »Mysterium« des Inneren zu erringen. Die elegante, aber durch viereckige Pfeiler streng wirkende Sandsteinbrüstung greift den Bogenschwung auf und geleitet die Fahrbahn – flacher zwar, aber auch im Schwung eines gewölbten Bogens – hinüber zum Tor.

Das aber geschieht nicht hastig, ohne Selbstbewusstsein, sondern so, dass auf dem Scheitel des Bogens die Bewegung innehält und anstelle der Brüstungspfeiler ein Mauerquadrat ausformt. Dieses wirkt wie ein Wappenschild, auf dem die Brücke sozusagen sich selbst – mit Namen und Geschlecht – darstellen könnte. Es ist aber leer, und trotzdem gibt es der Brücke eine eigene Mitte und Identität, bevor sie sich dienstbar ins Tor hineinschwingt. Denn das ist ihre Aufgabe.

Diese architektonische Geste wirkt wie eine Szene aus der Renaissance oder eher noch dem frühen Barock, als Wehrhaftigkeit und Rittertum nur mehr höfisch-elegante Gesellschaftsformen waren. Gewissermaßen derb-galant – wenn man die westfälisch-feste Art gleich mitcharakterisieren will – bringt die Brücke den Besucher, der eine prächtig gekleidete Ordonnanz sein sollte, ins Innere zur »Herrschaft« – wer die auch immer war. Ich weiß es nicht.

Der verwunschen Park, die Schilder »Privat. Zugang verboten« halten den Besucher auf Distanz, aber gelehrte Bücher hat er nicht lesen müssen, um zu sehen, was zu sehen ist: ein stummes Theaterstück, indem die Baukunst selbst mit ihren Gesten und Formen, mit Brückenbogen, Tor und Fenstern, Mauern und Spiegelungen im Wasser spielt, einen beredt-stummen Bühnenprospekt bildend für all die Szenen des Daseins, die als geisterhaft-unsichtbares Theater meiner Fantasie durch die Zeiten hindurch diese Bühne beleben.

Zu dem Eindruck eines »stummen« Welttheaters passt es, dass ich – Jahre später erst – erfuhr, dass das Schloss ein Anwesen derer von Boeselager ist. Diese Adelsfamilie unterhält im benachbarten Vosswinkel den »Wildwald«. Das ist ein großes Waldgebiet, in dem unter ökologischen Gesichtspunkten vorbildliche Waldpflege betrieben wird.

Czilla von Boeselager dagegen wurde in der Zeit der »Wende« berühmt durch ihren tatkräftigen und beherzten persönlichen Einsatz für Flüchtlinge und Verfolgte, vor allem aus Ungarn, dem Land, aus dem sie selber stammte. Im vorigen Jahr – 2003 – wurde sie unter großer Anteilnahme der Öffentlichkeit in der Kapelle von Höllinghofen beigesetzt.

Da mag – bei den »umrahmenden« Feierlichkeiten – auch die Brücke wieder ihren Part gespielt haben. Auch in diesen so abgelegen scheinenden Winkel des Sauerlandes wirkt eben – durch besondere Menschen – die »Welt« hinein.

Brücken und Stege von Burg Vischering

Anders stellen sich Brücken bei einer münsterländischen Wasserburg dar. Das urtümlich-schönste Bauwerk dieser Gattung ist Burg Vischering bei Lüdinghausen. Eine Wasserburg gliedert sich in Hauptbau und Vorburg und ist meist von einem ganzen System von Wasserläufen und angestauten Teichen umgeben. Der eigentliche Burggraben – die Gräfte – ist nur der innerste Ring von Wasser um das Gebäude. Brücken sind nötig, um einen solchen Schlosskomplex zu erschließen, so auch in Vischering: Brücken, die sich im doppelten Sinne des Wortes auch »aufheben« können – Zugbrücken!

Nähert man sich dem Schloss auf der alten Lindenallee mit Katzenkopf-Pflaster, führt ein erster Brückenbogen aus Ziegelmauerwerk über den äußeren Graben, einen Arm des Flüsschens Stever, zur Vorburg hinüber. Rechts rauscht das Wasser über ein Wehr aus dem Teich ins weitere Flussbett hinab. Die feste Brücke bricht in der Mitte sozusagen ab – sichtbar ist es durch das Ende der gemauerten Brüstung –, und von der Vorburg herüber kommt dem Besucher die hölzerne Zugbrücke entgegen. Sie ist, wie man das aus Holland kennt, an zwei schräg nach oben aus dem Mauerwerk des ersten Burgtors ragenden Balken mit Ketten befestigt. Ob sie sich tatsächlich noch hochziehen ließe? Jedenfalls schreitet der heutzutage gern empfangene Gast auf die Insel der Vorburg, die linker Hand vom unsymmetrischen Hufeisen der Wirtschaftsgebäude eingenommen wird. Geradeaus geht der Blick auf das unregelmäßige Oval der Hauptburg, die mit grauen schweren Bruchsteinmauern aus dem Wasser ragt und mit ihren Erkern und Fenstern im Renaissancestil und mit ihren weiß-roten Läden freundlich-ernst auf die grün-dunkle Gräfte blickt, über die ein paar Enten ihre Bahn ziehen.

Ein Holzsteg auf fünf kreuzweise verstrebten Balkenpfeilern und mit Auslegern zur Abstützung des Geländers führt leicht ansteigend vom Hof der Vorburg zum letzten Brücken»joch«: der Zugbrücke. Diese steht natürlich heute fest und hat ein festes Holzgeländer. Aber auch heute noch ist sie an den zwei schweren Eisenketten befestigt, mit denen man sie einst als Sperre vor das Tor im Burgoval emporklappen konnte. Das heißt also, dass bei hochgezogener Brücke etwa drei bis vier Meter unüberbrückt blieben.

Ein weiterer, ähnlicher Holzsteg führt, von der Insel der Vorburg aus durch einen schmalen Gebäudedurchgang zu betreten, über den Teich auf den ringförmigen Landstreifen zwischen innerer und äußerer Gräfte; darauf kann man auf einem schönen Spazierweg unter alten Bäumen die Burg zwischen den Gewässern umrunden. Dieser Steg ist einfacher in seiner Konstruktion und führt niedrig und waagerecht über den Spiegel des Teiches.

Vergleicht man die beiden Stege, hat der zur Hauptburg hinführende die ausdrucksvollere Geste. Der eine »ruht« über dem Wasser, der andere »bewegt« sich, »steigt« zur Burg hin sachte an und »hebt« damit auch die Burg – wenn auch nicht in Wirklichkeit aus dem Wasser, so doch ihrer Bedeutung nach – vor dem Auge etwas an. Die Spannweite zwischen den Pfeilern mit ihren Kreuzstützen heben diese Brücke kräftiger und höher aus dem Wasser, und die dreifachen, waagerecht übereinander liegenden Geländerbalken betonen zielstrebiger die Richtung zum Schloss, ein wenig aufwärts. Das letzte Joch – die Zugbrücke – liegt aber waagerecht, und das genügt schon, um eine spürbare Gegenbewegung vom Schloss aus erleben zu lassen. Das alles sind freilich nur leicht angedeutete Bewegungen und Gesten, die nur das aufmerksame Auge entdeckt. Aber gerade deshalb sind sie so wohltuend und harmonisch, weil sie wohl wirken, auch wenn sie kaum ins Bewusstsein treten. So geführt von der Brücke »übersteigt« man die Gräfte und gelangt durch einen dunklen Torweg auf den unregelmäßig runden Innenhof, der malerisch von Mauern und Gebäuden umschlossen ist, die sich heute als Museum und Restaurant dem Fremden gastlich öffnen.

Burg Vischering: Steg zur Hauptburg. So gering auch der Anstieg, so stark die Wirkung!

Über dem flachen Weg im Vordergrund sieht man den höher gelegenen zur Hauptburg.

Die ganze Wehrhaftigkeit der Burg ist optisch in die Kette gedrängt – im Gegensatz zur ruhigen Geometrie der Vorburg und ihrer Spiegelung.

Die stillen, flachen Wasser ringsum erfordern keine wuchtigen Brückenbauwerke, und so sind es leichte, gar nicht dauerhafte hölzerne Stege, die hier im wahrsten Sinne des Wortes die Brücke schlagen vom satten üppigen Grün der münsterländischen Landschaft zu den trutzig festen grauen Gemäuern der Burg.

Eine Zugbrücke in Arnheim

Von hier aus – vom Blick auf die Wasserburg mit ihren Gräften, ihren Stegen und der Zugbrücke vorm Tor – bietet sich ein etwas weiter gefasster Blick auf diesen elementaren »Typ von Brücke« an: auf die Zugbrücke. Ihr Bild ist uns allen in herrlichen Farben durch kraftvolle Darstellungen in die Seele eingeprägt: durch die Bilder Vincent van Goghs, die er in der Provence, in der Umgebung von Arles, von Brücken gemalt hat, die es längst nicht mehr gibt (sofern nicht ein neuer van-Gogh-Tourismus zur Wiedererrichtung als Repliken geführt hat!). Ansonsten evoziert das Wort »Zugbrücke« die Bilder holländischer Städte, Grachten und Kanäle. Aber auch in Norddeutschland sind sie zu finden; da ich aber nicht dort hingekommen bin, wo es solche Brücken gibt, machen wir hier einen kleinen Exkurs in die Niederlande, nur ein Stückchen weit hinter die Grenze: nach Arnheim.

Dort gibt es, in einer anmutigen Hügellandschaft nördlich der Stadt, ein »Openlucht«-Museum, ein Freilichtmuseum der niederländischen Bauern- und Handwerkskultur; durch das weitläufige Gelände darf die ausgemusterte Arnheimer Straßenbahn ihre Runden fahren und die verschiedenen Gehöfte und Häusergruppen mit dem Museumskomplex am Eingang verbinden. Zentrum ist eine geschlossene Siedlung rekonstruierter Bauten an einem kleinen See. Über eine seiner Buchten führt die hier gezeigte Zugbrücke aus dem 18. Jahrhundert.

Sie ist klein genug, um das Prinzip dieser Art von Brücken in aller Anschaulichkeit zu zeigen, und groß genug, um diesen Typ angemessen repräsentieren zu können. Hauptteil einer solchen Zugbrücke ist der Mitteltrakt mit der Hebevorrichtung für die Geh- oder Fahrbahn. Es gibt doppelseitige oder einseitige Zugbrücken – hier handelt es sich um eine kleine doppelseitige Brücke. Es bedarf bei einer solchen Konstruktion zweier torartiger Stützgerüste, die jeweils die beiden Hebebalken tragen, an denen die beiden Brückenklappen mittels starker Ketten aufgehängt sind.

Bei unserem Beispiel sind diese Stützen als rundbogige, weiß lackierte Holztore ausgebildet, die durch ihre klassizistische Formgebung und ihre helle Farbe eine gewisse noble Eleganz ausstrahlen. Von beiden Seiten her führt ein mit starken Holzbohlen belegter Steg leicht ansteigend auf die Türöffnungen zu, welche gleichsam als Brückenwächter die dann schmalere Fahrbahn in leichter Anwinkelung gegeneinander gesenkt halten; mit ihren nach vorn und hinten auskragenden, ebenfalls weißen Hebearmen wirkt die Brücke gestalthaft und lebendig, gar nicht wie ein toter Mechanismus, sondern wie ein seltsames Wesen mit vier Beinen, vier

Zugbrücke im Freilichtmuseum von Arnheim: Schade, dass kein Schiff mehr kommt!

Armen und den zwei Bögen, die mit ihrer klassischen Rundung so etwas wie zwei Köpfe bilden, die durch den Halbkreis ihrer Bogenform gleichsam das Rund des Kopfes zitieren.

Einen solchen Eindruck macht man sich wohl kaum bewusst, und doch schwingt er leise im Hintergrund des Erlebnisses mit. Das gibt der Zugbrücke, anders als der sich mit Pfeilern und Bögen über das Wasser – das jeweilige Hindernis – stemmenden Steinbogen-Brücke, eine gewisse Leichtigkeit und eine Art von Gestalthaftigkeit, die dem gleichsam schlafenden Rhythmus der liegend-ruhenden Brücken eine etwas seelenhaftere musikalische Bewegtheit gegenüberstellt. Denn diese Brücken können sich bewegen: auf und zu, hoch- und niedergehen. Die das bewirkende, sicht- und erlebbare Mechanik hat durchaus den Reiz und die Anmut, die Kleist an den Bewegungen der Gliederpuppe so fasziniert hat.

Dieser fast spielerische Charakter tritt bei der in ihren Maßen bescheidenen, in ihren Funktionsmechanismen noch einfachen und im Originalzustand belassenen Brücke von Arnheim deutlicher hervor als bei vielen anderen größeren holländischen Zugbrücken, über die der moderne Verkehr rollt und deren Zug- und Hebevorrichtungen moderner, aber auch weniger anschaulich geworden sind; hier aber ist das Gerüst noch umspielt von den filigranen Linien der hängenden Kurven der Ketten und den steifen Geraden der Verstrebungsstäbe. Nur schade, dass kein Schiff mehr kommt und Anlass gibt, das Spiel der Kräfte und Bewegungen in Gang zu setzen!

Doch nun, nach diesem kleinen Exkurs, zurück nach Deutschland, nach Westfalen.

Brücke über die Bever im Münsterland

Wir sind im Münsterland, dieser ruhevollen, satt-grünen Landschaft mit ihren hundertfältigen Kulissen von Buschwerk, Baumreihen und Wäldern. Hinter grünen Wiesen und gelben Kornfeldern lugen aus dunklen Baumgruppen von Eichen rot gedeckte Gehöfte. Ab und zu ein Kruzifix am Wege; darüber der schwere weite Himmel. Selten ein Ort, ein spitzer Kirchturm, aber zahlreich wie Könige im Märchen die Bauernhöfe; jeder für sich, jeder eine stattliche Residenz eines Souveräns über schwarz-weiße Rinderherden auf blumenlosen, saftig grünen Wiesen. Soweit der Augenschein, allem Krisenwissen zum Trotz …

Es gibt keine größeren Städte – bis auf die *eine* große: Münster, die Hauptstadt; es gibt keine großen Wasserläufe bis auf den *einen*, den stets von Schiffen belebten Dortmund-Ems-Kanal; sonst nur kleine Flüsschen, verschilfte und von gelben Wasserlilien umstandene Gräben und Tümpel. Eines dieser verschilften Flüsschen, im Sommer eher stehend als fließend, ist die Bever, ein östlicher Zufluss der hier noch kleinen Ems.

Unser Bild zeigt eine alte Brücke über die Bever. Ein Monument in dieser un-monumentalen, durch Busch und Baum zu tausendfältigen Bühnenprospekten gestaffelten Landschaft! Kein großer Ort ist in der Nähe, keine große Straße führt darüber. Aber es muss ein ehedem bedeutender Weg gewesen sein. Wie sonst kommt diese feste Brücke hierher? Wir entdeckten sie einmal zufällig auf dem Wege zum kleinen, gänzlich abgelegenen Kloster Vinnenberg. Sie fiel uns auf, weil sie auf der östlichen Brüstung die Figur des barocken Brückenheiligen Nepomuk trug. Sie war aus dem weichen, weiß-grauen Baumberger Sandstein geschlagen, der überall im Münsterland das Material der Bildhauer ist und so lebhaft und schön zum roten Backstein der Mauern kontrastiert.

Als wir die abgelegene Brücke nach einiger Zeit noch einmal aufsuchten (es war gar nicht so leicht, sie wiederzufinden), war der heilige St. Nepomuk verschwunden. War er nun gänzlich zerfressen und zerfallen? Oder steht er – vor diesem Geschick gerettet – in einer Restaurationswerkstatt? Oder ist er ins Museum gebracht worden? Oder ist er gar geraubt, willentlich zerstört und wie sein lebendiges Urbild in den Fluss hinabgestürzt worden? Nichts ließ sich feststellen. Aber ohne den St. Nepomuk war die Brücke leer, eher verwitwet als verwaist, denn etwas Seelisches, eine bestimmte »Aura« fehlten ihr, nicht etwa eine Art elterlichen Schutzes. Denn als Monument ihrer selbst stand sie kräftig da und schien, bei der spätsommerlichen Trockenheit, sogar das Flüsschen überdauert zu haben, das sie

Brücke bei Ostbevern im Münsterland: St. Nepomuk ist zugleich König, einziger Bewohner und Schutzherr der Brücke.

doch zu überbrücken hatte. Dieses bot sich dar als morastiger, brennnessel- und schilfverwachsener Graben.

Aber unverdrossen und voller Spannkraft hob die Brücke den Weg – ein kleines Landsträßchen – wie eh und je auf drei kräftig und glatt gemauerten Bruchsteinbögen über das Hindernis hinweg. Auf beiden Seiten sind die zwei Mittelpfeiler durch bugartige Vorlagen verstärkt und steigern so den Eindruck energischer Kraft. Über dem Brückenkorpus aus Bruchstein ist die Brüstung aus rotbuntem, hell verfugtem Ziegelstein gemauert und wird oben von einem waagerechten Sandsteingesims abgeschlossen. Das knickt dann an den Brückenenden schräg nach außen ab und läuft nach unten aus.

So steht diese dreibogige Brücke als streng geformtes, wuchtiges Denkmal alter Zeit da, ein wenig vertrotzt: denn für die weiche Landschaft ist sie fast zu mächtig; vor allem fehlt ihr das frische muntere Wasser unten, das lebendige kleine Flüßchen an dem sie ihre Kräfte messen könnte, und nun auch der sie überhöhende, sie beseelende Brückenpatron oben!

Man hätte sie eher unter den Bauern dieser Landschaft erwartet; denn die kleinen Flüsse der Gegend geben wenig Anlass zur Ausprägung von Brücken-Individualitäten.

Solchen ausgeprägten Charakteren wie dieser Brücke zu begegnen, macht Freude!

Ohne ihren St. Nepomuk ist die Brücke ein fremdartig nüchternes Monument in flimmerndem Grün, das an Monet erinnert.

Alte Elbebrücke in Hadamar bei Limburg

Wir stehen unterhalb der Elbe-Brücke in Hadamar bei Limburg. Ganz richtig: der *Elbe*-Brücke! Denn außer der »großen« gibt es noch mehrere kleinere »Elben« in Deutschland: als Nebenfluss der Ruhr die Elpe und den Elbsche-Bach, die Elbe als einen Nebenfluss der Eder und die Elbe als Nebenfluss der Lahn, die aus dem Westerwald herabfließt und ihr Wasser hier in Hadamar über ein breites Bett verteilt.

Darüber führt eine alte Bruchsteinbrücke mit drei Bögen von unterschiedlicher Spannweite. Ihre Pfeiler treten flussabwärts als halbkreisförmige bastionsartige Türme aus der Brückenflucht hervor. Am westlichen Ufer steigt die Altstadt am Berghang empor und wird oberhalb der Brücke von einer Kirche mit spitzem Dachreiter auf dem Chorteil überragt; auf dem östlichen Ufer liegt unterhalb am Ufer des Flüsschens das mächtige frühbarocke Stadtschloss der Grafen von Nassau-Hadamar, deren kleine Residenzstadt dieses Hadamar war.

Blicken wir vom Wasser aus zur Brücke hinauf, ragt über die Brüstung das Standbild des heiligen Nepomuk mit der Krone aus fünf Sternen, die sein Haupt umgeben, empor. Wie eine Vision erscheint die Figur – feingliedrig und im Filigran ihrer Sterne – über dem Rand des grob-massiven Brückenkörpers. Das Standbild steht auf der nordöstlichen Pfeilerbrüstung und ist von unten aus nur halb zu sehen. Und doch erscheint die Brücke dadurch wie verwandelt. Das ungeschlachte Bauwerk wirkt verfeinert, ist wie gelöst, als hätte es eine unsichtbare Dimension dazugewonnen. Das graue schwarze Mauerwerk trägt den Heiligen nicht anders als der Riese Christophorus das heilige Kind, und die Sterne lassen es dem Himmel verschwistert erscheinen.

Ich sage mir: Du bist ein Fremdling hier an dieser Brücke bei deinem Zufallsbesuch in Hadamar; niemanden kennst du, und keiner spricht dich an – und doch bist du nicht allein. Der Heilige – ob du an ihn »glaubst«, ihn magst oder nicht – beseelt die Brücke, fordert auch dich stumm heraus und treibt dich aus deiner Gleichgültigkeit heraus. Denn er teilt der Brücke – und auch dir – etwas von der Aura seines Wesens mit. Und dunkel erinnerst du dich, dass diese Gestalt etwas mit Glaubenstreue und mit Martyrium zu tun hat.

Wurde Nepomuk nicht einst von einer Brücke gestürzt? Du weißt es nicht mehr so genau. Erst recht nicht, warum das geschah. Aber unter diesem Nachsinnen – ob Aberglaube, ob Achtung vor einer verehrungswürdigen Tat – belebt sich die Brücke. Mögen die Sterne etwas zu groß, etwas zu unbescheiden sein – aber es sind Sterne –, und du spürst: Die Brücke hat einen »Geist«, einen Patron; sie ist geweiht, sie hat ihre Würde! vielleicht stellst du dir ihren Geist noch ganz anders vor und entdeckst eine noch viel allgemeinere Transzendenz und Würde, die dieser Brücke zukommt. Denn jede Brücke hat ihre besondere Würde, die erkannt und geachtet werden will! Eine Würde nämlich, die Gott zu solchen Taten menschlicher Kultur wie Brückenbauten – Taten, die seine Schöpfung fortsetzen – sagen lässt: Und siehe, es ist gut! Denn es freut ihn (wenn ich ihn so menschlich interpretieren darf), dass der feste Fels, aus dem er die Ufer und die Berge schuf, hier nun zu Schwung und Bewegung geworden ist, dass der starre Stein geradezu elastisch in drei Sprüngen über das Wasser setzt, um Menschen, Tiere und Lasten zu tragen. Und wie kraftvoll, wie schön der Stein das tut!

Das hat letzten Endes nichts mit St. Nepomuk zu tun. Diese Brücke stand schon lange, ehe der Heilige auf ihre Brüstung kam. Aber nun ist er es, der uns als steinerner Statthalter eines höheren Sinnes darauf hinweist, dass auch diese Brücke ein Wesen eigener Art und Ausstrahlung ist.

Wer war nun dieser St. Nepomuk wirklich? Aber selbst, wenn uns das, was wir erfahren, vielleicht ein wenig ernüchtert, so bleibt doch alles, was gesagt wurde und was er in uns an Gedanken angeregt hat, wahr, denn St. Nepomuk macht nun einmal aus jeder Brücke einen Ort der Poesie – auch wenn die Kirche es mit ihm streng genommen anders meint.

Die stattliche Breite vom Bett des kleinen Flusses bedingt eine große Brücke – so war es immer in früherer Zeit; da kanalisierte man nicht, weil man dem Flusse Aus- und Überlauf ließ.

Laterne und Dachreiter der Kirche im Hintergrund überhöhen die Brücke, St. Nepomuk aber heiligt sie mit dem Kranz seiner Sterne.

Sankt Nepomuk am Quellteich von Geseke

Haben Sie schon einmal eine mittelalterliche St.-Nepomuk-Statue gesehen? Mit Gewissheit – nicht! Denn es gibt sie nicht. St. Nepomuk kommt immer im barocken Gewande daher, immer trägt er Bart und Barett und immer hält er den Kruzifixus mit der gleichen Hingebung im Arm. Denn in solcher Haltung steht die urbildliche St.-Nepomuk-Statue auf der Karlsbrücke in Prag. So hat ihn der Bildhauer Matthias Rauchmüller (1645–1686) einst gestaltet. Nach diesem Modell sind all die »Nepomuken«, die kleinen und die großen, in den Ländern der katholischen Christenheit geschaffen worden. Nur der Sternenkranz ist manchen dieser Statuen in den meist rauen Zeitläuften abhanden gekommen.

In Prag – so geht die Sage – raubten sich die Studenten die Sterne Nepomuks, damit diese als wohltätige Talismane bei ihren Prüfungen wirkten. Sie wurden immer wieder ersetzt. Anderswo aber nicht. Sie bedeuten angeblich die fünf Laute des Wortes »tacui« – »ich habe geschwiegen«. Denn die Legende sagt: Er habe als Beichtvater der Königin geschwiegen und dem König Wenzel, ihrem Gemahl, um keinen Preis, selbst um den der Folter nicht, das Beichtgeheimnis verraten, das der misstrauische und eifersüchtige König ihm abtrotzen wollte. Daraufhin wurde er in einen Sack gesteckt, von der Brücke gestürzt und in der Moldau ertränkt. Er wahrte also das Geheimnis eines kirchlichen Sakraments gegenüber der weltlichen Macht. Und alsbald wurde aus seinem Namen Johann von Pomuk die Bezeichnung Ne-pomuk, was volkstümlich übersetzt etwa heißt: »der sich nicht ›muckste‹, der schwieg«.

Was war wirklich geschehen? Die Historiker betrachten das nüchterner. Es war zur Zeit des Königs Wenzel IV., des übel beleumundeten Sohnes und Nachfolgers des großen Karls IV. Da soll Johann von Pomuk, der Generalvikar des von Wenzel auf Burg Karlstein eingekerkerten Erzbischofs Johann von Jenzenstein, die Abtwahl im Kloster Kladruby gegen den Willen des Königs gelenkt haben. Daraufhin wurde er eingekerkert, gefoltert und – da er schwer verletzt war – am nächsten Tag ertränkt. Das Volk barg seinen Leichnam und bestattete ihn. Es ging also um Machtfragen – wie so oft –, und was wirklich dem Geschehen zugrunde lag, bleibt wohl immer verborgen. Kommt aber ein Priester zu Tode, hat die Kirche ein unvergleichliches Mittel sublimer »Rache«: Sie spricht den Betreffenden als Märtyrer heilig. So geschah es im hohen Mittelalter mit dem Engländer Thomas Beckett, und so geschah es auch mit dem Böhmen Johann von Pomuk – nur dass dies erst mehr als 300 Jahre nach dessen Tode geschah!

Es ist ein kleiner schmaler Steg, aber eine recht stattliche St. Nepomuk-Figur – die nahe altehrwürdige Stiftskirche lässt da wohl ihre Autorität herüberwirken.

Das kam so: Über Böhmen waren wilde Zeiten gekommen. JAN HUS war auf dem Konstanzer Konzil als Ketzer verbrannt worden (1416). Er wurde daraufhin der eigentliche, aber nicht kanonisierte »Heilige« Böhmens, zum nationalen Herold, und sein Tod wirkte in lang andauernden Erschütterungen – den Hussitenkriegen – nach, Erschütterungen, die sich durch die Reformationszeit hindurch bis in den Dreißigjährigen Krieg fortsetzten. Der begann ja bekanntlich nicht mit einem Brücken-, sondern mit einem Fenstersturz in Prag. Als dann die Habsburger gesiegt hatten, hatte die Kirche mitgesiegt. Die Gegenreformation begann.

Da besann sich die Kirche in Böhmen des lang zurückliegenden Brückensturzes: Die Verehrung NEPOMUKS, von der Geistlichkeit propagiert, begann, und im Jahre 1729 wurde er heilig gesprochen. Schon seit 1683 schmückte sein Standbild die Karlsbrücke. Es war vor allem der Jesuitenorden, der sich der Propagierung dieses neuen Heiligen annahm – und das mit erstaunlichem Erfolg! Trug der Papst von alters her den Titel »Pontifex maximus« – »der größte Brückenbauer«, so trugen nun bald alle Brücken in Europas katholischen Landen in kleinerer oder größerer Gestalt als Wächter und Patron den NEPOMUK. RAINER MARIA RILKE dichtete:

»Aber diese Nepomucken!
Von des Torgangs Luken gucken
Und auf allen Brücken spuken
Lauter, lauter Nepomuken.«

Genauso volkstümlich, aber ein klein wenig seriöser bedichtete JOHANN WOLFGANG VON GOETHE den damals noch allgegenwärtigen NEPOMUK:

»Auf großen und auf kleinen Brucken
stehn vielgestaltete Nepomuken,
von Erz, von Holz, gemalt, von Stein,
kolossisch hoch und puppisch klein.
Jeder hat seine Andacht davor,
weil Nepomuk auf der Brucken das Leben verlor.«

Der irdische Nutzen und der transzendente Sinn der Brücken ist kaum zu scheiden, und so ist auch bei dem Brückenheiligen nicht zu sagen, ob er mehr ein frommes Sinnbild oder ein kirchliches Machtsymbol war. In Böhmen jedenfalls sollte er durch seine allgegenwärtige Präsenz von der Verehrung des JAN HUS ablenken und diese verdrängen, und man sagte, der Bildhauer habe daher dem NEPOMUK eine gewisse Ähnlichkeit zum überlieferten Bilde von HUS verliehen.

Hier – auf unserem Bild – steht ST. NEPOMUK in Geseke, einer Stadt am Hellweg in Westfalen, auf einer kleinen Brücke nächst der Stiftskirche. Diese erhebt sich auf einem flachen Hügel, der fast im Halbkreis von einem Quellteich umgeben ist. Dort, wo das Wasser gerade frisch der Erde entquillt, führt eine erste kleine unscheinbare Brücke hinüber. Ihr wurde diese wohlerhaltene Nepomuk-Statue beigefügt – zur Mahnung an die Menschen und das noch unschuldige Wasser des Quellbachs. Die Aura von fünf Sternen ist der Figur im Laufe der Zeiten abhanden gekommen. Sollte auch das von sinnbildlicher Bedeutung sein: dass die Verbindung – die Brücke – zu den Sternen heute so oft abgerissen ist? Das mag für die Menschen gelten; die Enten, die den Teich bevölkern, stört es nicht.

Eine gedeckte Brücke im Simmental im Berner Oberland

Zu den urtümlichsten Arten von Brücken gehört eine, die heute selten geworden ist: die gedeckte Brücke. In den Alpenländern, vor allem in der Schweiz, findet man sie noch häufig. Berühmte – allerdings »städtische« – Beispiele sind: die Kapellenbrücke in Luzern, die Trompeterbrücke in Säckingen am Hochrhein (doch ist sie heute eine verdorbene Anpassung an eine Schifffahrtsstraße auf Betonstelzen), der Henkersteg über den Kocher in Schwäbisch Hall. Man findet sie auch, von den Einwanderern dorthin verpflanzt, in Neu-England.

Eigentlich sind es Bauernbrücken, tüchtige Zimmermannsschöpfungen mit gewaltigen Balkentragwerken, deren oft ungefüge Konstruktion unter dem Schindelwalmdach und hinter der seitlichen Bretterverkleidung ihr harmonisches Gehäuse findet.

Und doch bleibt eine solche Brücke eine Merkwürdigkeit, ja geradezu eine Paradoxie: Sie ist gedeckt, aber der Weg dahin liegt offen für Wind und Wetter frei unter dem Himmel; der Weg jenseits davon ebenso; aber gerade der Übergang über das »Nass«, über den Abgrund, das Trennende, das Bedrohliche wird zum Raum, zum geschützten trockenen Innenraum gemacht, zum »Schiff« – zum Schiff, das nun aber nicht in und mit dem Wasser unten davonschwimmt, sondern das gegen und über das Wasser gebaut ist wie ein Kirchenschiff; ein solches schafft einen nüchternen und doch irgendwie feierlichen Innenraum, der uns nach dem Durchschreiten am anderen Ufer wieder ins Freie entlässt.

So ist es auch mit der gedeckten Brücke bei Ringoldingen im schweizerischen Simmental.

Nebenan, ein kleines Stück weiter flussaufwärts, ist eine moderne Straßenbrücke gebaut. Geh' über diese Brücke hinüber! Und bist du drüben, bist du derselbe Mensch geblieben, der du warst, als du noch am diesseitigen Ufer standest. Gehst du aber durch die Joche und Kammerungen der alten, dämmrigen, nach Holz duftenden Brücke unter ihrem mächtigen, weit auskragenden holzschindelgedeckten Dach – sie führt unter alten Bäumen leicht abschüssig vom Widerlager bemooster Felsen zu den Feldern am anderen Ufer –, dann bist du ein anderer geworden! Ein Bauer hat seine Geräte auf der alten Brücke abgestellt; sie ist kein Verkehrsweg mehr; es riecht kräftig nach trockenem Holz, und silbergrau verwittert tragen die alten Eichenbalken die Brücke noch immer über den rauschenden grünen Wasserschwall des Bergflusses, fest wie seit Jahrhunderten. *Du* bist ein *anderer* geworden, weil Übergang und Brücke hier zum Raum-Durchgang, zum Innen-Erlebnis gemacht worden sind – und jedes

Wie die unterschiedlichen Ufer es bedingten, wurde die Brücke schräg abfallend über den Bergstrom geschlagen.

Innenerlebnis hat verwandelnde Kraft! Sonst sind ja Brückenschlag und Übergang vor allem Bild der Überwindung eines äußeren Hindernisses.

Aber ist es denn nicht so, dass jedes Innenraumerlebnis, in letzter Steigerung das eines Heiligtums, gerade die Kräfte evoziert, die die Überwindung äußerer Gefährdungen erst möglich machen? Wie dem auch sei: Der Städter geht vom festen Haus zu festem Haus über seine ungedeckte Brücke, und peitscht ihm gar ein kalter Winterregen ins Gesicht, ist sein Übergangserlebnis erst »gesättigt« und echt. Der Bauer des Simmentals dagegen geht durch »Gottes freie Natur« und überquert den wilden Bergstrom trocken und in dämmriger Geborgenheit; er riecht den warmen Holzduft, den er vom Dachboden seines Hauses kennt: Die Brücke macht ihn in der Natur »behaust«. So wird sie uns zum Sinnbild von Kulturlandschaft: als Menschenwerk zwischen rauschendem Gewässer, Wald und den mächtigen Bergrücken diesseits und jenseits des engen Tales. *Kultur* verwandelt Natur in Landschaft; und *Landschaft* ist – seelisch erlebt – Weltinnenraum, ist *Frucht* und Verwandlungsergebnis nicht der biologischen, sondern der geistigen Evolution der Menschheit. Und an der haben auch die Bauern des Simmentals ihren Anteil. Kostbares Denkmal dessen ist die alte, gedeckte, aus dem Verkehr gezogene und unter Bäumen versteckte Brücke über die Simme bei Ringoldingen.

Die Brücke, in freier Natur gelegen, bildet einen weit auskragenden beschützenden »Innenraum«.

Emscher-Durchlass unter der Schnettger-Brücke in Dortmund

Zum Abschluss der Betrachtungen über elementare Formen des Brückenbaus darf auch das »Aschenputtel« unter den Brückentypen nicht fehlen: der »Durchlass«. Durch Straßenwälle oder Bahndämme lässt man in Rohren Bäche und kleine Flüsse, in gemauerten Gängen Wege oder Schienen durch. Solche »Unterführungen« werden, wenn sie lang genug sind oder gar durch Berge und Felsen führen, zu etwas anderem, das wir »Tunnel« nennen. Wenn aber der Durchlass zum Tunnel wird, verliert er den Charakter einer Brücke, und das Ganze wird zu einer Art von Unterwelt, in der als Brücke letztlich nur noch die gestaltete, gemauerte Eingangsöffnung zu einem dunklen Reich erscheint: ein schwarzes Loch! Die Brücke wird zum Tor.

Unzählige solcher Durchlässe – die meisten davon ganz unscheinbar – gibt es im Lande. Da hindurchzukriechen oder zu waten, ist für Kinder ein Abenteuer; den Erwachsenen sind sie meist gänzlich aus dem Bewusstsein geraten. Es gibt aber unter den Durchlässen solche, deren Charakter sich zur Monumentalität und deren Düsternis sich zum Gleichnis einer Styx-durchströmten bedrohlichen Unterwelt steigert.

Einen solchen Durchlass suchen wir in Dortmund, an der Emscher auf. Der Zugang dazu ist abgesperrt, wie der ganze Wasserlauf. Niemand soll dorthin. Es stinkt. Denn das ehemals klare kleine Flüsschen Emscher wurde vor hundert Jahren zur oberirdischen Kloake des Ruhrgebiets umgestaltet. Es wurde zu einer glatten geraden Betonrinne mit steilen Grasböschungen gemacht, durch die in rascher Strömung Abwasser und schwimmender Unrat zum Rhein – nein!, das zum Glück nicht mehr, sondern zum nächsten Klärwerk – fließen. Die Tage dieser offenen Cloaca maxima des Ruhrgebiets sind allerdings gezählt: in Dortmund bis 2006; dann wird das Abwasser in dicken Rohren unter der Erde verschwunden sein.

Diese Emscher ist kein Gewässer, das man luftig überbrückt oder an dem man promeniert. Man versteckt es lieber. Wo es bei Dortmund-Dorstfeld von Süd nach Nord durch einen Taleinschnitt strömt, den alle wichtigen Ost-West-Verbindungen kreuzen – die Bundesstraße 1, der alte Hellweg, die S-Bahn, Fern- und Güterbahnstrecken, verschiedene andere Straßen und Rohre –, da liegen sieben Brücken teils hinter-, teils übereinander und bilden eine bizarre Welt von Tunneln, Durchlässen, Überführungen, Gewölben, Röhren und Durchgängen – niedrig oder hoch, dunkel oder wenigstens halbhell, an den Öffnungen grün verwachsen, nicht zu betreten, stinkend und nur zugänglich für das Wartungspersonal der Emscher-Genossenschaft, der dieses abgezäunte Reich aller Abwasserläufe gehört.

Vorspiel dieses »Brückenreiches« ist die Schnettger-Brücke. Jeder Dortmunder kennt sie, denn über sie fährt man von Westen her auf der B 1 in die Stadt ein. Als Eisengitterträger-Konstruktion, die unter der Fahrbahn liegt, überquert sie den Taleinschnitt etwa 400 Meter lang und 20 bis 30 Meter hoch, und so hat man rechts voraus freie Sicht auf Westfalenhalle, Westfalenstadion und Fernsehturm und sieht nach Süden hin bis zu den waldigen Höhen des Ardey-Gebirges. Die Schnettger-Brücke ist daher so etwas wie ein Tor zur Stadt, und es gibt tatsächlich Pläne, an ihrem östlichen Ende die B 1 mit einem Torhochhaus à la Grande Arche in Paris zu überbrücken.

Ein Doppelportal in edlen Proportionen, schlicht und solide gemauert, öffnet sich für den Durchlass einer Kloake: der Emscher.

Aber das ist nicht alles. Gehen wir tiefer. Eine Treppe führt hinab. Da steht die Brücke auf einem breiten Damm, in dem es Unterführungen für mehrere Eisenbahnstrecken und an der tiefsten Stelle einen Durchlass für die Emscher gibt. Die Hänge der Talmulde sind östlich von grün zugewucherter Industriebrache oder Bahngelände bedeckt, am westlichen Hang aber von der bunten Vielfalt gepflegter Kleingarten-Anlagen eingenommen. An die tiefste, verborgene, abgesperrte Stelle, wo der Emscher-Durchlass ist, kommt man normalerweise nicht hin. Da öffnet sich

Das Süd-»Portal« des Emscherdurchlasses, darüber die Schnettgerbrücke.

Nord-»Portal« desselben Durchlasses, der auch von Gasleitungsrohren genutzt wird.

im dicht mit Strauchwerk und Bäumen verwachsenen Brückendamm, von Norden her gesehen, ein Betongewölbe vom Durchmesser eines Scheunentors: am Grunde der Kanal, durch den – ca. 2,5 m breit – die milchig braun-graue Emscher strömt; das Licht am Ende des dunklen Tunnels ist dunkelgrün: Baumschatten.

Das Besondere dieses Durchlasses ist, dass er nicht der Emscher allein gehört: auch zweierlei Sorten Gas werden hindurchgeführt; auf Eisenträgern an beiden Enden des Brückentunnels in Zweidrittel-Höhe der Öffnung liegt ein Rohr von ca. einem Meter Durchmesser. Es ist die Gichtgas-Leitung, die einst die Dortmunder Hüttenwerke und Hochöfen verband. Seitdem diese stillgelegt sind, ist die Leitung ein Industrie-Fossil; darunter ist ein dünneres, ca. halbmeterdickes Rohr; es diente anderem Gas und lässt sich nicht so ohne weiteres abbauen oder entsorgen, da dann ein infernalischer Gestank den Rohren entströmen würde, selbst wenn kein Gas mehr darin befördert wird. Diese seitlich am Hang liegenden Leitungen werden an den Durchlass herangeführt, knicken dort ab und gehen hinein in den Tunnel.

»Abgrund-hässlich« hätte man einen solchen Anblick früher genannt. Aber nun, in den Zeiten einer nostalgischen Industrie-Denkmal-Kultur, haben wir gelernt, darin eine bizarre Ästhetik zu erleben, für die uns die Augen durch die Fotografien von Bernd und Hilla Becher geöffnet worden sind. Denn dieses stinkende Loch einer Dortmunder Unterwelt enthüllt uns ein Reich von Formen, das die Bechers (oder wer sonst auch immer!) wiederum in neue Bildserien von Relikten des untergehenden Industriezeitalters verwandeln könnten.

Anders stellt sich das »Portal« des Emscher-Durchlasses von Süden dar, wenn man denn bis dahin gelangt ist (man muss dazu einen Umweg von etwa einem Kilometer machen), da stufen sich übereinander: die schwärzlich dunkle Bogenöffnung im Damm, die die Emscher gleichsam verschluckt; davor waagerecht ein Steg, auf dem ein Rohr den Wasserlauf kreuzt, hell vor dem Dunkel der Tunnelöffnung, aus der ein Gasrohr »kommt«. Über dem Betonportal des Durchlasses eine Zone von Gesträuch und Bäumen, von der aus das Gerank tief in die Öffnung herabhängt – und über dem Brückendamm »schwebt« dröhnend und schwer die Autobahnbrücke mit dem mächtigen Gitterwerk aus Stahlträgern mit senkrechten und diagonalen Verstrebungen. Darüber hinweg braust laut und unablässig der Verkehr.

Seltsam sind hier Oberwelt und Unterwelt aufs Deutlichste geschieden und doch vereint, wie bei dieser Doppelbrücke, die ja nie jemand in dieser Form gebaut hat, sondern die die verschiedenen Zeiten so übereinander getürmt haben. Angeblich weiß niemand in Dortmund, warum die Schnettger-Brücke »Schnettger-Brücke« heißt. Sie ist jedenfalls in den späten zwanziger Jahren bei der Anlage des großen Straßenzuges von Rheinlanddamm und Westfalendamm entstanden.

Kaum vorstellbar ist, dass aus diesem dunklen Durchlass für Abwasser, Gestank und Gas je wieder ein Durchfluss für ein sauberes Flüsschen werden kann. Aber dass solches möglich ist und bereits ins Werk gesetzt wird, zählt zu den Wundern unserer Zeit, die eben nicht nur Schreckliches kennt!

Ein Bauwerk für die Ewigkeit – Der Ponte Mallio von Cagli

Fast schon wieder zurückverwandelt in eine weißgraue Felswand: der »Ponte Mallio« bei Cagli.

Wir wollen dieses erste Hauptkapitel unserer »Brückenreise« nicht mit dem etwas düsteren Bild des »Durchlasses« abschließen. Wir betrachten noch eine Art »Urbrücke« – den Ponte Mallio, die alte Römerbrücke von Cagli. Dazu müssen wir uns nach Italien, in die »Marken«, das weniger bekannte Gegenstück zur Toskana auf der östlichen Seite der Apennin-Halbinsel, begeben.

Da, wo die Via Flaminia auf ihrem Weg von Rom zum Adriatischen Meer in einer tiefen Schlucht den östlichen Hauptkamm des Apennin – zwischen dem Monte Catria und dem Monte Petrano – durchquert hat, liegt Cagli, eine malerische mittelalterliche Stadt. Sie nimmt am Fuße des 1 100 Meter hohen Petrano den Winkel zwischen zwei Bergflüssen ein, dem Fiume Burano und dem Torrente Bosso. Kurz bevor sich dieser klare, kleine, aber reißende Fluss mit dem Burano vereint, quert unmittelbar nördlich der Stadt eine moderne Brücke den Taleinschnitt: eine solide Steinbogenbrücke, vermutlich aus dem späten 19. Jahrhundert.

Daneben aber, etwas tiefer, zwar vollständig erhalten, aber wie versunken im Grün, vielfältig bewachsen und immer noch von einem breiten Fahrweg benutzt, liegt die »alte Brücke« – und man wünschte, dass der Duft des Wunderbaren und die Atmosphäre des Erstaunlichen, die von diesem Bauwerk aufsteigen, sich dem Leser mitteilen könnten!

Aus teils sumpfigem, teils trocken-krautigem Grund erhebt sich eine unregelmäßige Mauer aus zyklopischen rechteckigen, aber fast schon wieder zu hellem Fels »zurück«-verwitterten Kalksteinblöcken. In den Ritzen wuchert eine reiche Vegetation, und Strauchwerk hängt wie Vorhänge über die Steine herab. In der Mitte befindet sich ein flach gewölbter Bogen aus keilförmig behauenen Blöcken

Man beachte die wunderbare Geometrie der behauenen Blöcke!

– es sollen 26 sein –, von denen sicher jeder mehr als eine halbe Tonne Gewicht hat. Ein Stück weiter öffnet sich noch ein zweiter, kleinerer Durchgang mit halbkreisförmigem Durchmesser aus dreizehn ebensolchen Blöcken in der Zyklopenmauer.

Selten sah ich so wuchtige Gewölbe! Eine flachere Schicht von Steinen deckt jeweils den Bogenscheitel. Darüber kragt ein Gesims aus rechteckigen Blöcken vor, über dem sich eine verwachsene und verwitterte Brüstung aus halbmeterhohen Steinquadern erhebt. Rechts und links des Hauptbogens ist die Wand – das Widerlager also – in flacheren, kleineren Steinschichten gemauert. Die rühren wahrscheinlich von einer späteren Erneuerung her – »später«, das heißt hier: in römischer augustäischer Zeit, denn der Ursprung der Brücke verliert sich weit in vorrömischen Zeiten! Im vierten vorchristlichen Jahrhundert soll sie von Etruskern oder Umbrern errichtet worden sein. Auch der Augenschein zeigt es: Solche Bögen findet man sonst nur noch in den Toren etruskischer Städte.

Man vergleiche diese Öffnung mit dem Emscher-Durchlass auf S. 93 – welch ein Kontrast! Hier das Tor für ein reines »göttliches« Gewässer, da Durchlass für eine Kloake!

Die Wucht und Gewalt dieser in rauen Fels zurückverwandelten Steine, die doch die Ordnung und Struktur von Menschenwerk zeigen, ist von magischer Eindrücklichkeit. Die beiden Öffnungen, in denen keine andere Luft als unter den Bögen der modernen Brücke ist, wirken wie Räume von gänzlich anderer Quali-

tät – als seien es dunkle Zugänge zu Unter- oder Überwelten. Heute ist äußerlich nichts von Bedeutung dahinter oder darin: Gestrüpp; nicht einmal Wasser fließt hindurch.

Staunend vor diesem Anblick und seiner Wirkung wird mir ein Paradox bewusst, das zugleich ein Entwicklungsgesetz zu sein scheint: Am Anfang menschlichen Bauens, in den Zeiten also, in denen die Menschheit die Welt noch geist- und geisterdurchdrungen erlebte, tauchten Menschen im Übermaß in die Welt der Steine, der Materie ein, wenn sie etwas bauten. So stehen auch die Pyramiden oder die Megalith-Stätten nicht am Ende, sondern am Anfang menschlicher Baukultur. So viel Stein, so viel massiver Stoff ist dem modernen Nutzen- und Funktionsempfinden fremd, wenn nicht gar zuwider.

Heute, wo sich das Bewusstsein der Menschen demgegenüber viel mehr auf Irdisches, auf Materie und physikalische Kräfte bezieht, wird das Bauen immer »luftiger« und »schwereloser«. So wenig Stoff wie möglich, gerade so viel als unbedingt nötig! Bei der Brücke von Cagli erscheint der Durchlass für einen Bergbach, den Torrente Bosso, wie die gewaltig zu Stein geronnene Mauer eines Mysterientempels, erbaut aus dem Knochengefels und dem steinernen Muskelgewebe der Erde. So unlogisch ist das nicht, denn schließlich war der Torrente Bosso die Verkörperung eines Wesens, der Flussgottheit, die es zu zähmen oder zu ehren galt.

Heute dagegen wirkt die Überquerung eines weiten Meeresarmes – beispielsweise durch die riesige Öresund-Brücke – wie eine fast schwerelose, mit Stoff umkleidete Kraftlinie, wie eine reine Sehne, der die Muskeln und Knochen irdischer Materie fehlen.

Es war die Geste der Inkarnation – damals; es ist die der Exkarnation – heute.

Staunend stehen wir vor diesem Bauwerk. Wo unser Gefühl für einen solchen Übergang eine flache Furt, eine einfache Holzbrücke, einen leichten Bogen (wie in Torcello) als angemessen empfindet, tritt uns hier ein Bauwerk gleichsam von Ewigkeitscharakter entgegen. Wir fühlen uns davor zuerst klein und beschämt, als »Leichtgewichte« angesichts des Ernstes und der Wucht eines solchen Bauwerkes, dann aber auch wiederum erhoben und befreit in einer Schicht des Erlebens, wo das Menschendasein nicht als »flüchtige Spur von unsern Erdentagen« verweht, sondern als Arbeit an der fortwährenden Umwandlung der Erde manifest wird.

Man steht am Ponte Mallio in Cagli gleichsam vor den ersten feierlich-schweren Schritten solcher Umarbeitung von Natur zu Kultur. Der Letzteren entfallen, holt sich die Natur heute zurück, was einmal durch Menschengeist und Menschenhand bewegt und verwandelt worden ist. So etwas ist nicht ohne Bedeutung für die Welt!

MITTELALTERLICHE BRÜCKEN –

FROMMES WERK UND LEBENSGLEICHNIS

Die Nisterbrücke bei Kloster Marienstatt

Ehe wir unseren Blick auf die stolzeren städtischen Brücken aus alter Zeit werfen, wollen wir noch ein bescheidenes Bauwerk, eine verborgene »Perle« im Wald betrachten. Sie sind selten geworden, diese grauen alten Brücken, aus deren Fugen noch das Gras wachsen und das Moos die Pfeilerkuppen besiedeln darf – Brücken, die wie eine Szenerie zu den Liedern aus des »Knaben Wunderhorn« oder der »Schönen Müllerin« wirken, der ein verliebter Müllersbursche bei der Mühle hinter dem nächsten Knick des Flüsschens den Hof macht.

Doch weit gefehlt! Es handelt sich hier um eine ganz andere Art von Einsamkeit als die von Müllern, Jägern und fahrenden Gesellen! Es ist die Waldesstille um ein Kloster herum – herber und verhaltener. Es ist die Brücke unweit des Klosters Marienstatt bei Hachenburg im Westerwald. Sie überspannt ein Flüsschen mit dem Namen »Große Nister«. »Große Nister« heißt es, weil sich ihm bald darauf die »Kleine Nister« zugesellt. Der vereinigte Nisterfluss durchfließt dann in malerischen Windungen die »Kroppacher Schweiz«, ehe er in die Sieg mündet.

Das Zisterzienser-Kloster Marienstatt, gegründet 1222, liegt auf einer von der Nister umflossenen Anhöhe am Eingang der »Kroppacher Schweiz«. Wäre Marienstatt ein Benediktiner-, ein Franziskaner- oder Dominikaner-Kloster, so wäre wahrscheinlich in seiner Umgebung keine Waldeseinsamkeit mehr. Denn gerade wilde, wald- und wasserreiche Gebiete abseits der schon früher bebauten Gefilde suchten die Zisterzienser zur Anlage ihrer Klöster auf. Dann verwandelten sie alsbald die Wildnis, in die sie gezogen waren, durch ihrer Hände Arbeit in fruchtbares Land, doch blieb in den meisten Fällen um ihre Klöster herum ein Gürtel von Wald, von freigelassener Natur, den sie um ihrer Ruhe willen zwischen sich und die betriebsame Welt legten.

Früher kamen die Leute von Astert, Müschenbach und Hachenburg über diese Brücke zum Kloster; heute gibt es ein wenig oberhalb einen modernen Straßenübergang – und so darf die alte Brücke wieder still vor sich hin träumen. Das beigefügte Bild lässt allerdings nicht ahnen, dass der nahe Klosterparkplatz die Idylle beeinträchtigt. Doch die Buchenwälder auf der anderen Seite des Flüsschens sind herrlich, und felsige Hänge zeigen an, dass flussabwärts die schroffere Landschaft der »Kroppacher Schweiz« beginnt.

Die Brücke überspannt das flache steinige Bett des kleinen Flusses mit vier Bögen verschiedener Höhe und Größe, über die die Brüstung eine sanft gewölbte Bogenlinie zieht. Wie fast alle alten Brücken hat sie flussauf kantige Pfeiler, deren Unterbau aus großen behauenen Blöcken gefügt ist. Die Pfeiler sind bis in die Höhe der Bogenscheitel hinaufgeführt und bilden oben nach außen geneigte Dreiecksflächen, auf denen sich jeweils kleine »Steingärtchen« oder Trockenrasen gebildet haben. Flussabwärts sind die Pfeiler rund und treten wie dicke gekuppelte Halbsäulen aus dem Brückenkörper heraus.

Der wirkt naturgewachsen wie in Schichten gelagertes Felsgestein – ein Eindruck, der eher davon herrührt, dass Moos und Flechten, Kräuter und Grasbüschel aus den Ritzen und Fugen der Steine wachsen, nicht anders als auf freiem Fels. Doch ist die Wand des Brückenkorpus gemauertes Menschenwerk. Die vier fast halbkreisförmigen Brückenbögen sind aus dünnen Schieferplatten radial – und, wie man sagt: hammergerecht – gemauert; diese Bogenschicht ist oben, rechts und links mit alten rostigen Eisenankern verklammert.

Der obere Abschluss der Brüstung wird von einer hochgestellten Schicht des dünnplattigen Gesteins gebildet. So wird die waagerechte Schichtung des Mauerwerks der Brücke oben und unten, also bogenseitig, von hochkantigen Steinplatten wie von einem Saum eingefasst – alles das nicht ganz regelmäßig, aber fest und solide gearbeitet. So zieht die Brücke mit ihrem ganz leicht geknickten Bogen in selbstbewusster Festigkeit mit ihren vier Bogenöffnungen über das sommerliche

Einst Übergang eines Fernhandelsweges, dient die Brücke heute nur noch den Wanderern, die Kloster Marienstatt besuchen.

Rinnsal und die in Winter und Frühjahr zu vielarmiger Flut heranwachsende Nister – bar jeden Schmuckes, dessen sie nicht bedarf.

Der Kontrast des grauen Mauerwerks und der geometrisch klaren Linie des Bauwerks zum frischen Frühlingsgrün des Waldes oder den ockergelb und goldbraun zur Brücke herabwallenden Kaskaden des Herbstlaubs ist eindringlich genug, vor allem, wenn sich dann im ruhigen Oberwasser ein Bogen spiegelnd zum Kreis ergänzt und so eine vollendet klare kosmische Form – durch Menschenhand bewirkt – in der verwirrenden Farben- und Formenvielfalt des Naturbilds aufscheint. Unterhalb der Brücke strömt der Fluss rascher über Kiesbänke und Steingeröll zwischen dunklen Waldesufern.

Etwas vom strengen geradlinigen schmucklosen Geist der Zisterzienser drückt sich in der Brücke aus, gleich ob sie von den Mönchen selbst erbaut wurde oder nicht; atmosphärisch ist sie jedenfalls einbezogen in die Zisterzienser-Welt, die der heidnisch-gottdurchwobenen Welt der Natur die anders gottdurchwobene Welt mittelalterlicher Frömmigkeit unter dem Arbeitsauftrag Gottes zum Umgestalten und Fruchtbarmachen der Erde entgegensetzt.

Dieser Kontrast tritt hier in der Einsamkeit des Westerwaldes deutlicher hervor als in den Städten, die wir in den folgenden Abschnitten betrachten werden. Für die Mönche war freilich etwas anderes wichtiger – ein Wunder, welches sich der Natur entgegensetzte: Als die ersten Heisterbacher Mönche nach einer zunächst fehlgeschlagenen Ansiedlung nun die geeignete Stätte zur Klostergründung suchten und schon unverrichteter Dinge nach Heisterbach an den Rhein zurückkehren wollten, da erschien die Gottesmutter dem ersten Abt HERMANN und wies ihn an, das Kloster dort zu gründen, wo er im Tal der Nister einen blühenden Dornbusch finden werde – mitten im Winter! Das Wunder geschah – Abt HERMANN fand den blühenden Busch. Seitdem trägt die Abtei einen blühenden Dornzweig im Wappen.

Aus den – geistigen – Blüten dieses Dornzweiges wurden im Laufe der Zeit Samen und irdische Früchte verschiedenster Art: die hochgebaute großartige Kirche, das bebaute Land ringsum und nicht zuletzt die Brücke. Sind nicht auch sie *wunder*artige Werke menschlicher Kulturtätigkeit, nicht anders als das Dornbusch-Wunder? Mit der rechten Demut und Bescheidenheit verstanden, kann man sagen: Das Wunder-Wirken ist – in mancher Hinsicht – von Gott auf die Menschen übergegangen. Dieses wissend gaben die alten Meister ihren Werken den Zusatz: Soli deo gloria.

Die alte Lahnbrücke in Wetzlar

In den folgenden vier Abschnitten unternehmen wir eine kleine Brückenreise entlang der Lahn. Nur an der Lahn gibt es in Deutschland eine dichte Folge alter Brücken, die in den landschaftlichen und historischen Zusammenhang ihrer Stadtbilder noch ganz eingebunden sind. Deshalb erscheinen sie nicht nur als Denkmäler ihrer selbst, sondern können Bilder alter Lebenszusammenhänge erwecken und uns einen Eindruck von der bunten Vielfalt des alten Deutschland bis 1806 geben.

Denn im Lahntal reihen sich auf nur 50 Kilometer Länge aneinander: die alte protestantische Reichsstadt Wetzlar, die von Renaissance und Barock geprägte nassauische Residenzstadt Weilburg, das Städtchen Runkel mit seiner gewaltigen Burgruine, zur Grafschaft Wied gehörig, und die gut katholische, gut kurtrierische Handelsstadt Limburg mit ihrem hohen Dom, der erst im 19. Jahrhundert zum Bischofssitz wurde.

Wir beginnen in Wetzlar. Wetzlar ist eine sehr betriebsame moderne Industriestadt: das Stahlwerk Buderus ist dort; die jedem Fotografen bekannte Leica, die in jedem Büro vorhandenen Leitz-Ordner sind Produkte dieser Stadt. Doch ist das weniger im Bewusstsein als die Assoziationen an Goethes epochemachendes Werk »Werthers Leiden«. Denn davon hat selbst heute noch mancher in der Schule gehört. Die Protagonisten dieses Romans, Lotte Buff und Jerusalem, waren, wie man sich erinnert, in Wetzlar zu Hause, und mancher weiß überhaupt nur über diesen Mittelsmann Goethe, dass Wetzlar damals die Stadt des »Reichskammergerichts« war; man weiß aber schon nicht mehr so genau, was für ein »Ding« dieses Reichskammergericht eigentlich war.

Es bleibt die vage Vorstellung: Wetzlar ist eine alte, altertümliche Stadt mit einem Dom über einem kleinen Fluss – und ringsumher viel Industrie. Seit es die Autobahn Nr. 45 gibt, weiß man wieder, wo es liegt: halbwegs zwischen Frankfurt und Siegen, abseits der »Ballungsräume« von Rhein-Main und Rhein-Ruhr.

Die Lahn fließt im wahrsten Sinne des Wortes quer zu der modernen Verbindungsachse zwischen diesen Zentralgebieten und bildet eine historische Ost-West-Koordinate zur Nord-Süd-Koordinate wirtschaftlicher Dynamik. In Wetzlar selbst »fließt« der Verkehrsstrom rauschend, lärmend, stinkend über die neue Lahnbrücke unterhalb der alten. Das Wasser des Flusses dagegen fließt kaum; es steht fast in einem verwachsenen Bett (die Hauptwassermenge strömt wie so oft in einem unauffälligen Mühlgraben). Nimmt man sich die Ruhe und die Zeit, hier zu verweilen, eröffnet sich von der neuen Brücke ein weiter Blick auf das Flusswehr, die ansteigende Altstadt und den sie bekrönenden Dom: ein Blick aus der Gegenwart in eine wohlerhaltene und lebendig gebliebene Vergangenheit, denn Altstadt, Dom und Brücke sind ja lebendig und geschäftig, nur etwas geschützt, etwas herausgenommen aus der rasanten Dynamik des modernen Verkehrs und der modernen Bau- und Großerwerbssucht.

Betrachten wir nun die Brücke etwas genauer: Sie überquert den Fluss auf ihren sechs (oder sind es sieben?) Bögen gravitätisch und doch zugleich gemächlich. Ganz wenig nur krümmt sich die Linie der Brüstung nach oben. Das gibt eine leichte, ruhige Gespanntheit, die das Bauwerk kraftvoll und lebendig wirken lässt. Die Brückenöffnungen sind halbkreisförmig. Im ruhigen Wasser oberhalb des Wehrs spiegeln sie sich und bilden da kreisrunde Augen, durch die einen die grün verwachsenen Flussufer des Oberwassers anblicken.

Von den sechs Bögen dieser stattlichen Brücke zeigt das Bild vier. Rechts, auf der Anhöhe darüber der Dom.

Die aus hellen, fast quadratisch behauenen Blöcken gemauerten Brückengewölbe umfassen die Bögen wie Lider, während sonst das Mauerwerk aus kleinteiligen Lagen unverputzten Bruchsteinmauerwerks gebildet wird. Die Pfeiler treten nur unmittelbar über dem Wasserspiegel als Dreieckspitzen mit kantigem Kegeldach hervor, sodass sie der Brücke wuchtige Füße, aber keine plastische Gestalt verleihen. So wirkt die Brücke wie eine über den Fluss gezogene Mauer; denn die Pfeiler

sind breit, sodass die Bögen wie in eine Wand geschnittene Öffnungen aussehen. Da kann der Fluss hindurch.

Die eigentliche Geste der Wetzlarer Brücke ist daher die, wie ein über den Fluss gelegter Riegel zu sein, und den Fluss – in höflicher und korrekter Form zwar – zu überwältigen. Die Brücke sagt: »Ich überquere dich mit kräftigen Tritten; ein wenig hochbeinig zwar, denn meine Brückengewölbe sind fest und hoch!« Sie sind tatsächlich etwas über den Halbkreis hinaus erhöht, sodass die spiegelnd sich zum Rund ergänzenden Öffnungen hochgestellte Ovale sind.

Diese Beobachtungen sind keine Spielereien. In ihnen spricht sich der Charakter der Brücke aus. Es gibt andere Brücken, die »springen« über ihren Fluss oder schwingen sich geschmeidig übers Wasser; hier wird es nüchtern und grundsolide überquert – und wäre nicht die leichte Wölbungslinie im Ganzen, die Wirkung könnte philisterhaft und fest sein.

Sicherlich hat die Brücke nicht immer so ausgesehen. Sie wird im Jahre 1313 zum ersten Mal erwähnt. Die glatte Brüstung scheint neu zu sein, und womöglich trug auch sie einst eine Kapelle. Sicherlich sperrten Tortürme den Zugang zu Brücke und Stadt. Und was der Brücke an »gebauter Frommheit« fehlt, das fügt der Dom als Stadtkrone hinzu; denn eine mittelalterliche Stadt ist stets eine Ganzheit, deren Einzel-Bauwerke immer auch Organe dieses einheitlichen Lebewesens sind und auf die Ganzheit der Stadtgestalt bezogen werden müssen.

Der Blick von der neuen Brücke lässt noch etwas von solchem Stadtwesen ahnen. Dazu gehören Wasser, Hang und Himmel ebenso wie Brücke und Dom und das Gewimmel der Häuser und Menschen.

Die alte Lahnbrücke in Weilburg

Das Bild einer Flusslandschaft mit Schloss und Brücke – aus dieser Perspektive noch unverdorben.

Weilburg – kaum zwanzig Kilometer flussabwärts von Wetzlar gelegen – ist eine der kleinen Residenzstädte, an denen Deutschland so reich war und die an Originalität und Individualität aufs Schönste miteinander wetteiferten. Weilburg liegt auf einem Berg, der von der Lahn in einer nach Süden offenen ovalen Schleife umflossen wird. Die kleine Stadt zieht sich vom Innenscheitel des Flussbogens zur Höhe empor, auf der sich, hoch über dem steilen Prallhang der Lahn, das

Bei diesem barocken Bauwerk ist die nüchterne Strenge mittelalterlichen Bauens durch Schmuckformen aufgelöst.

Renaissance-Schloss, der barocke Marktplatz mit dem Turm, der zugleich Kirch- und Schlossturm ist, sowie die herrlichen Terrassen des Barockgartens und seiner Orangerie erstrecken.

Tief unten setzt die alte Brücke über die Lahn. Kommt man von Osten, von Wetzlar her, hat man zur Linken (im Süden) das Schloss steil über sich, während zur Rechten hin die Straße abbiegt und unter dem steilen Fels ins Städtchen hineinführt.

Das mittelalterliche Schloss erhielt seine endgültige Gestalt in der Renaissance und bekam einige Zubauten im Barock. Die Brücke stammt aus der Barockzeit. Sie wurde vom Bauinspektor Wilhelm Schell zwischen 1764 und 1769 errichtet; in den Jahren 1788/89, den Jahren, als in Frankreich das »ancien régime« zu Ende ging, kamen hier in Weilburg als Krönung der barocken Brückenanlage am östlichen Brückenkopf zwei symmetrisch korrespondierende Brückenwärterhäuschen hinzu. Kein Vergleich zu Wetzlars mittelalterlichem Riegel; nein, zwischen den heiteren Torbauten »springt« die Brücke in fünf Bögen über den Fluss.

Die Brücke ist breit und bequem. Auch heute noch nimmt sie – leider! – den ganzen Verkehr einer Bundesstraße auf sich. Ihre Korbbögen sind aus geglättetem rotem Sandstein gefügt. Die Pfeiler wölben sich halbrund vor und verjüngen sich stufenförmig in wulstartig abgesetzten Mauerringen nach oben hin. Die Brüstung ist durch ein hervortretendes Profil deutlich vom Brückenkörper abgesetzt und zieht sich als flaches Band über die Brücke. Diese hat eine kaum merkliche Krümmung mit Scheitelpunkt über dem Mittelbogen. Diese Form, mit der Reihe schlanker, spannungsvoll gekrümmter Bögen, die zur Mittelöffnung hin ein wenig weiter werden, gibt der Brücke eine gewisse Eleganz und Geschmeidigkeit.

Prächtig, ja mächtig wirkt sie, weil ihre klare Form mit den vielfältigen Ansichten des engen grünen und doch dicht bebauten Tals wohltuend kontrastiert: Hart steht sie gegen die Bausünde der terrassenförmig aufgeschichteten Betonburg der Stadtsparkasse, deren Hässlichkeit nun dauernd durch die schöne Brücke bloßgestellt wird. Die alten Villen, die überall aus den Bäumen des Talhangs lugen, fügen sich gut ein in das Bild, das die Brücke vom schlossseitigen Ufer aus gewährt, und genießen selber das noch schönere Bild, das die Brücke vom anderen Ufer aus mit Fluss und Tal gegen das hoch aufragende Schloss hin bietet.

Die Lahnbrücke in Runkel

Burgen- und Brückenromantik sind in Deutschland selten so eindrucksvoll miteinander verbunden wie in Runkel an der Lahn. Auf jähem Felsen über dem Fluss die Burgruine, aber nicht hoch über das Tal emporgehoben, sondern nah und trotzig mit grauem kantigen Gemäuer, als sei der amorphe Fels zu rechtwinkligen Formen auskristallisiert. In den schmalen Zwischenraum zwischen Fluss und Burg hineingeschachtelt das bunte Gewirr der Häuser des Städtchens, aus dem direkt von der Burg her die Brücke herausspringt wie ein steinernes, gespanntes Tier.

Bei ihr ist alles rund und geschmeidig. In drei, vier Sätzen springt sie über den Fluss in weiten runden Bögen, über denen sich der Rücken der Brücke grau aufwölbt bis zum Scheitel über dem Mittelbogen. Auch die Pfeiler springen rund hervor, bis auf den letzten, zur Burg hin gelegenen, der stromauf noch einen spitzen Eisbrecher aus seiner Rundung hervortreibt. Nach den drei Bögen von der Burg her ein größerer Pfeiler: ein rechteckiger Erker stromauf, ein breiterer Runderker stromab – und dann schwingt noch ein letzter Bogen über den Fluss an Land.

Auf der breiten Pfeilerplattform stand – alte Stiche zeigen es – einst ein Wehrturm, der die Brücke sperren konnte. Schräg unter der Brücke hindurch verläuft ein Wehr, über welches schäumend das Wasser herabtreibt; der Überschuss strömt unter dem letzten burgseitig gelegenen Bogen hindurch in die schwarze niedrige Öffnung eines Mühlkanals. Am Ufer gegenüber hat man ein Stück oberhalb der Brücke bei der Schiffbarmachung des Flusses eine Schleuse angelegt; die alte Brücke ist davon nicht beeinträchtigt.

Runkel bietet eine Fülle romantischer Bilder: die alte Brücke – sie wurde 1440 gebaut – und die alte Burg darüber oder der Blick flussab, wo sich der Brücke gegenüber auf steilem felsigen Berg die Burg Schadeck erhebt, 1288 als Trutzburg gegen Runkel errichtet, oder der Blick flussauf, wo das stille gestaute Gewässer aus dem engen Waldtal tritt. Der eigentliche Reiz aber liegt in dem ungestörten Zusammenspiel aller dieser Elemente, die sich nicht in ein einziges Foto oder Bild zusammenfügen lassen.

Blicken wir deshalb von oben herab, von der Plattform des Bergfrieds. Alles liegt zum Greifen nahe, denn die Höhe ist nicht groß. Genau unter uns zieht der schmale Rücken der Brücke leicht gekrümmt über Fluss und Wehr; wie Rippen stehen die Ausbuchtungen der Pfeiler heraus. Man möchte per Zuruf mit denen

Statt der »Bilderbuchansicht« auf Runkel mit Brücke und Burg hier einmal der Blick von oben auf das Bauwerk.

kommunizieren, die über die Brücke schreiten und zu uns so hinauf- wie wir zu ihnen hinabschauen.

Magisch angezogen wandert der Blick den Fluss hinauf, der uns in einer silbermatt spiegelnden Schlangenform aus dem begrünten Tal mit Bäumen, Uferwiesen und weißen Giebelhäusern entgegenkommt; überall auf den Höhen schließt die goldene Borte reifender Kornfelder und die Kontur noch fernerer Wälder das Bild gegen den blauen Sommerhimmel ab.

Dieses Landschaftsbild ist wunderschön, aber nicht großartig; denn alles ist klein und so fein durchgestaltet wie eine spätmittelalterliche Miniatur. Wenn etwas schön ist, möchte man sich heutzutage dafür entschuldigen, aus dem schlechten Gewissen des Zeitgenossen heraus, dem Hässlichkeit die gewohnte Zumutung des Daseins ist, der man sich nicht durch Flucht in ein »mittelalterliches Arkadien« entziehen kann. Ein solcher Begriff ist übrigens ein Widerspruch in sich: Das Mittelalter war alles andere als ein »Arkadien«. So betrachte man Burg und Gegenburg, wo sich die beiden verwandten, aber verfeindeten Grafenfamilien in dauernden Kämpfen, auch um den Zoll an der Brücke, gegenseitig aufrieben; so betrachte man das eng an die Burg gepresste Städtchen ganz nüchtern, alle Mühsal, allen Streit und alle Plackerei des damaligen Lebens einbeziehend – es bleibt unter dem Strich für uns kaum ein Vorteil, den wir gegen unser heutiges Leben eintauschen möchten, bis auf den einen: das menschliche Maß, dem in alten Zeiten alles zwischen Himmel und Erde anverwandelt war und aus dem als neue Schöpfung in unendlicher Bemühung die Kulturlandschaft erwuchs. Wir genießen sie mit Wehmut, weil wir uns bewusst sind, dass sie im Entschwinden ist, weil wir zwar auch noch Menschen sind, aber das menschliche Maß verloren haben.

Wenn wir nämlich nun die wenigen Kilometer nach Limburg, unserer nächsten Station, fahren, unterqueren wir die talüberspannende, über 50 Meter hohe Autobahnbrücke; schon wird daneben die Brücke der neuen Eisenbahntrasse errichtet, auf der inzwischen Züge mit 300 Stundenkilometern zwischen Frankfurt und Köln hin- und herbrausen. Das ist großartig, aber nicht mehr schön!

Alle Lahnstädte bieten in schönsten Variationen den Blick vom Fluss über die Brücke zu Dom und Schloss: Marburg, Wetzlar, Weilburg, Runkel, Limburg, Nassau und Diez.

Die alte Lahnbrücke in Limburg

Auf Limburg gibt es zwei berühmte Blickpunkte: der eine unmittelbar vom Lahnufer aus auf die Chorpartie des hohen, vieltürmigen Domes, der auf einem grauen Felsen wahrhaft thront. Sein klares, helles, kristallines Aufstreben wird flankiert vom trotzigen grauen Gemäuer der Burg, die sich seitlich vom Dom an den Felsen krallt wie ein rauer Wächter, der die königliche Lichtgestalt der Kirche zu schützen hat. – Der andere Blickpunkt ist vom gegenüberliegenden Ufer der Lahn aus.

Bild einer christlich geprägten Kulturlandschaft: vom Kleinen (St. Nepomuk) bis zum Großen (dem vieltürmigen Dom).

Da ist der Fels von Grün verhüllt, und der Dom steigt, in seiner heutigen ocker-weißen Fassung, feierlich wie eine Gralsburg aus dem Grün; davor die vielbogige Brücke mit Torturm und heiligem NEPOMUK; zu Füßen der Brücke das obligate Wehr, über das die Wasser herabschäumen, wenn es nicht gerade ein trockener Sommer ist.

Der Brückenheilige zeigt es an: In Limburg haben wir es im Unterschied zu den vorher betrachteten Städten mit einer gut katholischen Brücke zu tun, oder vielmehr mit einer ehemals gut katholischen Stadt. Bischofssitz ist sie zwar erst seit 1827, kurtrierisch aber von alters her. Der Dom St. Georg war bis dahin eine Stiftskirche, gegründet 910 vom Grafen KONRAD KURZBOLD, einem Angehörigen der KONRADINER, der damaligen Königsfamilie.

In seiner heutigen Form wurde der Dom zwischen 1190 und 1235 erbaut, in der staufischen Epoche also, der mittelalterlichen Kulturblüte Deutschlands. Die spiegelte geistig den Umbruch von der Romanik zur Gotik, vom Mythos zum Intellekt wider, und so ist auch dieser Dombau des »Übergangsstils« als Denkmal dieses Umbruchs eine kunstvolle Brücke zwischen den Zeitaltern.

Aber wir wollen nicht über der Metapher vom Dom als Brücke die wirkliche Lahnbrücke vernachlässigen. Dabei ist es klar: Nur aus der Einbindung in das Gesamtbild der Stadt gewinnt die Brücke ihre Bedeutung. Als Bauwerk ist sie groß und schlicht. Sechs halbkreisförmige, aus hellen behauenen Blöcken gefügte Bögen – das Mauerwerk dazwischen ist aus Bruchstein – überschreiten den Fluss von der Stadtseite her bis zum Torturm, dann folgt noch die Vorbrücke über den Schleusenkanal. Flussaufwärts sind den Pfeilern prismenförmige Eisbrecher vorgelagert, die aus sauber gehauenen rechteckigen Blöcken gemauert sind, flussabwärts haben die Pfeiler nur niedrige dreieckige Vorbauten, die das Bild der glatten Mauerreihe kaum beeinträchtigen. Der »Zahnfries« unter der vorkragenden Brüstung ist spätere Zutat lediglich an der Westseite, während sich an der Ostseite nur ein flacher Erker aus der glatten Mauer buchtet. Darauf hat der heilige NEPOMUK seinen Platz. Wie bei der Wetzlarer, einer vergleichbar großen städtischen Brücke, ist die ruhige kraftvolle schmucklose Folge der Bögen das wichtigste Charakteristikum des Bauwerks. Doch wird es durch eine kaum auffallende Ungleichheit der Bögen belebt. Die Reihung der runden, gleichsam »romanischen« Brückenbögen lässt den hoch aufstrebenden Dom noch gotischer wirken, als er es ist. Der Brückenturm, ein kantiger, weiß getünchter Block mit einem sehr flachen Walmdach, wirkt eher plump als schön. Auch er bildet eine Kontrastfigur zum Dom und schmückt sich nur zur Stadtseite hin mit einem kleinen klassizistischen Dreiecksgiebel.

Diese alte Stadtbrücke trägt auch heute noch die Last des innerstädtischen Verkehrs zwischen beiden Ufern; eine Ampel am Tortum regelt ihn. Das ist nicht schön, aber wahrscheinlich nötig, obwohl es Limburg gut anstehen würde, die Brücke ganz den Fußgängern, den Schaulustigen (hier passt das Wort!) zu überlassen. Die Handelsstraße, der Limburg im Mittelalter Bedeutung und Reichtum verdankte, hatte in späteren Zeiten an Verkehr verloren.

Zu seinem Glück oder Unglück – wie man will! – ist Limburg im Zeitalter der Autobahnen und der Intercity-Züge wieder genau an die Hauptverkehrsstraße geraten. Sie zieht im wahrsten Sinne des Wortes über die Köpfe der Limburger hinweg. Da gibt es nun eine neue Autobahnbrücke, die auf wenigen hohen Stützen das Lahntal unmittelbar östlich der Stadt überquert, und es wird sich – wie schon erwähnt – eine Eisenbahnbrücke dazugesellen. Diese Brücken sind – und werden! – mehr technische, weniger ästhetische Meisterwerke.

Aber eingeschrieben in die Aura des Ortes hat sich etwas anderes. Dort stand nämlich – wenn auch nur vier Jahre lang – eine Brücke, die eine eindrucksvolle Überhöhung, geradezu eine Apotheose der alten Bogenbrücke über die Lahn war. Es war der Viadukt der Autobahn, die, kaum erbaut, im Zweiten Weltkrieg bereits wieder gesprengt wurde. Eine Brücke aus dreizehn makellosen, aus Haustein exakt gefügten Bögen, deren Flusspfeiler 56 Meter hoch waren, führte über Fluss und Tal. Dieses Bauwerk war schön. Atemberaubend war der Blick durch die Mittelbögen auf den sich im Wasser spiegelnden Dom, wie ihn die alten Fotos zeigen. Für den »Augenblick« eines geschichtlichen Übergangs nahm die damals modernste Brücke die älteste klassische Form des Bogens noch einmal auf und überhöhte sie in monumentaler Weise.

Daher sollte ihr Bild in diesem Buch nicht fehlen und – wenn auch nur imaginär – als fünftes neben den Bildern der vier anderen Brücken über die Lahn stehen. Die erste hat den eintürmigen Dom und die hügelansteigende Stadt, die zweite ein Renaissance-Schloss, die dritte eine mittelalterliche Burg, die vierte den vieltürmigen Dom zum Hintergrund; die verlorene fünfte nahm den Dom wie ein kostbares Stiftermodell feierlich in die Rahmung durch ihre Bögen auf, die sechste und erst recht die siebente führen beziehungslos über Fluss, Dom und Stadt hinweg.

Das Bild einer stolzen kraftvollen Brücke. Man sieht den Anstieg vom flachen Wiesen- zum steileren Bergufer.

Die Werrabrücke bei Creuzburg

Eines der schönsten alten Brückenbauwerke Deutschlands ist die siebenbogige Brücke über die Werra bei Creuzburg in Thüringen. Weder die Brücke noch der Fluss sind besonders groß und mächtig. Die Brücke ist aus hellen Sandsteinquadern sehr exakt gefügt und wirkt durch ihre klaren Formen wuchtig und monumental, durch ihre Linien und Gliederungen harmonisch und durch die Unregelmäßigkeiten ihrer Maße und Verhältnisse lebendig. Sie ist – mit einem Wort gesagt – *schön.*

Blick nach Westen zum Städtchen Creuzburg, das auf einem Hügel über der Flussaue liegt.

Sie überquert den Fluss weit außerhalb der Stadt Creuzburg, an einer Stelle, wo das Gewässer, aus einem weiten Talbecken von Süden her kommend, den Fuß eines Berges erreicht und von da an einen felsigen Prallhang bildet. Die Fahrbahn der Brücke steigt, aus dem Talgrund sich hebend, über die Brücke hin sacht zum höheren Ufer am Berg an – und dort, am Fuß der Kuppe und zugleich am östlichen Brückenkopf, erhebt sich die Liboriuskirche: ein kurzer hoher gotischer Bau ohne Turm, mit einem Kreuz über der Giebelfront, deren spitzbogiges Portal jeden Brückengänger zu Andacht und Gebet ins Innere lädt.

Brücke und Kirche sind aus einem Guss; sie sind aus demselben gelblich-grauen Sandstein gefügt. Brücke und Kapelle stehen – noch! – als zwei eindringliche Sinnbilder der menschlichen Lebensreise ganz frei und unverstellt in der Landschaft.

Von Creuzburg her kommend, von Westen also, haben wir den Anfang der Brückenrampe erreicht und schreiten nun auf der Straße die Brücke hinan. (Der Autoverkehr ist zum Glück auf neuer Straße und Brücke weit darum herumgeführt.) Die Brücke ist restauriert, sauber gefugt und kann uns nicht durch die romantische Patina von Verfall oder Mittelalter entzücken. Ihre Formen freilich sind noch die alten und sprechen eine klare nüchterne Sprache. Erst steigt die Brücke über drei niedrigere, sich immer höher aufwölbende Bögen zwischen

Blick nach Osten, wo auf hohem Ufer die 1499 erbaute Liboriuskapelle steht.

Eindrucksvoll verschränkt: horizontale und vertikale Tendenzen der Baukunst.

Blick über Brücke und Flussaue auf die Häuser der Stadt.

steinernen Brüstungsmauern zur vollen Höhe an. Dann folgen noch vier ziemlich hohe Bögen über dem Wasser. Aber nur die drei mittleren Pfeiler dieser Bögen sind architektonisch hervorgehoben. Aus einem dreieckig-spitzen Unterbau als Eis- und Wellenbrecher an der stromauf gelegenen Seite kommen halbrunde Pfeilertürme hervor. Sie bilden oben auf jedem Pfeiler drei Paare von erkerartigen Ausbuchtungen, um die sich das Gesims der Brüstungsmauer an der Bergseite im Halbkreis herumschwingt. Auf der Talseite steigen die Pfeiler unmittelbar als Halbtürme herauf, verjüngen sich aber auf halber Höhe über einer Art von umlaufendem Absatz. Der letzte Pfeiler vor dem östlichen Ufer hat nur das Dreieck an der Bergseite und den Halbturm an der Talseite, die jeweils rund oder gratig in eine Spitze auslaufen. Der letzte Pfeiler dringt also nicht mit halbrunden Erkern bis zur Fahrbahn empor.

So hat die Brücke einen festlich-monumentalen Mittelteil mit einem Bogenpaar über den drei ausbuchtenden Pfeilern. Diese stehen wie drei wuchtige, ausdrucksvolle Brüdergestalten – stromauf und stromab gewendet – da. Jeder für sich ist ein architektonisches Mal, dreifach gegliedert: unten der monumentale spitze oder runde Unterbau, aus ihm nach rechts und links wegschwingend die Brückenbögen wie sich entfaltende Flügel; es ist zugleich die Zone, in der sich der Zylinder aus dem Prisma erhebt oder wenigstens die Rundung verjüngt, und oben folgt die Zone, wo das Band der Brüstung, unten und oben durch ein hervortretendes Gesims betont, alle Pfeilergestalten zur Gemeinschaft des einen, durchlaufenden Bandes – des Weges – vereint.

Diese Bewegungsgeste hatte über den drei westlichen Bögen mit zwei unbetonten Pfeilern, sozusagen auf dem Trockenen, ihren Anfang genommen und setzt sich nun über die zwei höheren Bögen und den einen unbetonten Pfeiler zum Hochufer und der Kapelle hin fort.

Das ist ein wunderbares Spiel von Symmetrie und zugleich ihrer Aufhebung: drei zu drei zu zwei bei den Bögen; zwei zu drei zu eins bei den Pfeilern; und diese beiden sich überlagernden Rhythmen lassen einen stattlichen Mittelbau mit zwei Hauptöffnungen entstehen. Von diesen beiden ist übrigens nicht die eigentlich mittlere, sondern die östlichere, vierte die, die am höchsten gewölbt ist.

Der ruhig heranziehende Fluss wird durch die Brücke ein wenig gestaut und wirbelt und schäumt nun unruhig durch die Bögen hindurch, den Kontrast zwischen den ruhigen festen Formen des Steins und dem beweglich wilden Element des Wassers verstärkend. Dass es kein klares, sondern schmutzig graues Wasser ist, sei nur am Rande erwähnt.

Bescheint die Abendsonne das Bauwerk, leuchtet es wie eine honigfarbene Vision vor dem dunklen Grün des Berges, dem hellen Grün der Weiden am Ufer und den Wiesen. Warum Vision? Da steht sie doch – die Brücke – als Realität. Das aber ist das Geheimnis jeden echten Kunstwerks: dass es sinnlich erfahrbar da ist und doch ein übersinnliches Bild in sich trägt, nämlich sein Urbild oder seine Idee.

So ist das Brückenbauwerk wie der Leib eines Wesens, eines Menschen. Jeder Leib aber trägt Leben, intendiert eine Bewegung. Und man fragt: Woher kommst du? Und wo gehst du hin? Diese Bewegung ist das Band des Weges, der Straße, die als Fahrbahn über die Brücke läuft, die sich künstlerisch hier so deutlich als der fortlaufende Gürtel der Brüstung zu erkennen gibt.

Auch wenn dieser Pfeiler allein in der Landschaft stünde: Er ruht in sich wie eine griechische Säule.

Dieses »Woher?« und »Wohin?« ist nicht ein bloßes Fließen oder Verfließen der Bewegung, sondern trägt in sich einen Sinn. Den versinnlicht die Kapelle am Ufer. Eigentlich gehört zu jeder Brücke eine Kapelle als Stätte für Dank und Bitte, als Ort des Sinnens über das »Woher?« und »Wohin?«. Jeder Fluss als Wasserschwall ist auch Schwelle, ist Übergang zu Neuem, braucht Aufschwung und bedeutet auch Gefährdung. Das gilt auch für unsere Betrachtung. Sie kann nicht dabei stehen bleiben, das Bauwerk gleichsam ortlos als ästhetisches Phänomen anzuschauen. Bei jeder Brücke sollte man nach dem Fluss, aber auch nach der Straße fragen, die ihn kreuzt.

Der Fluss ist die kleine Werra, die jahrzehntelang zum versalzenen Grenzfluss zwischen Ost- und Westdeutschland verkommen war und gleichzeitig so gut wie vergessen wurde; Creuzburg lag auf östlichem Territorium in einem abgelegenen Grenzwinkel.

In Wirklichkeit aber ist dies eine Nabel-Stelle Deutschlands an der Grenze seiner beiden Innen-Länder Thüringen und Hessen. Die waren einstmals *ein* Land, zu der Zeit nämlich, als die nahe Wartburg bei Eisenach das Residenzschloss der thüringischen Landgrafen und somit beider Länder war. Hier zog vielleicht – auch wenn es damals sicherlich noch eine bloße Furt war – die heilige Elisabeth vorüber auf dem Weg von der Wartburg nach Marburg. Viele Kaiser und Könige nahmen auf ihren Reisen die schon früh »Via Regia« genannte Straße.

So führte über diese Brücke eine der wichtigsten Straßen des alten deutschen Reiches, des alten Europa, die seine mittleren Bereiche von West nach Ost verband: die Straße von Frankfurt, vom Rhein nach Eisenach, Erfurt und Leipzig in den Osten Europas, nach Breslau, Krakau und Kiew. Auf dem Stück, das über die Werrabrücke von Creuzburg führte, trafen sich wohl die beiden Varianten dieser belebten Handelsstraße, die die spätmittelalterlichen Messestädte Frankfurt und Leipzig verband. Man nannte sie die »langen« und die »kurzen Hessen«. Die Straße der »langen Hessen» führte von Treysa, Homburg über Waldkappel auf Creuzburg zu, um über die Werra hinweg Eisenach zu erreichen; Creuzburg gehörte früher zum hessischen, Eisenach zum thüringischen Bereich.

Heute liegt die Brücke abseits der großen Verkehrsströme. Bahnknotenpunkt der großen Verkehrsströme zwischen Ost und West, Nord und Süd war Bebra und ist heute Kassel, und der Autobahnübergang zwischen West und Ost war Herleshausen, weiter südlich an der Werra gelegen. Einst aber war diese Brücke, wenn auch nie einer der spektakulärsten, so doch einer der wichtigsten Flussübergänge Deutschlands. Möge ihr die heutige Abgeschiedenheit noch lange erhalten bleiben, denn die beschützt nicht nur ihre Schönheit, sondern auch die »Aura« ihrer einstigen Bedeutung. Denn in der Stille dieses Talgrunds, auf die Brüstung eines Erkers über dem Wasser gelehnt, kann man ungestört darüber sinnen, ob und wie einst Elisabeth, Martin Luther oder Goethe bei Regen oder Sonne, eilig oder gemächlich, über diese Brücke gezogen sind.

Die Bartenwetzer-Brücke in Melsungen

In souveränem Bogen über den Bögen schwingt sich die Brücke über den Fluss.

Die alte »Bartenwetzer-Brücke« über die Fulda in Melsungen, einer der wohlerhaltendsten Fachwerkstädte Deutschlands, ist – aufs Große gesehen – ein der Werrabrücke in Creuzburg recht ähnliches Bauwerk, im Einzelnen betrachtet aber geradezu ihr Gegenstück. Etwa 50 Kilometer Luftlinie trennen beide Orte und Brücken. Doch verbindet sie derselbe alte Straßenzug, der von Köln über das Rothaargebirge, über Korbach und Fritzlar nach Melsungen führte, oder, in anderer

Von der Höhe der Brücke schreitet man hinab in die Gassen der Stadt – die Brücke erscheint hier als das Große, Dauernde, das Leben der Menschen als das vergängliche Kleine.

Variante, von Hersfeld herkam, um dann östlich über Creuzburg auf Eisenach, Erfurt und Leipzig zuzustreben.

Die Bartenwetzer-Brücke ist eine typische Stadtbrücke. Vom Markt herkommend zieht sich eine enge Gasse zwischen Fachwerkhäusern hindurch und steigt dann bei den letzten Häusern steil zur Scheitelhöhe der Brücke an. Diese ist insgesamt höher und breiter, aber auch wuchtiger und grober gebaut als die Brücke von Creuzburg. Wie diese ist sie aus Sandstein gefügt, aber es sind unregelmäßigere, bräunlichere Bruchsteinblöcke als die Rechteck-Quadern, die in Creuzburg aus dem weichen, hellen Sandstein geschlagen und sauber gefugt sind. – Was aber heißt »typische Stadtbrücke«?

Meist entstand ja eine Brücke an der Stelle einer alten Furt, die den ursprünglichen Flussübergang bildete. Aber nicht nur das Hinüberkommen über das Wasser war wichtig, sondern auch die Kraft des Wassers selbst, und so ist es an fast allen alten Flussübergängen, an denen sich Städte bildeten, so, dass der Fluss durch ein Wehr gestaut und zu einer oder mehreren Mühlen geleitet wurde. Diese Mühlen, das versteht sich von selbst, lagen meistens auf der städtischen Seite.

So auch in Melsungen. Die Brücke überquert von der Stadt aus zunächst den Mühlgraben, hat ihren ersten Pfeiler auf einer schmalen Insel, erreicht dann den Schleusenkanal – denn die Fulda war in alten Zeiten schiffbar –, und erst vom vierten bis zum sechsten Bogen spannt sie sich frei über die Flussbreite der hier seichten Fulda.

Über dem Mittelpfeiler dieser vier Bögen erreicht die Wölbung der Brückenlinie ihren Scheitelpunkt – zwischen zwei hohen und recht weit gespannten Bögen. Dazu war man 1596/97, als die Brücke gebaut wurde, schon fähig! Die Pfeiler der flussauf gelegenen Seite sind als rechteckige Vorsprünge ausgebildet, die bis zur Brüstung hinauf glatt hochgemauert sind, sodass oben kantige Erker hervortreten, denen unten dreieckige Eisbrecher vorgelagert sind. Sie verdecken gut zwei Fünftel der Pfeilerhöhe und sind zur Spitze hin abgeschrägt. Das sieht nicht sehr elegant aus, lässt aber die Höhe und Weite der Mittelbögen umso freier hervortreten.

Flussabwärts wölben sich die Pfeiler als annähernd halbrunde Bastionen heraus, sodass sie oben halbkreisförmige Erker bilden. Die Brüstung tritt nicht durch ein Gesims oder eine architektonische Gliederung hervor, sondern ist nur an einer etwas graudunkleren Färbung des Gesteins kenntlich; wahrscheinlich ist sie neueren Datums.

Das gegenüberliegende, nicht geschlossen bebaute Ufer liegt höher, sodass man von dort nur leicht hinauf und über die Brücke weit zur Stadt hinabschreitet, wo einen das bunte Gewirr der Fachwerkhäuser aufnimmt. Heute ist die Brücke den Fußgängern vorbehalten, und da sie recht lang und hoch ist, kommt einem als leise Reminiszenz die Karlsbrücke in Prag in den Sinn, mit der sie im Übrigen wenig oder nichts gemein hat. Keine Statuen, sondern alte Gaslaternen stehen auf den Erkern; keine Burg und kein Dom thronen auf den Anhöhen des Ufers. Diese Brücke ist sich selbst genug und leitet uns im Rhythmus von Sich-Weiten (bei den Erkern der Pfeiler) und Sich-Zusammenziehen wie ein leicht gewölbter Rücken über den Fluss. Die deutlichere Wölbung hat sie der Brücke von Creuzburg voraus.

Mit ihr aber teilt sie den Vorzug des freien Sich-bewegen-Könnens über dem Wasser. Das ist ja die Bewegungsgeste einer solchen Brücke! Sie ist damit immer auch auf verborgene Weise Bild des Menschen: Der Lebensweg – verkürzt zum »Transit« zwischen hüben und drüben – wird zur Lebensstation, wo das waagerechte Sich-Bewegen zwischen schier endlos weit voneinander gelegenen Punkten – ob Krakau oder Antwerpen, Kassel oder Erfurt, ob Geburt oder Tod – gerafft und aufgewölbt wird zum Gefühl der Aufrechten zwischen dem Wasser unten und dem Himmel oben, dem Kreisen der Säfte im Körper unten und dem freien Blicken und Sinnen mit erhobenem Haupte im Brückenwind, der ja leicht und kühl fast immer über dem Wasser weht. Und wenn ich mich gar dabei bewege, meinen »rhythmischen Menschen« mit Pulsschlag und Atem dem Rhythmus der Brücke von Auf und Ab, von Weitung und Engung anpasse, dann gibt mir das durch alle Schichten des Menschseins hindurch ein halb bewusstes, untergründiges Gefühl von Wohlsein und Gesundheit.

So kann man sich im Gang über alte Brücken – wenn sie nicht gar zu klein, zu kurz sind! – in seinem Lebensgefühl heilsam anregen lassen. Die Brücke von Melsungen bietet dazu aufs Schönste Gelegenheit. Der Blick auf Fluss und Stadt, auf die Inseln und Auen der Fulda und das Rauschen des Wehrs tun das ihre dazu.

Damit nun nicht eine kleine Irritation übrig bleibt: Warum heißt diese Brücke die »Bartenwetzer-Brücke«? Die Barte ist die Axt-Klinge, und sie wurde am weichen Sandstein der Brücke gewetzt und geschliffen. Es scheint wohl im alten Melsungen viele »Bartenwetzer« gegeben zu haben, denn die Stadt liegt zwischen dichten Wäldern; sie ist ganz aus Fachwerk erbaut, wozu es vieler Zimmerleute bedarf und der Überschuss an Holz wird wohl in vielen Flößen die Fulda hinabgeflößt worden sein. Das vornehmste Werkzeug solcher Beschäftigungen aber war die Axt!

Dass die Krämerbrücke erhalten blieb, ist ein deutsches »Brückenwunder« – denn sonst verschwanden fast überall die bebauten Brücken (vgl. Bild S. 10 von London).

Die Krämerbrücke in Erfurt

Ziehen wir von der vorhin betrachteten Werrabrücke bei Creuzburg nicht nach Westen, sondern auf der erwähnten alten Handelsstraße, der »Via Regia«, weiter nach Osten, so wäre das nächste nennenswerte Flüsschen, das da zu überschreiten ist, die Gera, die vom Thüringer Wald herabkommt. Um eine von sanften Hügeln umgebene Furt herum bildete sich die Ansiedlung (G)er(a)furt, Erfurt, die zu einer der großen alten Handelsstädte und wichtigen Kulturstätte Deutschlands wurde.

Geschäftsstraße kreuzt Wasserstraße – wo sonst geschieht das so unmittelbar?

Wenn auch der Lokalstolz von Erfurt zweihundert Brücken und Stege über das vielverzweigte Gewässer zählt, beschränken wir uns doch auf die eigentliche, die Ur-Brücke Erfurts – die Krämerbrücke. Sie hat in Deutschland nicht ihresgleichen und ist in gewissem Sinne ein genaues, wenn auch sehr viel bescheideneres Gegenstück zum Ponte Vecchio in Florenz. Denn beide Brücken sind bis heute mit Geschäften überbaut. Sind es in Florenz vorwiegend die Goldschmiede, so waren es in Erfurt eben »Krämer«, die die Brücke beiderseits mit je einer geschlossenen Zeile von mehrstöckigen Fachwerkhäusern bebauten.

Es ist ein Wunder, dass sie die Bomben des Zweiten Weltkriegs schadlos überstanden hat; ein weiteres Wunder, dass sie unbeschadet durch die Zeiten der DDR kam und heute nicht nur baulich, sondern auch in ihrem sozialen Milieu erhalten und gepflegt wird.

Am nördlichen Eckhaus des westlichen Brückenkopfes ist eine Tafel angebracht, auf der zu lesen steht:

> »Krämerbrücke. Älteste urkundliche Erwähnung als Holzbrücke im Jahre 1117 (damals waren die Städte Lübeck, Moskau und München noch nicht gegründet, Erfurt aber seit seiner Erhebung zum Bistum durch Bonifatius immerhin schon fast 400 Jahre alt!) durch Brand mehrere Male zerstört. In Stein erbaut im Jahre 1325. Die Brücke lag auf der Wegstrecke der Ost-West-Handelsstraße Kiew – Breslau – Frankfurt/Main.«

Liegt es an der DDR-Vergangenheit, dass auf dieser Tafel die Handelsstraße in Kiew beginnt? Mir wird auf einmal bewusst, dass ich sie in Frankfurt hätte beginnen lassen. Wie dem auch sei: Hier treffen sich beide Richtungen. Ein kleines Flüsschen ist der Anlass, dass aus diesem Treffen ein Wirbelpunkt und daraus ein wichtiges Lebensorgan menschlicher Kultur und Geschichte wird: eine große Stadt! Die Lebenswege von Bonifatius, Meister Eckart, Luther, Schiller und Goethe kreuzten hier ebenso die kleine Gera wie die von Königen und Kaisern bis zu Napoleon hin, und weil darum herum die mächtige vieltürmige Stadt entstanden war, verbreitete sich die Wirkung davon weiter in die Welt.

Aber bleiben wir bei der Brücke. Wenden wir uns von der Tafel ab und der Brücke zu: Schreiten wir hinüber! Zuerst geht es – auf der Länge von zwei, drei Häusern – steil bergauf, dann macht die Straße (vielmehr die unsichtbare Brücke darunter) einen Knick, sodass wir nun schräg auf die pastellfarbig bunten, über zwei Stockwerke vorkragenden Häuser und ihre traufseitigen Gaubenerker schauen. Beim Weiterschreiten tritt linkerhand ebenfalls schräg über der bunten Häuserzeile der graue kantige Turm der Ägidienkirche mit seiner gotischen Achteck-Spitze ins Bild, und dann gehen wir die enge Brückenstraße hindurch auf das Tor zu, das unter der Kirche hindurch wieder hinab auf den Wenigemarkt führt. Auch am anderen, westlichen Ende der Brücke stand einst eine Kirche mit einer Tordurchfahrt, die Benediktikirche, die man aber schon 1810 abtrug.

Wie kann eine schmale hochmittelalterliche Brücke 32 Fachwerkhäuser tragen? (Ehe man diese Häuser durch Zusammenlegung vergrößerte, waren es gar 64 Hausparzellen!) Es ist wie bei einem Eisenbahnwagen, wo ein schmales Gleis mit den entsprechenden Radachsen einen breit ausladenden Wagen trägt: Nach einem Stadtbrand 1472 wurden die Brückenbögen 1486 durch mächtige, zum Teil vorkragende Balken zwischen den Pfeilern verstärkt, und auf diesem soliden hölzernen Unterbau ruhen bis heute die Häuser sicher und fest.

Um die eigentlichen sechs steinernen Brückenbogen zu sehen, muss man außen herum gehen. Es gibt einen schönen Platz unterhalb vom östlichen Brückenende und der Ägidienkirche; ein enger Durchgang mit einer Treppe führt hinab. Dort ist ein kleiner Park, breite Stufen führen bis zum Wasser des Flüsschens, das in einem Bogen mit kräftigem Schwall aus der dunklen Öffnung unter den Häusern herausströmt und mit einem anderen Flussarm zusammen eine Garteninsel zwischen sich schließt, sodass Bauwerk und Landschaft, Bäume und Grün, Enge und Weite sich im Anblick auf das Harmonischste zusammenfügen. Diese nördliche Brückenseite ist daher die atmosphärisch schönere. An ihrer südlichen Seite überquert parallel zu ihr eine modernere Straßenbrücke die Gera. Von der aus kann man die Konstruktion der alten Brücke gut betrachten; aber sie stört das Zusammenspiel von Wasserelement und dem knorrigen Wesen der Alten Brücke empfindlich, selbst wenn man über sie hinweg von den kleinen Café-Veranden über dem Fluss die alte Brückenhauszeile gut im Blick hat.

Die kleine Anhöhe ist kein Hügel, sondern die Rampe der Brücke.

Die enge Passage der Krämerbrücke öffnet sich unter der Ägidienkirche zum Wenige-Markt.

Eines fehlt der Krämerbrücke, was doch sonst das »Siegel« jedes Brückenerlebnisses ist: der Blick von der Höhe der Bögen aufs Wasser. Es gibt eine gewisse Sprödigkeit, dass man sich das Erlebnis der Krämerbrücke immer aus zweierlei zusammenfügen muss. Geht man über die Brücke, sieht man sie nicht und weiß es nur; will man sie sehen, geht es nur von den unterschiedlichsten Standpunkten außer ihr.

So ist es aber mit vielen, wenn nicht allen Dingen im Leben, dass man sie von ihren zwei Seiten betrachten muss, sodass man getrost sagen kann: Die Krämerbrücke kann man nur in diesem Sinne schreitend *erleben*, nicht in bequemer Ruhe bloß überblicken. Das ist aber ein nicht hoch genug zu schätzender Vorzug, der wesensmäßig zu dieser Brücke passt, die nie den Ehrgeiz hatte, eine ästhetische, strategische oder politische Bedeutung zum Ausdruck zu bringen, sondern immer praktisch lebenszugewandt war als der schon 1156 so genannte »Pons rerum venalium«, auf Hochdeutsch: Brücke der Verkaufsgüter, umgangssprachlich also: Kram. Gleichnis des Lebens: Auf der Brücke des Lebens erhandeln oder verhökern wir unseren Kram und sehen dabei das Wasser und den Strom der Zeit nicht. An beiden Enden aber sind die Tore und die Kirchen, die mit ihren Türmen zum Himmel weisen: Da kehre ein, um zu beten und zu opfern!

Gar nicht weit von dieser Brücke, im Augustiner-Kloster zu Erfurt, lebte einer, der diesen Ruf ernst nahm, der sich bemühte, das innere Leben des Menschen, das schon allzu sehr vom »käuflichen Kram« (man denke an das Ablasswesen!) überwuchert war, wieder davon zu befreien: MARTIN LUTHER.

Er wird oft über diese Brücke gegangen sein.

Alte Brücke in Harburg an der Wörnitz

Dass Brücken eigentlich nur sichtbare Mitte einer kaum übersehbaren Brückenlandschaft, einer unsichtbaren Brückensphäre sind, kann man in Harburg an der Wörnitz erleben.

Wer kennt schon die Wörnitz? Sie ist ein kleines Nebenflüsschen der Donau und erreicht diese bei Donauwörth. Wie seine bekanntere Schwester, die Altmühl, kommt es von der Frankenhöhe, durchfließt das Nördlinger Ries und durchbricht in einem mehr lieblichen als felsigen Tal die Alb. Nirgendwo an ihrem flachen Lauf haben die Reiseführer irgendetwas Mitteilenswertes entdeckt (außer dem Städtchen Dinkelsbühl; aber da ist die Wörnitz noch klein), und so sammelt sich alles, was die Wörnitz an schöner Landschaft und hoher Kultur zu bieten hat, gleichsam an einer einzigen Stelle: in Harburg. In weitem Bogen umfährt die Bundesstraße 25 neuerdings den Ort – und das ist gut so! Denn so gelangt nur der, der es will und der es weiß, dorthin.

Auf steilem Jurakalkfelsen erheben sich die vielgestaltigen eindrucksvollen Bauten der Harburg, die ihre endgültige Ausgestaltung in der Renaissance erfuhr. Davon zeugen die bauchig-geschwungenen Hauben der Türme. Die Harburg ist eines der Schlösser der Fürsten von Öttingen-Wallerstein. Großartige Kunstsammlungen sollen sich darin befinden. Am Fuße der Felsen ist auf dem schmalen Ufersaum gerade Platz für die eng bebaute Straße des Ackerbürgerstädtchens, das sich im Weiteren am Burgberg hinauf und um ihn herum zieht.

Das Tal aber wird von der breiten Flussaue eingenommen, und da ist sie – die Brücke! An anderen Stellen genügt ein einziger Bogen, um das Wasser der Wörnitz zu überbrücken, hier aber ereignet sich mit schönster Selbstverständlichkeit ein ausgreifendes Fluss- und Brückenleben.

Wie viele Bögen diese alte Brücke nun eigentlich hat, ist kaum festzustellen, da alte Bauten, alte Bäume, alte Mauern das verdecken. Es werden wohl neun oder zehn sein, von einer Insel unterbrochen.

Man spürt es sofort: Hier überlagern, steigern und durchdringen sich die verschiedensten »Auren«; so könnte man die atmosphärischen Wirkungs- und Strahlungskreise nennen, in die der Ankömmling gleich hineingenommen wird. Sie wären nicht ohne den Menschen da, aber nun sind sie in ihre jeweils eigene Natur hineingewachsen: Da ist die geologische, die feste Untergrunds- und Gesteinssphäre, die alte Furt unter den Felsen, die Stelle, zu der einst – es muss in urältesten Zeiten gewesen sein – der »Genius loci« die ersten Ansiedler lockte. Ein Geomant wie der Bildhauer Marko Pogačnik würde hier vielleicht einen besonderen »Landschaftstempel«, ein größeres oder kleineres Kraftzentrum der Erde in einer geistig-seelischen Seinsschicht des Ortes finden.

Dann ist da die Wirkensschicht des Elementes Wasser: Es ruht in teichrosenüberblühten Flussarmen, es schäumt über Wehre hinab; es strömt dunkel und eilig im Mühlkanal dahin oder fließt und rieselt glitzernd über die Kiesbänke der seichten Furt unterhalb der Brücke. Es belebt, durchfeuchtet, durchrauscht, durchglitzert vielfältig die Atmosphäre.

Was sich an Pflanzenwuchs in diesem wässrig-lichten Medium entwickelt und zeigt, ist in seiner satten Fülle kaum zu beschreiben: Von den Wasserpflanzen, den Algen im stürzenden Schwall der Wehre, dem Schilf mit den braunen Rohrkolben und den gelben Teichrosen über das rosa blühende Kraut der Ufer, das saftige Gras der Inseln bis hin zu den mächtigen alten Weidenbäumen und den hohen dunklen Fichten am trockenen Stadtufer umwächst eine vielfältige Pflanzenwelt die Brücke und lässt auch deren graue Mauern nicht aus. Aus den zahlreichen Mauerritzen, auf den aus Kalkblöcken gemauerten Pfeilerkappen haben sich wahre Steingärten gebildet, voller weißer und rosafarbiger Blüten; es gibt da zart violette Glockenblumen, und auf einem Pfeiler fand ich sogar das prächtigste Büschel Edelweiß, das ich je außerhalb der Alpen sah.

Man fühlt sich in einen vielfältigen ätherischen Lebensstrom aufgenommen, den aber auch vielerlei Tiere durchschwimmen, durchschwirren, durchfliegen, durchtönen: Vögel in den Bäumen, zahlreiche Entenfamilien und Entenkolonien auf den verschiedenen Flussarmen, darüber hinflitzend die Libellen und – wie ich vermute – eine Fülle von Fischen im Wasser – eine beseelte Welt!

Besonders intensiv wirkt die Ausstrahlung der Brücke selbst, also des Menschenwerks, an dem sich wie mit unsichtbaren Jahresringen eine Fülle von Schicksalen und Tätigkeiten, durch den Tag, das Jahr, die Jahrhunderte, angelagert haben. Eine Tafel gibt darüber Auskunft, wie diese Brücke in den letzten Tagen des Zweiten Weltkriegs – auch hier heißt es »sinnlos« – noch zerstört worden sei, wie sie aber sogleich, in der ärgsten Notzeit, mithilfe der ganzen Bevölkerung wieder ausgebessert worden sei.

Man muss dieses Bauwerk mit den Augen abtasten, mit der Seele durch-schmecken, indem man darüber hinschreitet – auch die Einheimischen freundlich beachtend, denn sie sind ein Teil des Brückenlebens, das ohne sie nicht wäre, und das nicht als l'art pour l'art, als bloßes Landschaftsgemälde existiert.

Nähern wir uns der Altstadt von Osten her, ist vor der Brücke eine Kreuzung. Rechter Hand blickt ein behäbiges altes Barockhaus, rosa und weiß verputzt, mit einem geschwungenen Treppengiebel auf Fluss und Au. Steil und schmal beginnt die Brücke. Zwei Häuser, ein Mühlenhaus und ein zweites breites Barockhaus, noch mit Voluten im dreigeschossigen behäbigen Giebel, richten sich zur Brücke hin, die, sich ausbuchtend, darum herumführt; dann schreitet sie über sechs schmale Bögen und sehr breite, halbrund gemauerte Pfeiler hinweg auf die Stadt zu. Die Brüstung ist krumm und unregelmäßig aus runden runzeligen Blöcken gefügt. Am dritten Pfeiler tritt ein kanzelartiger Erker, flussauf gerichtet, heraus; flussab verbreitet sich die Fahrbahn über zwei Bögen hin zu einem länglichen Platz. Aus zwei Flussarmen, über zwei Wehre hinab rauscht das Wasser unter diesen Bögen hindurch; man schaut nach Norden (flussauf) über eine weite Insel-Au, die von alten Bäumen umstanden ist und den Blick auf ferne Häuser und Baumgruppen freigibt, die sich im stillen Oberwasser spiegeln.

Die Brücke erreicht nun auch eine Insel; die Fahrbahn führt zwischen drei alten Fachwerkhäusern hindurch und erreicht dann über eine weitere Brücke das Städtchen, in das sie zwischen enge Häuser hineinführt, im Blick auf die gotische Kirche am Hang, mit rotem Dach und rotem Turmhelm. Unten strömt das Wasser dunkel und tief dahin, zur nächsten, weiter unterhalb gelegenen Mühle; vor und hinter der Brücke sind wieder seitlich Wehre, über die ein Teil des Wassers hinabrauscht. Ein Steg am Stadtufer schräg oberhalb der Brücke hält Boote für diejenigen bereit, die Brücke, Fluss und Stadt vom Wasser aus betrachten wollen.

Niemand wird sich nach meinen Beschreibungen ein genaues Vorstellungsbild der Brücke machen können, aber mancher ein Stimmungsbild. Auf das kommt es mir an. Man nennt so etwas eine »Idylle«. Aber damit hat man nur ein Wort über das vielfältige Zusammenwirken der verschiedensten Natur- und Kulturreiche gelegt, die man hier erblicken, erlauschen, empfinden und ergründen kann; denn ihre eigentliche Realität haben sie in der seelischen und geistigen Stimmung dieser Örtlichkeit.

Die Brücke von Harburg – als Landschaftsgemälde betrachtet.

Blick über die Brücke nach Westen, zum Städtchen hin.

Das Leben des Städtchens mag in kleinbürgerlicher Enge dahingehen; das Bild dieser Örtlichkeit ist ein großartiger »Topos« alles dessen, was von jeher die natürlichen Erd-Gegebenheiten zur menschlichen Kulturlandschaft gesteigert und veredelt hat: Der Flussübergang – die Furt – wurde zur Brücke, die Örtlichkeit zur Stadt, in der Leben zur pflegenden, umgestaltenden Tätigkeit an der Erde und am Land wurde – man sehe die Mühlen an beiden Seiten der Brücke –, in der Leben aber auch zur Pflege der Seele und des Geistes wurde; man blicke auf die Kirche und denke an all das, was früher davon ausgegangen ist bis hin zum Segnen der Flur! Auf dem Felsen die Burg, ursprünglich zu Kampf, Verteidigung oder Beherrschung errichtet, dann ausgebaut zum Schloss, das auch Kunst- und Kulturschätze beherbergt. Ich kenne es nicht, aber es sollen dort die große Bibliothek der Fürsten, Werke von RIEMENSCHNEIDER, alte kostbare Bildteppiche und romanische Elfenbeinschnitzereien aufbewahrt sein.

Unten aber, als prägnantes Wahrzeichen dieses Kultur- und Landschaftskunstwerkes von Harburg, die *Brücke*, wo sich Fluss und Straße, Natur und Menschenwerk so sichtbar kreuzen und so vielgestaltig verweben wie oben die Bildteppiche! Was sich hier in Harburg an der »Romantischen Straße« als Idylle zeigt, ist aufs Großartigste gesteigert donauabwärts, in Regensburg, zu erleben.

Wer Lust auf Brücken hat – und zwar auf viele, nahe beieinander liegende, über die man mit großer Augenlust hin- und hergehen kann –, der fahre nach Schwäbisch Hall! Früher im alten Vorkriegsdeutschland hätte man sicher gesagt: Fahr nach Nürnberg; aber das wurde zerstört, und die heutige, wieder aufgebaute Flusspartie an der Pegnitz ist zwar schön, aber ein Torso. Es bliebe noch das größere Bamberg, aber wählen wir das kleinere Hall, das auch heute noch

Der Steinerne Steg ist auf dem Grasbödele fast im Erdboden versunken

seine historisch gewachsene »Brückenlandschaft« hat – es gibt kein passendes Wort für das, was ich eigentlich meine: dieses in einer Stadt nach und nach entstandene Ensemble von Brücken als Antwort des schaffenden Menschengeistes auf die Flussnatur: eine Art »Brücken-schaft«, in der sich der genius loci verbirgt oder offenbart – wie man will!

Die Brücken von Hall sind nicht als Einzelbauwerke so bedeutend, dass man jeder eine monografische Einzelbetrachtung widmen müsste. Es ist die Gesamtheit dieses »Brückenwesens«, das den Charme der kleinen Stadt ausmacht, deren beide Hälften sich über den Fluss und die Brücken hinweg, zum lebendigen Kunstwerk geronnen, beschauen oder bespiegeln – je nachdem.

Nach langer Zeit kam ich kürzlich an einem grauen 31. Oktober wieder nach Schwäbisch Hall; da strömte der Kocher als lehmbrauner, reißender, tosender Strom dahin. Sonst ist der Fluss ja ein kleines freundliches Gewässer; nun aber durchrauschte er die Stadt nicht anders als ein Alpenfluss seine Stadt durchrauscht. Dadurch bekamen die Brücken, die sonst eher als ästhetisches Erlebnis – sich in stillen Wassern spiegelnd – wahrgenommen werden, geradezu einen heroischen Charakter: Eine jede Brücke war die Tat eines gelungenen Sprungs über die wilde Bestie Fluss.

Nicht immer ist der Kocher ein so kräftiger Strom; aber die Henkersbrücke mit ihrer Kapelle ist ihm in jeder Beziehung gewachsen.

Schwäbisch Hall – der Name sagt ja schon, was es mit dieser Stadt auf sich hat; denn »Hall« bedeutet Salz – entwickelte sich um die Salzquelle in der Flussaue. Auf beiden Ufern ansteigend im engen Tal des Kocher, staffeln sich die Giebel empor bis zu den Dominanten von Rathausturm, dem Turm von St. Michael und dem mächtigen »Kasten« des so genannten Neubaus – nicht anders auf dem gegenüberliegenden Ufer zu St. Johannis und zu St. Katharinen. Inmitten aber liegt die flache grüne, von Bauten freie Doppelinsel, die von drei Kocherarmen umflossen und geteilt wird in die kleinere Insel »Graswöhrd« oder »Grasbödele« und die größere: »Unterwöhrd«. Am Prallhang über dem Grasbödele baut sich von der Stadtmühle am Fluss die malerische Schauseite der Stadt Giebel über Giebel bis zum mächtigen Dach des »Neubaus« auf. Drei Brücken fassen dieses Bild: In das enge Häusergewirr der Stadt hinein führt vom Unterwöhrd über das Grasbödele hinweg mit vier flachen Bögen der Steinerne Steg (von 1516). Oberhalb führt die neuere Epinalbrücke – ein Fußgängersteg von der Insel zum steilen Kocherufer schon außerhalb der Stadtbefestigung; unterhalb führt der Sulfer Steg – eine gedeckte Holzbrücke von 1728 – vom Grasbödele zum Haalplatz, auf dem einst die berühmte Salzquelle sprudelte. Das Ensemble von Sulfer Steg und Sulfer Torturm mit geschwungener Spitze und der Kulisse der gestaffelten Giebel im Flussbogen ist das romantische

Der Sulfersteg verbindet die Altstadt mit den beiden Inseln Grasbödele und Großer Unterwöhrd.

Herzstück – nicht der Stadt, sondern ihres Stadtbildes. Zum anderen Ufer hin führt der Weg ebenfalls über eine gedeckte Brücke – den hölzernen Roten Steg – und durch das Rotstegtor hindurch.

Unterhalb des Roten Stegs vereinen sich die beiden Hauptarme des Kochers, und an der malerischen Fachwerkgiebelhäuserzeile der Mauerstraße entlang strömt der Fluss auf die Henkersbrücke zu. Sie ist die Hauptbrücke der Stadt, hat zwei steinerne Bögen und trägt auf dem Mittelpfeiler eine kleine Kapelle. Ihre Vorgängerin als erste steinerne Brücke entstand schon im Jahre 1202; die heutige Brücke fand ihre Form im 16. Jahrhundert; sie wurde 1945 zerstört und 1947 in den alten Formen wieder aufgebaut. Auf einem alten Stich von MATTHÄUS MERIAN sieht man, dass damals zwei Brückenzüge den Kocher überquerten: neben der Henkersbrücke ist es der Steinerne Steg und in seiner Verlängerung ein steinerner Bogen, aber schon überdacht, an der Stelle, wo heute der Rote Steg ist. Den Sulfer Steg gab es auf MERIANS Stich noch nicht – er ist in seiner jetzigen Form barocke Zutat zum Stadtbild, ebenso wie die geschwungene Spitze des Sulfer Turms.

Gerade dieser Sulfer Steg ist aber eine Ergänzung und Vollendung des Stadtbildes von Hall, die man genial nennen muss. Sind doch die beiden steinernen Brücken, so schön sie sind, nichts Ungewöhnliches; die beiden gedeckten Stege aber,

Rechts im Bild die »klassische« Ansicht von Hall: Wie eine Bühnenkulisse stuft sich die Stadt über dem Fluss empor bis zum »Neubau«; links die Michaelskirche.

vor allem der Sulfer Steg, anverwandeln das »Element Brücke« ganz dem baulichen Charakter der Stadt. Schaut man von der Mauerstraße aus, unterhalb des Roten Stegs, flussauf gegen den Sulfer Steg und die dahinter aufsteigende Häuserkulisse, so sieht man, dass die scharfwinklig gegeneinander gestützte Balkenkonstruktion der Brücke, die zwischen Dach und holzverkleideter Brüstung offen und einsehbar ist, der spitzgiebligen Form der dahinterliegenden Hausgiebel entspricht und ihr Dach der braunroten Landschaft ihrer Schindeldächer, sodass die Brücke den Eindruck macht: da greift ein Bauwerk, das sonst eine ganz andere Form hat, den »Geist« und den Bauwillen der Häuser auf und trägt ihn dem Betrachter entgegen: Schau, das *ist* Schwäbisch Hall!

Schwäbisch Hall *ist* aber auch die große Freitreppe unterhalb des Turms der Michaelskirche. Schwäbisch Hall ist eben an vielen Stellen zugleich Bühne, Darsteller, Kulisse und sich selber Zuschauer. Kein Wunder, dass auch die Fremden das aufgreifen und mitspielen wollen. Sie können es, indem sie treppauf, treppab steigen oder hin und her über die Brücken gehen und sich zuletzt vielleicht auf die Stühle und Bänke setzen, um den dramatischen Spielen auf der Treppe zuzusehen, denn natürlich hat auch Schwäbisch Hall seine Festspiele. Die aber sind Zutat. Die eigentlichen Darsteller von Hall sind der Fluss, die Brücken, die Türme, die Giebel und Dächer, und die Nachkommen der Menschen, die das doch alles einst geschaffen haben, laufen heute darin herum wie Statisten. Oder scheint es nur so?

Die Doppelbrücke von Rothenburg ob der Tauber

Zu Füßen der ehemals mächtigen fränkischen Reichsstadt Rothenburg ob der Tauber gibt es eine alte Brücke, die in ihrer Art einzigartig ist: die doppelgeschossige Brücke über das Tal des kleinen Flüsschens Tauber. Sie ist ein derb-mittelalterlicher Nachfahre des »Pont du Gard«, wie der Göltzschtal-Viadukt (siehe Seite 210) ein letzter, zur technischen Höhe des 19. Jahrhunderts gesteigerter Abkömmling dieses römischen Aquädukts ist.

Rothenburg liegt ca. 60 Meter über dem tief in das flache Land eingeschnittenen Taubertal, wo dieses um einen schmalen Bergsporn herum eine enge Talschleife bildet. Der Vorsprung trägt heute den »Burggarten« und war einst der Ort der ersten, nun verschwundenen Burg. Vom Talgrund aus gesehen »thront« die Stadt mit ihren Mauern, roten Spitzgiebeln und Türmen wie eine Krone über den Windungen des Tals.

Steil führt vom Koboldzeller Tor die mittelalterliche Straße herab zum Grund, quert ihn rechtwinklig mithilfe der Brücke, um dann am linken Talhang wieder aufzusteigen auf die Hochfläche. Das war Rothenburgs Verbindung nach Westen in Richtung Neckar und Rhein. Die Lage der Brücke bringt es mit sich, dass man – etwas talaufwärts am Hang stehend – das Bauwerk von Süden her ganz vor sich hat und dahinter über dem einst kahlen, heute mit Obstbäumen bestandenen Hang die Stadt wie ein erdenfest gewordenes neues Jerusalem gegen das Himmelsblau ragen sieht. Gäbe es dieses Landschaftsbild nicht als sichtbare Wirklichkeit, man müsste ein solches Bild für die Vision einer hochgestimmten Fantasie halten; ebenso aber das Brückenbauwerk selbst, das sich in zwei Bogenreihen von mittelalterlicher Unregelmäßigkeit wie eine offene Mauer durchs Tal zieht. Die geglätteten Flächen des hell verfugten Quader-Mauerwerks überwiegen die Flächen der Bogenöffnungen bei weitem – also schließende Wand und offene Brücke zugleich! Da die Höhe der Brüstung die Kompaktheit der Wand über den Bogenöffnungen betont, tritt der herbe Charakter des Mauerhaften deutlich hervor.

Wahrscheinlich gab es erst eine untere Brücke mit fünf, sechs ziemlich weiten, etwas flacheren Bögen aus exakt behauenen großen Blöcken; darüber, in einem eigenen Rhythmus etwas grober gemauerten Bruchsteins die zweite Brücke aus kleineren Bögen – dazwischen, über den Pfeilern der unteren Brücke, weitere kleinere Bogenöffnungen zur Materialersparnis. Das unregelmäßige Wechselspiel dieser drei Arten von Öffnungen, die in unsymmetrischer Verschiebung zueinander angeordnet sind, macht den Reiz dieser Brückengestalt aus. Kontrapunktiert wird

Spiel des Lichtes mit den Formen der Öffnungen, mit rauem Stein und kantigem Gemäuer.

der Wechsel von Wand und Öffnung durch die Halbpyramiden der gedrungenen Pfeilervorlagen unten und der steinernen Wasserspeier oben. Plastisch hervortretend sind sonst nur eine Reihe von schrägen Stützmauern und ein rechtwinklig vorspringender Pfeiler am linken Ende der Brücke.

Über die grünen Wiesen des Tals hinweg blickt man also auf ein Gebilde von Bogenöffnungen unten und auf die mosaikartige Geometrie der Stadtsilhouette oben, die solcherart von Paul Klee entworfen sein könnte, und es regt sich auch in mir ein inneres Bedürfnis nach Stift oder Pinsel, um den empfangenen Eindruck in einem Bild oder einer Zeichnung zu gestalten und weiterzuentwickeln.

Die andere, mehr gedankliche Regung ist, zu fragen: In welchem Verhältnis zueinander stehen überhaupt Stadt und Brücke? War der Anstieg von der früheren unteren Brücke zur Stadt hinauf zu steil, sodass man eine zweite höhere Bogenreihe baute, um die Brückenrampen bequemer zu gestalten? Das wäre ein gewaltiger Aufwand für einen ziemlich geringen Effekt. Es würde allerdings für die Macht und Kraft dieser Stadt in einem Zeitalter sprechen, in dem man sonst Naturgegebenheiten (den steilen Aufstieg vom Tal aus) fraglos hinnahm.

e Geometrie,
r der Geschichte
der Mathematik.

Die Überlieferungen sprechen davon, dass der erste Brückenbau um 1330 geschah. Die weiteren Ausbaustadien liegen im Dunkeln, aber gewiss ist, dass die

Brücke im Zweiten Weltkrieg schwer beschädigt und dann in den alten Formen wieder aufgebaut wurde.

Wenige Schritte weiter flussab, also unmittelbar vor der steilen Tallehne zur Stadtmauer hinauf, liegt die spätgotische Kobolzeller Kirche am Ufer der Tauber, die hier fast noch ein Bach – nicht Fluss – ist. Hier ist die Natur mit Brücke, Heiligtum, bepflanztem Gartenhang, Wegesystem und krönender Stadt darüber so intensiv wie sonst kaum irgendwo in Deutschland zur architektonisch durchgeformten Kulturlandschaft zusammengewoben worden. Dadurch – nicht der äußeren Ähnlichkeit nach – stellt sich die Erinnerung an Italien ein: Wie ein deutsches San Gimignano oder Siena thront – freilich nur von diesem Standpunkt aus – die Stadt wie ein filigranes Ornament über dem Land auf dem Berg, ein Bild, zu dem das archaische, grau-steinerne Monument der Brücke den rechten Kontrast und Vordergrund gibt.

Die Tauberbrücke von Tauberrettersheim

Ein weithin unbekannter Reichtum schöner alter Brücken eröffnet sich entlang der kleinen Flüsse Süddeutschlands – die Gegenden Frankens und Schwabens waren vormals reich genug, um ihren Fürsten, Bischöfen und Städten zu erlauben, steinerne Brücken zu erbauen; die Flüsschen – Altmühl und Wörnitz, Tauber, Kocher und Jagst – waren klein genug, um darin problemlos Pfeiler zu gründen und Bögen darüber zu wölben, und die Gegenden – welche nach ihrer alten Blütezeit in einen langen geschichtlichen Dornröschenschlaf gesunken waren – blieben bis heute abgelegen genug, sodass viel Altes sich darin erhalten konnte. Anderswo griff der »Fortschritt« ein und ersetzte die buckligen schmalen Brücklein durch breite, größere, vermeintlich bessere und leider gesichtslosere Brücken.

Alte Brücken haben immer ein Gesicht; alte Brücken sind aber auch immer so etwas wie »Kopffüßler«: Ist doch ihr »Rumpf« mit seinen Pfeilern und seinem Mauerwerk mit ihrem »Gesicht«, mit seinen Bögen und Öffnungen, identisch – ganz gleich, ob ich diese nun als Augen oder Münder erlebe –, und auch ihre »Gliedmaßen« sind wieder genau dieselben Pfeiler, Bögen und gestreckten Linien, und das alles zusammen bildet das Brückenwesen als Einheit, die gleichermaßen Kopf und Gestalt, Gewand und Gesicht ist. Und so blickt eine Brücke ernst oder lächelnd auf ihren Fluss hinab, schaut trotzig drein oder stolziert herrisch über das Wasser.

Fahrten an Kocher und Jagst oder an der Tauber entlang lassen den Reisenden eine Fülle solcher Charaktere, Physiognomien und seltsame Originale von Brücken entdecken. Davon können wir hier nur wenige Beispiele nennen: Schwäbisch Hall, Rothenburg, Harburg und hier – das ländlichste von allen – die Brücke von Tauberrettersheim.

Sie liegt ganz auf dem Lande, im Taubergrund, jenem Talstück am Mittellauf der Tauber, wo diese – aus ihrer südöstlich-nordwestlich verlaufenden Hauptrichtung – in einem weiten Bogen und breiten Tal nach Westen schwingt, ehe sie wieder in engen Windungen gegen Nordwest dem Main zustrebt. Im weiten Grunde kann sich das Flüsschen zwischen Feldern und Wiesen gehörig ausbreiten. Am nördlichen Talhang verläuft die Straße, am südlichen Ufer liegt das kleine Dorf, und beide verbindet die Brücke mit ihren fünf stolzen Bögen, von denen der nördliche ufernächste in seiner Länge ein wenig gestaucht ist. Eine kaum merkliche Wölbung hebt die Brücke im Ganzen aus der Waagerechten, wohltuend wie die Kurvatur der

Basis eines griechischen Tempels; im Einzelnen sind die Bögen ländlich-unregelmäßig und keineswegs geometrisch exakt konstruiert und gemauert. Doch das tut dem Eindruck von kraftvoll harmonischer Gestalt keinen Abbruch.

Mit der Symmetrie ist es merkwürdig bestellt. Die Brücke hat fünf Pfeiler, wobei der erste dorfseitige auf dem Ufer aufsitzt, vom letzten jenseitigen aber doch der erwähnte gestauchte Bogen ans Land führt. Daher hat die Brücke also doch eine Mitte, die ihre wasserführenden Öffnungen im Verhältnis von zwei zu drei teilt, und diese Mitte wird – wie sollte es anders sein? – von einer Statue des heiligen Nepomuk bekrönt, deren Basis in die halbrunde Brüstung des Mittelpfeilers, in der westlichen Nische, eingelassen ist. Wie bei den meisten alten Brücken sind die Pfeiler flussabwärts als halbrunde Bastionen, gegen die Strömung aber bis zur Höhe der Bogenwölbung als Eisbrecher gestaltet und keilförmig zugespitzt.

Die Brücke ersetzt eine flache Furt durchs normalerweise knietiefe Wasser. Kein Geringerer als der geniale Würzburger Bauingenieur BALTHASAR NEUMANN soll sie entworfen haben, und das sieht man ihr trotz der bescheidenen Maße und der ländlich-handwerklichen Bauausführung auch an. Der Rhythmus von Pfeilern und Bögen ist edel, und besonders nobel ist die ungemein feine Linie der Wölbung. So steht sie da: ein Kleinod zwischen Bauerngärten und Feldern auf der einen, den

Ruhig wie die Rundung der Erde wölbt sich die Brücke über den Fluss, und die Mitte dieses kleinen Kosmos bezeichnend: St. Nepomuk.

unspektakulären Häusern des Dorfes auf der anderen Seite der Tauber – die ehemalige Mühle fungiert nun als Dorfgasthof.

Die eigentlichen Benutzer und »Untermieter« der Brücke aber sind Scharen von Dorfgänsen, die dieses Bauwerk nicht nur »Denkmal der Baukultur«, sondern auch Biotop einer sonst weitgehend untergegangenen Landschafts- und Sozialkultur sein lassen. Möge es noch lange so bleiben! Die Weiden, Erlen und Pappeln, die die Ufer des Flusses begleiten, tun das ihre dazu. Sie verstecken das Bauwerk vor den flüchtigen Blicken der Reisenden, die auf der Talstraße dahinbrausen und von Mergentheim oder Weikersheim nach Creglingen oder Rothenburg – also von Stern zu Stern im Reiseführer – eilen. Hier aber soll man nicht nach den Sternen greifen, sondern darf die Erde da genießen, wo sie ihrem Sinn am nächsten kommt: wo der Mensch sie verwandelt und veredelt hat – und das muss eben nicht unbedingt der Temenos eines griechischen Tempels oder die Alhambra sein.

Die Mittlere Brücke in Basel

Das vielfältige, von zahlreichen Völkern und Kulturen zusammengewobene Europa hat nicht *einen* Mittelpunkt, nicht *ein* Zentrum wie einst das Römische Reich sein Rom. Europas Schicksalslinien, seine Ströme, seine Handelsrouten und Pilgerwege, seine Kulturverbindungen und Heerstraßen knüpfen ein Netz mit den unterschiedlichsten Knotenpunkten. Jeder von ihnen hat einen ganz eigenen Charakter als Macht- oder Geisteszentrum, als Wirtschaftsmetropole und Umschlagplatz von Ideen und Gütern, Neuheiten und Fähigkeiten.

Ein solcher zentraler Ort Europas ist Basel, gelegen an seinem größten mittleren Strom, an der Stelle, wo dieser ganz entschieden die Richtung zum nördlichen Meer einschlägt und groß genug und dazu gebändigt ist, Schiffe zu tragen. Nach Westen öffnet sich die Burgundische Pforte, nach Süden die Wege über die Jura- und Alpenpässe nach Italien und nach Osten die Straße rheinaufwärts zum Bodensee und zur Donau hin.

Ein solches Richtungs- und Wegekreuz ist eigentlich unsichtbar; seine Kraft- und Bedeutungslinien erschließen sich lediglich dem Nachsinnen – in Basel jedoch hat sich diese ideelle Figur als geografische Gestalt manifestiert und ist von den Menschen im Laufe vieler Jahrhunderte zum Bild eines großartigen Stadt- und Landschaftskunstwerks geformt worden.

Dieses Bild hat zwei Zentren, zwei Brennpunkte: der eine ist das Münster, also die Stätte des Heiligtums auf dem Felsen über dem Fluss. Das mächtige zweitürmige Bauwerk mit seinem bunten Dach bestimmt den Eindruck und zieht alle Blicke auf sich; demgegenüber ist der Felsen über dem Fluss, unmittelbar am Chor des Münsters, die so genannte Pfalz, der Platz, von dem aus man selbst die Blicke schweifen lassen kann und dabei unweigerlich auf den zweiten Brennpunkt dieses Stadtkunstwerks trifft: die Brücke über den Strom. Sie befindet sich mitten in der Flussbiegung, die hier das geografische »Rheinknie« ins Bild setzt – es ist Basels »Mittlere Brücke«.

Schauen wir uns diese von der Pfalz aus an. Wir stehen erhöht über den Kronen von Ahorn und Kastanien, die den schmalen Ufersaum einnehmen, und sehen die Münsterfähre unermüdlich an ihrem Seil nach Kleinbasel hinüber- und herübergleiten; nach Nordwesten hin aber umfasst der Blick den breiten Rhein wie einen Bühnenprospekt, sodann die beiden Brücken – die Mittlere und die Dreirosenbrücke – und dahinter, während der Rhein nach Norden hin umbiegt und verschwindet, die Hochhaus-Kulisse des modernen Basel, akzentuiert von einem turmartig dicken Schornstein, der als mächtige Senkrechte das Aufwärtsstreben der Hochbauten noch steigert und zu der Waagerechten von Uferlinie und Brücken kräftig kontrastiert, an der rechten und linken Stromseite begleitet von der Vielfalt der Dächer und Fassaden der Uferbebauung – und bei klarem Wetter erscheint dahinter die blaue Horizontlinie der Vogesenberge. Hauptdarsteller dieser Szene ist jedoch die Mittlere Brücke; sie schließt sozusagen die Vorderbühne der Flussbreite ab. Je nach Wetterlage und Jahreszeit schimmert sie blau oder grau, manchmal auch dunkel und grün. Mächtig strömend oder ruhig treibend zieht der Rhein auf die Brücke zu, ab und zu belebt durch ein Schiff, das von den stromauf gelegenen Häfen seinen Weg durch Basel nimmt.

Die Brücke überspannt den Rhein in sechs, mit hellgrauem Stein verkleideten elliptischen Flachbögen. Die Pfeiler sind ziemlich schmal, sind vorgewölbt und tragen auf der Höhe der Fahrbahn halbrunde, vorkragende Erker. Zwischen ihnen bildet die Brüstung ein Band aus jeweils elf rechteckigen Feldern eines durchbrochenen Steingeländers, das die Brücke wie eine Schmuckborte von filigraner Leichtigkeit abschließt. Der Mittelpfeiler ist mächtiger und verjüngt sich nach oben. Er trägt auf seiner Plattform die Brückenkapelle, die mit ihrem Spitzdach aus glasierten Ziegeln die Dachgestaltung des Münsters zitiert. Diese Kapelle ist es, die

Die kleine Kapelle auf dem mittleren Brückenpfeiler: ist sie nicht vielleicht einer der Mittelpunkte Europas?

sichtbar die ideelle Brücke zur Geschichte des ehrwürdigen Rheinübergangs von Basel schlägt.

Denn die jetzige Mittlere Brücke ist ziemlich jung. 1905 wurde sie eingeweiht, und sie muss sich – beim nüchternen Geist der Basler – mit dem prosaischen Namen »Mittlere Brücke« abfinden, nachdem stromauf die Wettsteinbrücke und stromabwärts die Dreirosenbrücke errichtet worden waren.

Die alte Brücke von Basel war einer der wichtigsten Rheinübergänge überhaupt. Schon 1225 – also zu Zeiten Kaiser Friedrichs II. – wurde sie unter Bischof Heinrich von Thun errichtet. Auf dem Stich von Matthäus Merian dem Älteren aus dem 17. Jahrhundert sieht man sie (auch über die Pfalz hin gesehen) mit ihrer merkwürdigen Besonderheit abgebildet. Vom linken Ufer aus führen acht Bögen auf kräftigen Holzpfeilern bis zur Mitte, von da an sechs Bögen über steinernen Pfeilern zum »minderen Basel« am rechten Ufer. Auf dem fünften Pfeiler von Kleinbasel aus, dem so genannten »Käppelijoch«, befand sich die Kapelle, die eine strenge Grenze zwischen den beiden Gemeinden darstellte. So ist es bis heute ein ungeschriebenes Gesetz, dass die Kleinbaseler Zünfte bei ihren Umzügen und Festlichkeiten dieses mittlere Joch nicht überschreiten dürfen. Die Kapelle wurde später auf den Mittelpfeiler der neuen Brücke übertragen. Sicherlich war die Strömung am linken Ufer, dem Prallhang des Rheinknies, so stark, dass es schwieriger war, dort Steinpfeiler zu gründen, als Eichenpfähle in den Grund zu rammen; das könnte der Grund für die bautechnische und ästhetische Asymmetrie der alten Brücke gewesen sein.

Jahrhundertelang war diese Brücke der wichtigste Rheinübergang der Völkerstraße von Nord nach Süd. Aber nicht minder von Ost nach West. So zogen im Jahre 1814 die Kaiser von Österreich und Russland sowie der König von Preussen darüber, als sie Napoleon besiegt hatten und daraufhin Europa eine neue Gestalt bekam.

Heute wirkt die Mittlere Brücke, obwohl sie kaum hundert Jahre alt ist, klassisch und alterslos, großzügig und leicht auf ihren schmalen Pfeilern, mit der harmonischen Folge ihrer elliptischen Bögen und der festlichen »Borte« ihres steinernen Geländers. Die Kapelle bindet als Denkmal und Sinnbild diese »neue« Brücke in ihre lange »alte« Geschichte ein – und daher ist Basels Mittlere Brücke ebenso gut »Alte Brücke« (»Ponte Vecchio«) wie »Neue Brücke« (»Pont Neuf«), ebenso gut »Steinerne Brücke« wie »Europa-Brücke« – ein zugleich altes und immer junges Bauwerk im Strom der Zeiten und im Strömen des Rheins, wo sie das Herzstück eines der schönsten und geschichtsmächtigsten Stadtbilder Europas bildet.

Die »Alte Brücke« über den Neckar in Heidelberg

1841 – in seiner reifen Spätzeit, mit 66 Jahren also – malte William Turner ein großformatiges Aquarell von Heidelberg; es sollte auch als Stichvorlage zur Vervielfältigung dienen. Darin verwandelte er das Bild der Neckarbrücke – gleichsam als Apotheose – in eine reine Lichterscheinung. Über der glatten, vielfältig spiegelnden Wasserfläche des Neckars erheben sich geisterhaft aus dem Hintergrund einer braundunklen bis hellgelben Berglandschaft das Schloss und die Heiliggeistkirche. Der ganze Vordergrund, vor allem links, wird von vielen Menschen und Menschengruppen eingenommen, die sich den verschiedensten Tätigkeiten oder der Muße am Wasser hingeben, darüber aber – im linken Mittelgrund – schwingt sich als helle Lichtgestalt die bewegte Figur der Brücke von Ufer zu Ufer: Bögen, die sich im spiegelnden Wasser zu Kreisen schließen; je zwei kleinere an den Seiten und fünf große Hauptöffnungen in der Mitte, eingerahmt von den beiden Hauptpfeilern, die große plastische Figurengruppen tragen.

Auch heute noch stellt sich die Brücke im Wesentlichen so dar. Als Turner sie malte, war sie noch ziemlich jung. Kurfürst Karl Theodor hatte sie von 1786 bis 1788 errichten lassen, nachdem Eisgang die frühere Brücke zerstört hatte; es war bereits die fünfte Brücke an der gleichen Stelle. Auf einem Stich von Merian sieht man, dass es im 17. Jahrhundert eine gedeckte Brücke gab. Die »Neue« war also gut ein halbes Jahrhundert alt und schimmerte vermutlich damals – mehr noch als heute – im warmen Rotbraun ihrer Sandsteinquader.

Warum hat Turner die Brücke fast weiß gemalt, als Geisterscheinung, jenseits der Realität ihrer rötlichen Lokalfarbe? Turner liebte es, seinen Hauptsujets dieses geisterhafte Leuchten zu geben; so auch dem großen Schiff auf seinem Gemälde »The Fighting Temeraire, tugged to her Last Berth to be Broken up« von 1838. Das heißt, dass auch hier die Brücke wirklich die Hauptsache ist, eine Sache, die im Übrigen durchaus genau und irdisch-konkret gemalt ist. Die Menschen im Vordergrund – Pfeife rauchende Studenten in mittelalterlicher Tracht, Wäscherinnen, Spaziergänger, eine Mutter mit Kind, zwei Reiter, die ihre Pferde in die Schwemme getrieben haben, ein Hund, der ihnen ins Wasser folgt, und andere mehr –, dieses ganze genrehafte alltägliche Leben wird überhöht, geordnet und rhythmisiert von der klaren und lichten Geometrie der Brücke zu ihren Häupten, die hinüberführt in einen Bereich, wo Kirche, Dächer der Stadt und Mauern des Schlosses eine gleichsam nur imaginative Seinsqualität haben. Späte Sonne färbt das

Bergmassiv des Königstuhls goldbunt, während über dem Neckartal blaudunkles Gewölk abzieht und ein kaum sichtbarer Regenbogen den Berg wie eine Aura umspannt, die flache Wölbung der Brücke durch eine mächtigere, nur ahnbare Wölbung überhöhend. Soweit TURNERS visionäre, die Wirklichkeit beunruhigend aufsprengende und zu einer scheinhaften luziferischen Qualität steigernde Ansicht Heidelbergs mit seiner Brücke.

Die heutige nüchterne Wirklichkeit ist durchaus nicht weniger beeindruckend. Zwar ist der Neckar jetzt ein breit aufgestautes Gewässer fast ohne Strömung. Die Karl-Theodor-Brücke aber befindet sich an der Stelle des alten Stadtmittelpunkts, das heißt da, wo die Berge schon ein enges Tal bilden und nicht, wo heute (und sicher auch früher) der Hauptverkehr fließt, nämlich etwa einen Kilometer stromabwärts, wo die Ebene sich öffnet und die am Fuße der Berge entlangziehenden Straßen den Fluss queren. Heute ist es die Bundesstraße 3 auf der Theodor-Heuß-Brücke, die zur eigentlichen Hauptbrücke Heidelbergs geworden ist.

Daher kann man jetzt die Alte Brücke für den Autoverkehr sperren und sie den Fußgängern überlassen; sie dient nur noch der Bequemlichkeit der Bewohner jener »Riviera« auf der Neuhäuser Seite, die sich mit ihren Villen und Gärten am Hang des Michaelsberges bis zum vielgerühmten »Philosophenweg« hinaufzieht.

Ein Jahr vor der Französischen Revolution wurde diese Brücke vollendet. Goethe hielt sie für die »vielleicht schönste Brücke der Welt«

Nicht nur schön, sondern auch kraftvoll und gediegen ist die alte Brücke von Heidelberg.

Der Fußweg am Neuhäuser Ufer – sicher ein ehemaliger Treidelpfad – gibt gute Gelegenheit, die Brücke von den verschiedensten Perspektiven aus zu betrachten und sie als Bauwerk und Gestalt auf sich wirken zu lassen.

Zunächst fällt einem die Symmetrie ihrer Gliederung in die Augen: zwei zu fünf zu zwei Bögen. Bald aber differenziert sich der Eindruck. Man kann die rhythmische Folge der Bögen auch anders lesen. Über drei Bögen hin Anstieg, über drei Bögen hin hält sich die Brückenhöhe, über drei Bögen fällt sie zum Stadteingang hin ab, den ein Tor mit zwei flankierenden Türmen mit Barockhauben bildet. Die Linie von Anstieg, Höhe und Abstieg gehorcht also anderen Gesetzen als die Gliederung der Bogenreihe, und so stehen die beiden Hauptpfeiler mit den plastischen Gruppen in einer leisen synkopischen Spannung zur Höhenkurve der Brücke. Diese beiden Pfeiler sind auf der stromabwärts gelegenen Seite als halbrunde Bastionen bis zur Brüstung emporgeführt und tragen auf ihren Plattformen die plastischen Gruppen: zur Neuhauser Seite hin eine Minerva, zur Stadtseite hin das Standbild des Brückenbauers Karl Theodor und die Allegorien verschiedener Flüsse. Die übrigen vier Mittelpfeiler bilden nur bis zur Dreiviertelhöhe das Halbrund aus, während die Brüstung oben über dem Pfeiler auf drei kräftigen Sandsteinkonsolen vorkragt und einen flach-rechteckigen Erker mit durchbrochenem Steingeländer bildet. Stromauf sind es entsprechend sechs solcher Erker, denn da sind keine Plastiken, und statt des Halbrunds schieben die Pfeiler hier scharfe Eisbrecher gegen die Strömung vor. Durch den Kunstgriff dieser Gliederung auf Brüstungshöhe wird die Strenge des Wechsels von Bögen und Pfeilern gelockert und geradeso umspielt, wie es in der barocken und klassischen Musik Triller und Vorschläge tun.

Die jeweils zwei letzten Bögen zum Ufer hin sind kleiner, gedrungener und wirken so, als gehörten sie noch zu einer früheren, älteren Brücke, die einst in mehr und kleineren Bogenschritten über den Fluss geführt hätte – das aber ist ein ästhetischer Eindruck, nicht Baugeschichte. Insgesamt wirkt die Brücke auffallend hoch – andere sind da gedrungener, und Turner hat in seinem Bild insofern harmonisierend nachgeholfen, als er die Bögen und ihre Spiegelung annähernd als Kreise malte; in Wirklichkeit sind die Brückengewölbe Drittelkreise, die erst in zwei, drei Meter Höhe aus den senkrechten Pfeilern ausschwingen.

Es scheint mir wichtig, die Betrachtung bis in solche Details zu führen, denn erst an diesen lässt sich die ästhetische Qualität eines Bauwerks aufweisen, dem man mit so vagen Gefühlsurteilen wie »schön« oder »harmonisch« nicht gerecht wird.

Turner – um die anfangs gestellte Frage wieder aufzugreifen – hat sich die Freiheit genommen, das Bild der Brücke zu durchlichten und als geometrische Figur zu steigern im Sinne der ihr innewohnenden Tendenz; denn in ihrer formalen Klarheit und der Doppelstimmigkeit ihrer Rhythmen ist diese Brücke nicht »malerisches Mittelalter«, sondern ein Bauwerk der Aufklärungszeit. Und Turner hat sie als Künstler so behandelt, wie es Merck einmal als notwendigen künstlerischen Grundsatz gegenüber Goethe formulierte: »Deine unablenkbare Richtung ist, dem Wirklichen eine poetische Gestalt zu geben; die anderen suchen das sogenannte Poetische, das Imaginative zu verwirklichen, und das gibt nichts wie dummes Zeug!«

Aber lassen wir Goethe sich selber über Heidelberg und die Brücke aussprechen – es ist ein noblerer Ton, aber im Sinne das Gleiche – und es klingt so, als ob er vorausblickend schon auf einen solchen Künstler wie Turner hingewiesen habe:

»Ich sah Heidelberg an einem völlig klaren Morgen, der durch eine angenehme Luft zugleich kühl und erquicklich war. Die Stadt in ihrer Lage und mit ihrer ganzen Umgebung hat, man darf sagen, etwas Ideales, das man sich erst recht deutlich machen kann, wenn man mit der Landschaftsmalerei bekannt ist und wenn man weiß, was denkende Künstler aus der Natur genommen und in die Natur hineingelegt haben. Ich ging in Erinnerung früherer Zeiten über die schöne Brücke und am rechten Ufer des Neckars hinaus. Etwas weiter oben, wenn man zurücksieht, sieht man die Stadt und die ganze Lage in ihrem schönsten Verhältnisse« (26. August 1797).
Etwas weiter schreibt er: »Die Brücke zeigt sich von hier aus in einer Schönheit, wie vielleicht keine Brücke der Welt; durch die Bogen sieht man den Neckar nach den flachen Rheingegenden fließen, und über ihr die lichtblauen Gebirge jenseits des Rheins in der Ferne. An der rechten Seite schließt ein bewachsener Fels mit rötlichen Seiten, der sich mit der Region der Weinberge verbindet, die Aussicht.«

Zu Goethes »Erinnerungen« muss man das Folgende wissen: Er war seit 1775 mehrere Male in Heidelberg, wobei er den Neckar zuerst noch auf der alten gedeckten Brücke mit dem heiligen Nepomuk überschritten hatte. Daher nun seine Bewunderung der neuen Brücke, die er jetzt – auf dem Weg in die Schweiz – zum ersten Male sah, und man kann verstehen, dass er sie für die »vielleicht schönste Brücke der Welt« hält.

Später wird Heidelberg für ihn – wie schon früher – zum Schicksalsort; denn der Blick auf dieses »idealistische Landschaftsbild« verwob sich für ihn in sein letztes Zusammensein mit Marianne von Willemer. Diese Begegnung klang nicht nur in beider Leben noch lange nach, sondern lebt in den Gestalten von »Hatem« und »Suleika« bis in ferne Zeiten fort; unsichtbar mit einverwoben sind Heidelberg und die Brücke:

»Wohin den Blick das Auge forschend wendet
In diesen blütenreichen Wundertraum,
Wird mir ein leiser Liebesgruß gesendet;
O freud- und leidvoll schöner Lebenstraum!«

So dichtete Marianne von Willemer in Gedanken an den »geweihten Ort« ihrer Freundschaft mit Goethe.

Für ihn hatte sich einst in Heidelberg eine schicksalhafte Wende im wörtlichsten Sinne vollzogen (in »Dichtung und Wahrheit« mag man es nachlesen): Als er nämlich sich entschlossen hatte, nach Weimar zu gehen, um dort ein neues Leben anzufangen, wurde er nicht, wie verabredet, abgeholt. Nach einigen Tagen des Wartens wurde er misstrauisch, ja ärgerlich und gedachte, nun nach Italien zu reisen – nur fort aus Frankfurt, wo er gerade seine Verlobung mit Lili Schönemann gelöst hatte. Er gelangte aber nur bis gerade über den Neckar nach Heidelberg! Dort holte ihn – es war im Herbst 1775 – die Nachricht ein, dass sich der Wagen nach Weimar nur verspätet habe und alles ganz mit rechten Dingen zugegangen sei. Augenblicklich entschloss er sich, umzukehren. Demoiselle DELPH, eine mütterliche Freundin, versuchte noch mit aller Kraft, ihn von seinem Weimarer Abenteuer abzuhalten, da rief er ihr begeistert die Worte Egmonts entgegen: »Kind, Kind, nicht weiter! Wie von unsichtbaren Geistern gepeitscht, gehen die Sonnenpferde der Zeit mit unsers Schicksals leichtem Wagen durch, und uns bleibt nichts als, mutig gefasst, die Zügel festzuhalten und bald rechts, bald links, vom Steine hier, vom Sturze da, die Räder anzulenken. Wohin es geht, wer weiß es? Erinnert er sich doch kaum, woher er kam!« – Schauen wir noch ein letztes Mal auf TURNERS Bild der Brücke von Heidelberg. Wenn man sich – mit der freiesten Phantasie – die rechte Brücke für die Sonnenpferde der Zeit und des Schicksals leichten Wagen vorstellen wollte, kann man man sich da eine passendere Brücke als die Turnersche Lichterscheinung denken?

Die »Steinerne Brücke« in Regensburg

Es gibt unzählige steinerne Brücken im deutschen Sprachraum, aber die »Steinerne Brücke« gibt es nur in Regensburg. Unter den großen Brücken Deutschlands hat sie die Würde einer »Erzbrücke«, wie ein Erzengel unter Engeln, denn sie ist der uranfängliche große Brückenschlag des deutschen Mittelalters, dem alle anderen folgten. Und so hieß es denn – wie bei mehreren Schriftstellern überliefert: »Man sagt, dass in deutschen Landen die Prager Brücke die längste, die Dresdner die schönste und die Regensburger die festeste sein soll.«[6]

Dieser »Schöne Prospekt der Steinernen Brücke« des Matthäus Merian ist so etwas wie die Apotheose der Brückenbaukunst – gegenüber im Osten die aufgehende Sonne.

Das ist wahr, denn von den genannten Brücken musste die Regensburger dem mächtigsten Strome die längste Zeit trotzen. Sie wurde vom Jahre 1135 an in elfjähriger Bauzeit mit 16 Bögen von je 22 Meter Spannweite errichtet – aus exakt behauenen Steinen. Das ist für die damalige Zeit ein Wunderwerk! Das war, als Heinrich der Stolze, ein Welfe, Vater Heinrichs des Löwen, Herzog von Bayern war. Aber nicht er ist der Erbauer, sondern die Bürger, die reichen Fernkaufleute Regensburgs, die sie auf ihre Kosten errichten ließen.

[6] Friedrich von Dohna 1592/93. in: Eberhard Dünninger *»Weltwunder Steinerne Brücke« Amberg 1996.*

Man kann sich den Rang und die Bedeutung Regensburgs im frühen Mittelalter nicht groß genug vorstellen. Selbst die hochmittelalterliche, in ihren Bauten und Kunstwerken für uns leichter fassbare Blütezeit ist nur ein Abglanz dieser frühen Bedeutsamkeit. Damals war die alte Römerstadt in ungebrochener Kontinuität zum Bischofssitz, zur bayerischen Haupt- und Herzogstadt und zu einem der größten Fernhandelszentren nördlich der Alpen geworden.

Zur Zeit der Kreuzzüge war sie Sammelplatz der Kreuzfahrer. Bekannt in diesem Zusammenhang ist vor allem der zweite Kreuzzug. Bernhard von Clairvaux rang dem Stauferkönig Konrad III. zu Weihnachten 1146 in Speyer ab, das Kreuz zu nehmen. Das deutsche Kreuzfahrerheer sammelte sich daraufhin im Jahre 1147 in Regensburg. Damals war gerade die Brücke fertig geworden; und so heißt es in der Chronik des Kreuzzugs, verfasst von Odo von Deuil, dem späteren Abt von Saint Denis:

> »Auch der König brach auf, nachdem er den ehrwürdigen Bischof von Arras mit dem Kanzler und dem Abt von Bertincourt nach Regensburg vorausgeschickt hatte wegen der Boten des Kaisers von Konstantinopel, die dort den König schon lange erwarteten. Bei dieser Stadt überschritten alle die Donau auf einer vortrefflichen Brücke und fanden eine große Menge von Schiffen vor, die unser Gepäck und einen Großteil des Volkes bis nach Bulgarien brachten.«

Im Lateinischen heißt es »pons optimus«, und so ist die erste Erwähnung der Brücke ein Superlativ: Es ist hier *die* Brücke zwischen Ost und West, zwischen Arras und Konstantinopel.

Ebenso figurierte die Brücke in alten Zeiten als Mittelpunkt zwischen Nord und Süd, zwischen der Nordsee und Italien. Im Buch des Humanisten Konrad Celtis »Quattuor libri armorum« zeigt ein Holzschnitt des Hans von Kulmbach aus dem Jahre 1502 von Norden her den Blick auf Regensburg. Im Vordergrund die breit strömende Donau mit der dreitürmigen Brücke über den Fluss. (Germaniae Latus Meridionale Ratispona – Regensburg, in der Mitte Deutschlands gelegen, steht dabei.) Darunter links unten der Regenfluss und Böhmen, rechts unten das Fichtelgebirge (als Nabel Deutschlands) mit den vier ihm entgegenströmenden Flüssen, am Rande ganz unten die Erwähnung Hamburgs als »letzter Stadt Deutschlands«. Oberhalb über Regensburg ein Liebesgarten mit einem Paar als »Hortus conclusus«; links wird der Inn (Aenos), rechts der Lech (Licus) gezeigt, darüber die Alpen; man erkennt Salzburg und Trient als kleine Städteminiaturen.

»Steinerne Brücke« und Donau als Achsenkreuz Deutschlands! Ihre Würde fand Ausdruck in einem eigenen Brückensiegel, das stilisiert vier Bögen und darüber die drei charakteristischen Brückentürme zeigt, mit der Umschrift: »Sigillum gloriosi pontis Ratisbonae«. Warum hatte die Brücke ein eigenes Siegel? Sie war nicht nur im übertragenen Sinne ein lebendiges Wesen, sondern im Verständnis des Mittelalters auch eine eigene Rechtspersönlichkeit. Das entsprechende Privileg verlieh ihr Kaiser Friedrich I. Barbarossa im Jahre 1182 und händigte es stellvertretend dem »Regensburger Bürger und Brückenmeister Herbord« aus:

»Unsere kaiserliche Majestät hat es für angemessen erachtet, die von uns gnädig festgesetzten Freiheitsrechte der steinernen Brücke, die in Regensburg die Donau überspannt, mit unantastbarer Urkunde dem steten Gedächtnis unserer Nachfolger sowie aller Christgläubigen anzuempfehlen. Es wisse also jede nachfolgende Generation, dass wir umfassende Freiheit für die vorgenannte Brücke festsetzen und gewähren dergestalt, dass gegenüber niemandem beim Überschreiten der Brücke Zwangsbeitreibungsmaßnahmen ergriffen werden dürfen, abgesehen von freiwilligen Beiträgen, die jemand zur Erhaltung und Ausbesserung der Brücke leisten will. Ferner bekräftigen wir unwiderruflich die vollständige Freiheit des Gebietes um die beiden Brückenköpfe im Umfang von zwölf Doppelschritten nach allen Seiten, dass niemand auf diesem Gebiet Steuern zu erheben oder Gebäude zu errichten wage, sondern dass es für den ungehinderten Verkehr der Reisenden ständig freigehalten bleibe.«[7]

Dieses einzigartige Privileg erfuhr im Mittelalter vielfältige Ausgestaltungen, sodass die Brücke (so war es übrigens bei allen größeren Brücken) eine bedeutende Rolle im Rechtsleben der Stadt spielte:

»Auch war in älteren Zeiten in der Mitte der Brücke eine Vorrichtung, wo diejenigen, die zum Wassertod verurteilt oder als Wucherer bloß zum Untertauchen bestimmt waren, ins Wasser geschnellt werden konnten.

Der Turm an der südlichen Seite beim Ausgang der Brücke von der Stadt hieß früher auch der Schuldturm, und war darin ein Gefängnis für böse Schuldner, die daselbst zur Schau ausgestellt waren, und die Vorübergehenden um Geld zu Bezahlung ihrer Schulden ansprechen durften, darinnen aber solange sitzen mussten, bis sie die Summe ihrer Schulden zusammengebettelt hatten.

Über der Türe der Schleifmühle beim Austritt von der Stadt auf die Brücke hing eine Tafel, worauf eine Hand und ein Beil abgemalet war, um anzuzeigen, dass jeder Angriff auf der Brücke oder Raufhandel mit dem Verlust der Hand bestraft werde.«[8]

Obwohl die Errichtung der Brücke als Großtat in die Annalen der Stadt eingeschrieben und der Baubeginn in einem besonders trockenen Jahr überliefert ist und beides nie vergessen wurde, bemächtigte sich doch die Fantasie der Entstehungsgeschichte. Etliche Humanisten hielten Kaiser Hadrian oder gar Kaiser Tiberius für den Bauherrn, während für das einfache Volk der Bau nicht ohne die Hilfe des (dann natürlich überlisteten) Teufels hat zugehen können. So hat auch Regensburg eine Art von Bauopfer-Sage, die Dom und Brücke, die beiden herausragendsten Bauwerke der Stadt, verknüpft. Eine der vielen Fassungen lautet so:

»Die Wahrzeichen Regensburgs sind am Dome zu finden und an der Brücke. Am Dome ein Mann von Stein, der sich herunterstürzt, und an

7 Monumenta Germaniae historica. Die Urkunden der deutschen Kaiser und Könige, Bd. X, Teil IV, Hannover 1990, S. 40.

8 Christian Gottlieb Gumpelzhaimer 1830. in: Eberhard Dünninger »Weltwunder Steinerne Brücke«, Amberg 1996.

So baut sich heute das Bild der mittelalterlichen Stadt über dem südlichen Ende der Brücke auf.

der Brücke ein kleiner Mann, der nach jenem schaut, die Hand über die Stirne haltend. Das sind die Baumeister des Domes und der Brücke; beide wetteten miteinander, wessen Bau zuerst vollendet sein werde. Und soll der Baumeister der Brücke des Dombaumeisters Lehrling gewesen sein. Der Lehrling nun ging einen Bund mit dem Teufel ein und versprach ihm die ersten drei Seelen, die über die vollendete Brücke gehen würden, zum Eigentum, wenn er sie eher vollende als sein Meister den Dom. Da schleppte der Teufel als bekannter Steinschlepper und Lastesel Steine in Massen herbei und half bauen, was das Zeug hielt, und ward die herrliche Brücke gebaut mit funfzehn granitnen Schwibbogen und drei Türmen aus lauter Quadersteinen, 470 Schritt lang und 33 Schuh breit.

Und unversehens war sie fertig, und da der Dombaumeister auf seinem Gerüste stand und das Werk vollendet sah, so stürzte er sich vom Gerüste herab, worauf sein steinern Bild am Dom angebracht wurde. Der Brückenbaumeister aber sperrte die Brücke, so wie sie vollendet war, dass kein Mensch darüber gehen durfte, und trieb zuerst einen Hund, einen Hahn und eine Henne darüber, welche der Teufel in Empfang nahm.«[9]

Es gibt andere Fassungen der Sage, wo der Teufel keineswegs gute Miene zum bösen Spiel macht, sondern tobend ein Loch in die Brücke bricht.

Über der Schadenfreude angesichts des geprellten Teufels vergessen wir leicht, dass Größe und Schönheit der Brücke im Sinne der Sage ein Werk des Bösen sind. Darin steckt ein untergründiges Stück Katharismus; denn der betrachtet ja die Welt als das Werk des Demiurgen, des widergöttlichen Welt-Schöpfers. Doch das Streben der Katharer, sich davon frei zu machen und den Geist zu reinigen, gerät dem Volk zur Bauernschläue. So »schummelt« man sich um das echte »Bauopfer« herum. Denn das hat immer etwas von Tragik an sich: Geist und Erdenwerk lassen sich ganz nur durch ein Opfer versöhnen. Wo dieses aber eingefordert wird – hier auf Erden oder im Himmelreich –, bleibe dahingestellt.

Schreiten wir nun, mit solchen Geschichten im Sinn, in ganzer Länge über die Brücke auf Regensburg zu. Sie beginnt an der Stadtamhof genannten Vorstadt und führt über einen ersten nördlichen Donauarm. Gleich am Anfang stand der so genannte »Schwarze Turm« mit einem mächtigen Torbauwerk. Es wurde zu Beginn des 19. Jahrhunderts abgebrochen. Über einige leicht ansteigende Bögen erreicht der Brückenlauf die Insel, deren Teil rechts der Brücke Oberer und links Unterer Wöhrd genannt wird. An dieser Stelle stand der zweite Brückenturm. Er wurde nach dem gewaltigen Eisgang des Jahres 1784 abgetragen. Nun folgen weitere drei Bögen über einen Seitenarm, der den Unteren und Oberen Wöhrd trennt, und hier, beim siebenten Bogen von der Stadtseite aus, hat die Brücke ihren Scheitelpunkt.

Nun folgt der wichtigste Teil: Leicht hinabschreitend nähert man sich dem großartigen Eingang zur Stadt, dem Brückenkopf mit Tor und Turm und dem mächtigen Dach des Salzstadels, überhöht von den dahinter aufragenden gotischen Turmspitzen des Doms. Jetzt überquert man auch den Strudel; denn die Brückenpfeiler stehen auf breiten Steininseln, durch die das Wasser in viel zu schmalen Durchlässen

9 LUDWIG BECHSTEIN, *Deutsches Sagenbuch*. Hrg. Karl Martin Schiller, Leipzig 1930.

hindurchschäumt und früher den Schiffern Angst und Schrecken einjagte. Das fand seinen Niederschlag im bekannten Volkslied (wer kennt es nicht?): »Als wir jüngst in Regensburg waren, sind wir übern Strudel gefahren …«

Im Jahre 1633 – also mitten im Dreißigjährigen Krieg – kam der berüchtigte Herzog BERNHARD VON WEIMAR vor die Stadt, um sie zu belagern. Da ließ der kaiserliche Stadtkommandant den dritten Brückenbogen stadtauswärts abbrechen, und als das nicht rasch genug ging, wegsprengen. Die Lücke, die dabei entstand, wurde später mit einer hölzernen Zugbrücke geschlossen. Das blieb so bis 1791, als die Brücke nach den beiden großen Eisgängen von 1784 und 1789 im Ganzen wieder instand gesetzt wurde. Gerade zwischen diesen beiden Jahren hatte sie 1786 ein Reisender, der gern inkognito bleiben wollte, eilig überquert. Natürlich kennen wir ihn: JOHANN WOLFGANG VON GOETHE. Er schrieb:

> »Regensburg liegt gar schön. Die Gegend musste eine Stadt herlocken; auch haben sich die geistlichen Herrn wohl bedacht. Alles Feld um die Stadt gehört ihnen, in der Stadt steht Kirche gegen Kirche und Stift gegen Stift. Die Donau erinnert mich an den alten Main. Bei Frankfurt haben Fluss und Brücke ein besseres Aussehen, hier aber nimmt sich das gegenüberliegende Stadtamhof recht artig aus.
>
> Die milde Luft, die ein großer Fluss mitbringt, ist etwas ganz Eigenes. Das Obst ist nicht sonderlich. Gute Birnen habe ich gespeist; aber ich sehne mich nach Trauben und Feigen.«

Das also war es und erklärt die Eile des Reisenden!

Noch einmal blies der Atem der Weltgeschichte feurig über die Brücke hin, als sich 1809 Franzosen und Österreicher darauf blutige Kämpfe lieferten. Die Stadt wurde dabei in Brand geschossen, von den Franzosen erstürmt und geplündert. NAPOLEON äußerte sich noch abfälliger als GOETHE über die Brücke:

> »Votre grand pont est très désavantageusement construit pour la navigation.«

Womit er Recht hatte! Aber er ließ sie stehen. Nicht so die Nazis. Noch in den letzten Kriegstagen 1945 wurden an beiden Enden der Brücke Bögen gesprengt.

Auch sie sind inzwischen wieder hergestellt, und wenn auf diese Weise auch manches erneuert und rekonstruiert wurde – in ihrem Grundbestand stehen die Brücke und ihr Gemäuer aus rechteckig behauenen Blöcken, ihrer schmalen Fahrbahn und den noch schmaleren Gehsteigen so da, wie sie 1135 bis 1146 erbaut wurde und seitdem als »pons gloriosus«, als »Weltwunder« galt.

Heute ist sie nicht mehr das Lebensorgan der Stadt wie damals, als

> »daselbst allerley Mühlwerck / als Papir / Gewürtz / Walck / Seegmühl; vnd an der anderen Seiten der Brück / gegen den Auffgang Schleiff: Polir: Item Getraydmühlen«[10]

waren.

Heute dient sie bescheidenem Verkehr (es gibt eine Reihe anderer Donaubrücken) und ist vor allem Denkmal ihrer selbst und ihrer Geschichte. Auch das ist

[10] MARTIN ZEILLER, 1644. in: Eberhard Dünninger »Weltwunder Steinerne Brücke«, Amberg 1996.

nicht schlecht, um Anstoß zum Denken zu geben: beispielsweise sich vorzustellen, was in Kaiser Karl IV. vor sich ging, als er 1355 über die Brücke ritt. Stand ihm damals schon das Bild der neuen Brücke in Prag vor Augen? Die gedachte er zu errichten, nachdem 1342 bei einem Eisstoß die alte Judithbrücke eingestürzt war. Peter Parler musste sie ihm 1357 entwerfen und bauen – als Heiligtum und profanes Werk zugleich. Denn der Kaiser wusste: Brücken sind Mysterien des Übergangs.

Auf der Steinernen Brücke, die sich über 16 Bögen 330 Meter weit spannt, hat man den freien und weiten Atem, nachzusinnen, zum Beispiel darüber, dass Brücken immer auch Kreuzungen sind. Der »Willensstrom« meines Gehens über die Brücke kreuzt sich mit dem allgemeinen Lebensstrom, den das Wasser verbildlicht; der biografische Lebensweg mit dem Zeitenstrom der Geschichte, das Kreuz der Raumesrichtungen mit den inneren »Schichtungen« meines Wesens: des festen Körperbaus, in dem ich mich mit dem Quaderbau, den Spannungsbögen und Kraftlinien, den Trage- und Haltekräften der Brückenkonstruktion verwandt fühle –, der flüssigen Wesensschicht, in der ich Blut und Lebenssäfte in mir so strömen fühle, wie ich das Ziehen und Strudeln und Rauschen des Wassers da unten empfinde –, der luftigen seelischen Schicht, in der mir der Wind über dem Wasser Bilder

So wuchtig und streng zeigt sich die Brücke vom Unteren Wöhrd aus – zu sehen ist sie hier in halber Länge.

Der höchste Bogen der Brücke gibt den Blick auf die Stadt mit zwei mittelalterlichen Geschlechtertürmen frei.

von Nähe und Fernen des Donaulaufs sehnsuchterweckend herbeiträgt und ein Gefühl von Freiheit entfacht –, und endlich des hellen wachen inneren Schauens im Lichte des Regensburger Himmels, der ganz anders ist als der am Rhein oder in Westfalen. Es lässt mich Gedanken fassen, die ich nur hier so haben kann:

Das Bewusstsein zum Beispiel, in der Mitte eines besonderen Kreuzes von Raumesrichtungen zu stehen. In Wirklichkeit ist es ein Diagonalkreuz. Es reicht über Nürnberg, Würzburg nach Nordwesten, nach Frankfurt und zum Rhein, ja bis England, woher die Schottenmönche kamen, die in Regensburg ihr berühmtes Kloster gründeten; diese Richtung war bereits im römischen Limes vorgebildet und zeigt sich heute als Rhein-Main-Donau-Großschifffahrtsstraße. Ebenso reicht von der Brücke ein Kreuzarm die Donau hinab nach Südosten, nach Wien, Budapest, Belgrad, Konstantinopel bis Jerusalem. Er war der Weg der Nibelungen, später der der Kreuzfahrer, der Türkenkrieger, der »Donauschwaben« und der Donauschiffer. 2 379 Kilometer sind es von hier zur Donaumündung; 93 weitere Brücken überbrücken bis dahin ihren Lauf, keine einzige mehr aus Stein, kaum eine mehr als 100, nur eine 150 Jahre alt, und so war sie nicht nur die erste, sondern 700 Jahre lang auch die letzte feste Brücke auf 2 400 Kilometern!

Oder die Richtung nach Nordosten, die Richtung des alten Handelswegs nach Prag und Osteuropa hin, eine Richtung, die sich Stadt und Universität zu pflegen in den letzten Jahrzehnten sehr vorgenommen hatten, oder nach Südwesten, auf Augsburg und München und weiter auf Italien zu, wo man in Florenz und in San Gimignano die Vorbilder der Regensburger Geschlechtertürme findet.

Ich stehe auf der Brücke im Mittelpunkt dieses Kreuzes und erlebe mich in heller Bewusstseinswachheit. Aber die muss ich früher oder später verlassen: entweder mich nach Stadtamhof wendend oder durch das Tor in die Enge der Altstadt eintauchend. Möglicherweise finde ich mich dann bald recht hungrig auf der Donauländе an der »Historischen Wurstküche« wieder. Das unscheinbare Häuschen, das diesen stolzen Namen trägt, soll einmal eine der Brückenbauhütten gewesen sein. Jetzt baut es ihre Besucher auf.

Die »Obere Brücke« mit dem Alten Rathaus in Bamberg

Bamberg gehört neben Regensburg und Erfurt, Landshut und Heidelberg zu den wenigen größeren Städten Deutschlands, die ihr schönes altes Stadtbild über den Zweiten Weltkrieg hinweg (und die Zeit barbarischer Modernisierungen danach!) gerettet haben. »Klein-Prag« nennen es die einen, seiner Lage und Bauart nach, »fränkisches Rom« wurde es von anderen, seiner Hügel, Kirchen und römisch-katholischen Traditionen wegen, oftmals genannt.

Die Obere Brücke mit dem Alten Rathaus auf einer Insel im Fluss, der Regnitz, ist das Herz des wundersamen Stadt-Kosmos von Bamberg. Die benachbarte Untere Brücke – modernisiert – streift Rathaus und Insel nur; über sie hinweg fällt der Blick auf die fast seeartige Breite des Flusses – des linken Regnitzarmes –, die von der malerischen kleinteiligen Häuserzeile der alten Fischersiedlung (= Klein-Venedig) gesäumt wird.

Ursprungsort der ganzen Stadtsiedlung ist der wichtige Flussübergang zwischen dem Domhügel im Westen und der Talaue im Osten – wahrscheinlich lag er an der Stelle der heutigen Oberen Brücke.

Die flussaufwärts gestaute Regnitz rauscht und schäumt über mehrere Wehre und durch Mühlkanäle um die langgestreckte Insel Geyerswörth, unterhalb deren sich die Wasser, reißend noch und mit weißen Schaumkringeln bedeckt, gleichzeitig *vereinen* und wieder *trennen*, denn wie der Bug eines steinernen Schiffes teilt an dieser Stelle die Insel des Alten Rathauses die Strömung und leitet sie unter den Bögen der Oberen Brücke hindurch: *ein* Bogen links, *zwei* Bögen rechts des Rathaustorturms, und auf dem Pfeiler des rechten Teils der stromab gelegenen Seite eine große bewegte barocke Kalvarienberggruppe, ihr gegenüber – St. Nepomuk.

Inmitten des schäumenden Wassers, auf dem steinernen Bug des Inselpfeilers reitend, erhebt sich ein in Weiß und Braun schön herausgeputztes steilgiebliges Fachwerkhaus: das Rottmeisterhaus. Es hockt unsymmetrisch, etwas schief und an beiden Seiten überkragend auf dem dreieckigen Pfeilerfundament, dessen Spitze unter dem Bau hervorragt und die Fluten teilt. Das Rottmeisterhaus lehnt sich an den prachtvollen barocken Brückenturm an, dessen geschwungener gestufter Helm in einem schlanken Türmchen mit einer Zwiebelkuppel endet.

Hinter dem Turm – von unserem Standort auf der hölzernen Geyerswörthbrücke aus gesehen – schließt sich als dreistöckiger »Kasten« mit neun Fensterachsen und neun Dachgauben rechts und links das eigentliche alte Rathaus an. Seine schlichten glatten Wände sind 1755 von Johann Anwander mit den bewegten allegorischen Gestalten der Künste und der Tugenden bemalt worden. Das alles entdeckt man erst nach und nach, wenn man die Insel und das Rathaus von den verschiedenen Standpunkten auf Brücken und Uferstellen aus zu erfassen sucht.

Wir sind also zunächst auf den Geyerswörthsteg gegangen. Da stehen wir nun und schauen, auf das hölzerne Geländer gestützt. Von hier aus zeigen sich Brücke und Insel »en face«. Das Wasser umrauscht uns, und der Bug des Inselschiffes scheint unaufhörlich geradewegs auf uns zuzuschwimmen, aber durch eine unerklärliche Macht ebenso unaufhörlich festgehalten zu sein; nach rechts und links schwingen die Bögen der Brücke aus. Fixiert man sie, verwandelt sich der Eindruck, und nun vermeint man im Alten Rathaus einen großen Wasservogel zu sehen, der gerade mit den Schwingen nach unten schlägt, um sich zu erheben. Aber auch er bewegt sich nicht; fest und unverrückbar steht das Bauwerk inmitten der schaumbedeckten Fluten. Ein wunderbares Bild!

Alle Zeiten vom Mittelalter bis zum Rokoko haben an diesem Gesamtkunstwerk gebaut.

Den Menschen des Mittelalters, die die Gebäude errichteten, lagen allerdings Romantik und gewollte Ästhetik fern. Wahrscheinlich war der Bau das Ergebnis harter politischer Kämpfe, vielleicht ein genialer Kompromiss, dass man da mitten im Fluss auf Pfählen, eine flache Insel ausnutzend, am Ende des 14. Jahrhunderts das Rathaus baute. Es lag somit auf neutralem Boden zwischen dem geistlichen Stadtbereich des Bischofs und der bürgerlichen Siedlung auf der großen Insel zwischen

Was ist aus der einstigen sumpfigen Insel im Fluss geworden!

den Regnitzarmen. Diesen ursprünglich gotischen Bau und das alte Brückentor hat von 1744 bis 1756 der Barockbaumeister JOHANN MICHAEL KÜCHEL umgestaltet. Vor allem das Tor mit den beiden Rokoko-Balkonen über den Öffnungen der Durchfahrt wurde zu einem Meisterwerk des Rokoko-Stils; zwischen den Fenstern der beiden Turmstockwerke blickt zur Stadtseite hin das Stadtwappen, zur Domseite hin das Bischofswappen. Aber wie originell: gleich neben diesem eleganten, ocker-grauen Bau in Naturstein das malerische bürgerliche Fachwerkhaus über der Inselspitze. Es war das Quartier einer Polizeiwache; »Rottmeister« war der Befehlshaber einer bewaffneten Rotte.

Wie sehr man auch die Brücke und das malerische Bauensemble mitten im Fluss beschreiben und rühmen wollte – etwas fehlt! Es ist dem Auge zunächst entrückt. Aber kundige Fotografen nehmen es vom Turm des nahen Geyerswörth-Schlosses auf: das Spannungsgefüge der Stadt zwischen Bergseite und Talseite. Da die beiden Stadtkronen – der viertürmige Dom auf seinem nahen Hügel und die etwas ferner, aber noch höher gelegene dreitürmige Baugruppe von Michaelskirche und -kloster, in der Mitte Fluss und Brücke, Rathaus mit Turm und Türmchen, da drüben die vielgestaltige Dächerlandschaft der Stadt rechts der Regnitz – West und Ost, heilig und profan, und beides natürlich vielfach gemischt. Der Fluss als Grenze, aber gerade dort auch das Rathaus als Zentrum und Durchgangstor. Eine Fülle von Lebenssituationen ist hier im Gefüge der Bauwerke Bild geworden.

»Alles Vergängliche ist nur ein Gleichnis«, konnte GOETHE sagen. Aber nur da, wo dieses Gleichnishafte im »be-deutenden« Bilde sichtbar geworden und erkannt ist, sind wir erlöst. Der eigentliche Strom des Lebens, seine Willens- und Triebkräfte, ist bildlos, meist sogar besinnungslos, und mühsam müssen wir diesem Strom Erkenntnis um Erkenntnis bis hin zur Selbsterkenntnis abringen. In dieser Mühe finden wir uns dann belohnt, ja beglückt, wenn sich dem inneren Ringen ums Begreifen – also um den richtigen Begriff – ein Bild entgegenstellt, das eben diesen gesuchten oder errungenen Begriff frei und sichtbar an sich zu tragen scheint: als Gleichnis – und der innere Prozess des Begreifen-Wollens scheint durch dieses Geschenk von außen bestätigt und besiegelt zu sein.

Der Mensch kann sich an der Natur schulen und durchlässig machen, um solche Bild-Geschenke zu empfangen. Gerade das ist aber auch die tiefste Triebfeder alles Kunst- und Kulturschaffens: solche Bilder zu erzeugen, in solchem Sinne zu symbolisieren. – Eine Stadt wie Bamberg hat natürlich alle möglichen Lebensqualitäten und Daseinsberechtigungen – hörte ich doch mit Vergnügen den Ausspruch JACOB BURCKHARDTS auch auf Bamberg angewandt: »Solche alten Pfaffenstädte haben immer etwas Verlottertes und Fideles, wie ich es gern habe« –, das Eigentliche aber bleibt doch das, was eine Stadt in ihren Bauwerken und den Ausprägungen ihrer Lage und Geschichte an Zeichen und Bildern setzt im Kosmos der Kultur ihres Landes – oder der Menschheit. So ist es einst empfunden worden – in noch viel größerem Zusammenhange –, als Kaiser HEINRICH II., der Gründer des Doms und Gönner Bambergs, das *Universum* in den Zeichen und Bildern der Sterne in Gestalt seines Krönungsmantels um sich legte. Diesen Mantel bewahrt man bis heute als Kostbarkeit in Bamberg auf.

Wir – etwas bescheidener – suchen hier nur als Bild den städtebaulichen Angelpunkt der Stadt, deren Überhöhung und Krone der Dom ist, und finden ihn in der Brücke und dem Rathaus über der Brücke auf der Insel mitten im Fluss.

Das barocke Welttheater mit den Heiligen als seinen Darstellern eroberte sich so manche mittelalterliche Brücke wie hier in Würzburg.

Die Alte Mainbrücke in Würzburg

Eine der schönsten steinernen Brücken Deutschlands ist die Alte Mainbrücke in Würzburg. Unterhalb der herrscherlich-stolzen Festung Marienberg mit ihren steilen Weinhängen gelegen, über den breiten Fluss hinweg Verbindung zur vieltürmigen Stadt schaffend, bildet sie die Mitte eines hochberühmten Stadt- und Landschaftsbildes. Ist sie nur das – nur ein ästhetisches Ereignis? Der moderne Verkehr umfließt sie längst auf ganz anderen Bahnen. Was ist das Besondere an ihr?

Den Ruhm, eine der ältesten Steinbrücken auf deutschem Boden zu sein, nimmt sie für sich in Anspruch. Nur wenig von der ältesten Bausubstanz steckt allerdings in der heutigen Brücke. Die damalige wurde von 1120 bis 1133 errichtet, noch vor der Steinernen Brücke in Regensburg –, so haben es die Forscher herausgefunden.

Es versteht sich, dass die damalige Brücke anders aussah als die heutige. Auf dem ersten Pfeiler vom linken Ufer aus ragte ein Brückentorturm empor, und ein anderer bewachte den Eingang zur Stadt; auf dem siebenten Pfeiler stand das Zollhaus; auch die anderen Pfeiler waren zu Zeiten mit Häusern überbaut. Neben dem rechtsmainischen Torturm befand sich die Brückenkapelle. Sie war dem heiligen Gotthard geweiht, dem Schutzheiligen der Baumeister und Steinmetzen, der 1131 heilig gesprochen worden war.

Zu Tor und Turm, Zoll und Kapelle, Weg und Wetter stelle man sich das entsprechende Tun und Treiben der Menschen vor – von Handel und Gewerbe, von Eile und Müßiggang, von Wind und Wolken und den verschiedenen Wasserständen des Mains: von Hochwasser und Trockenheit. Da es sonst flussauf, flussab keine oder nur hölzerne oder Schiffsbrücken gab, war dieser feste Übergang von der größten Bedeutung für Handel, Wohlstand und Leben der Stadt.

In den Jahren 1476 bis 1489 wurde die Brücke verbreitert und erneuert; die Tortürme blieben, und eine kleine gotische Kapelle erhob sich bergseitig auf dem mittleren Pfeiler. So präsentiert sich die Brücke mit ihren zehn Bögen auf dem Stich von Matthäus Merian, in prächtigster Lage zwischen der auffallend türmereichen Stadt auf dem rechten und dem schmaleren linken Ufer, das von der Feste auf dem Berg und der Burkharduskirche am Fluss dominiert wird – auch das beides vieltürmige Bauwerke.

Auch dieser Zustand ist nicht der, den wir Heutigen kennen. Den Ruhm der Würzburger Brücke begründete die barocke Umgestaltung, die die beiden Fürstbischöfe Franz von Hutten (1724–1729) und Friedrich Karl von Schönborn (1729–1746) vornahmen: Sie ließen auf den mittleren sechs Pfeilerplattformen beidseitig zwölf überlebensgroße (4,50 m) Plastiken auf hohen Sockeln aufstellen, die in ihrer Größe genau zu den Proportionen von Bögen und Pfeilern passen, sodass die Brücke wie bewohnt erscheint von einem Geschlecht von Riesen, unter denen sich Menschen und Verkehr nur als geduldete Statisten hin- und herbewegen. Das übermenschliche Maß geben die Gestalten; denn es sind Heilige oder zu himmlischen Ehren erhobene Märtyrer, die da mit wehenden Gewändern und barockem Pathos die Brücke zu einem Denkmal der Gegenreformation – und das heißt zugleich froher und frommer Weltlichkeit – machen.

Würzburgs Herren waren geistliche und weltliche Fürsten zugleich, und die machtvolle Fleisch- und Steinwerdung der zum Himmel Erhobenen entsprach so recht der weltlichen Religiosität des kunstwütigen Barock, das Spiritualität durch die Schönheit des Sinnlichen und Innerlichkeit durch die sichtbaren Gebärden von Macht und Pracht ersetzte.

Das Besondere daran ist, dass dieser barocke Überschwang hier von fest und harmonisch in sich ruhendem Mittelalter getragen wird. Kaum sonst ist das talseitige Halbrund der Brückenpfeiler so kraftvoll, gleichmäßig und schmucklos ausgebildet; kaum sonstwo ist der Übergang von den scharfen Spitzen der bergseitigen Pfeiler zur stumpfen Brüstung ihrer oberen Plattform so überzeugend und klar gelungen.

Dass die Alte Mainbrücke zu Würzburg eigentlich eine strenge mittelalterliche Brücke ist, zeigt dieses Bild.

Dazu kontrastieren aufs Schönste die zwölf Gestalten. Sie personifizieren die christliche Geschichte Würzburgs. Allen voran steht MARIA als »Patrona Franconiae«; ihre Gewänder bauschen sich heftig in irgendeinem himmlischen Wind, und verklärt blickt sie – vom Sternenkranz umgeben – nach oben. Des Weiteren sind da die drei legendären irischen Apostel: KILIAN und seine Gefährten TOTNAN und KOLONAT, die hier den Märtyrertod erlitten, dann PIPPIN und KARL DER GROSSE, die beiden Frankenkönige also, die ihr Reich mit der römischen Kirche verbanden und Würzburg favorisierten, sodann andere Kirchenfürsten wie BURKHARD und BRUNO sowie die Heiligen FREDERICUS, JOSEPHUS, KARL BORROMÄUS und schließlich der heilige NEPOMUK, der auf einer Brücke in katholischen Landen im 18. Jahrhundert nicht fehlen durfte – er als sozusagen »modernster« Heiliger, denn er war erst 1729 heilig gesprochen worden, und sein Kult verbreitete sich in Windeseile durch das katholische Europa.

Am eindrucksvollsten wirkt der Stadtheilige KILIAN, dargestellt als Bischof mit hoher Mitra, den rechten Arm mahnend-fordernd erhoben, mit der linken das gezückte, zum Himmel weisende Schwert an sich pressend – im Hintergrund die Festung Marienberg über ihren Weinbergen und Festungsmauern thronend. Zu diesem häufig fotografierten Motiv verdichtet und verkürzt sich für manchen Besucher das Bild Würzburgs.

Von Ferne erinnert die Würzburger Brücke mit ihrem Ambiente an Prag.

Dieses Bild – erweitert zu dem der ganzen Brücke – ist in seiner Topografie, seinem Licht und seiner Atmosphäre ganz unverwechselbar und einzigartig, auch wenn ihre Lobredner die Brücke gern in eine Reihe mit der Karlsbrücke in Prag und der Engelsbrücke in Rom stellen. Diese, den altrömischen Pons Aelius, hatte Bernini ein halbes Jahrhundert zuvor mit zehn Engelsfiguren geschmückt, die das ganze Pathos des Barock atmen, das ja ins Äußere gewendete seelische Bewegtheit ist. Diesem Vorbild eiferten die Würzburger Bauherren nach.

Die religiöse Botschaft der Figuren – ihre Theologie – lässt uns heute ungerührt, aber ihr Gestus von Anmut und Leichtigkeit, Schwung und Bewegung und der Anhauch südländischer Lebensfreude und eines scheinbar schöneren Zeitalters erwärmen uns noch heute, wenn wir über die Brücke gehen, und kaum wird es uns bewusst, wie klug und naiv zugleich die Kirche hier in Würzburg so gegensätzliche, ja innerlich sich ausschließende Geistesströmungen verbunden hat wie das irisch-keltische und das römisch-katholische Christentum. Nicht irgendwelche »bösen Heiden«, sondern die gekränkte fränkische Fürstin Gailana war es, die den irischen Wanderbischof und seine Gefährten im Jahre 689 töten ließ, und es war der heilige Bonifatius, der über dem Grab der toten Märtyrer, die er lebend vermutlich als Ketzer bekämpft hätte, das römische Bistum Würzburg begründet hat.

Die Brücke als Bühne des Glaubens, des Lebens und des Lichtes!

Der Heilige hält den Kelch – und der Wein, der hineingehört, wächst reichlich im Hintergrund. Wie es scheint, ein gesegneter Ort.

Maria als Patrona Franconiae: unter den Füßen die Mondsichel, über dem Haupt die Sterne – aber das alles wäre nichts ohne die fränkische Sonne über der Flusslandschaft!

Verlässt man die Brücke zu der einen oder der anderen Seite hin, empfängt einen das nüchterne Mittelmaß heutiger Architektur. Am linken Ufer steht, was ein trister Wiederaufbau nach dem Zeiten Weltkrieg geschaffen hat; an der Stadtseite befindet sich rechts der mühsam in die Proportionen alter Bebauung hineingebändigte Kasten eines Kaufhauskomplexes und links das an die alte Brückenmühle angebaute Kraftwerk, ein wenig abgerückt von der Brücke.

Reißend strömt ihm unter den ersten Bögen hindurch das Wasser des Flusses zu, unter zwei weiteren Bögen stürzt es über Fallwehre hinab, während ein weiteres Wehr als Steinschüttung von der Brücke aus schräg flussaufwärts zieht und nur bei hohem Wasserstand weiß gischtend überschäumt wird. Am linken Ufer endlich ist der Durchlass des Großschifffahrtsweges und etwas oberhalb die Schleusenanlage – so spaltet, sperrt und kanalisiert man an der Brücke den Fluss heute auf unterschiedliche Weise und teilt dem Wasser verschiedene Funktionen zu, von denen sich die Brückenbauer vor 900 Jahren noch nichts träumen ließen!

Auch vor 200 Jahren strömte der Main noch ungehindert hindurch. Das lassen wir uns zum Abschluss unserer Betrachtungen von HEINRICH VON KLEIST schildern, der am 11. Oktober des Jahres 1800 in einem Brief an WILHELMINE VON ZENGE schrieb:

> »Wenn ich jetzt auf der steinernen Mainbrücke stehe, die das Zitadell von der Stadt trennt, und den gleitenden Strom betrachte, der durch Berge und Auen in tausend Krümmungen heranströmt und unter meinen Füßen wegfließt, so ist mir, als ob ich über ein Leben erhaben stünde. Ich stehe daher gern am Abend auf diesem Gewölbe und lasse den Wasserstrom und den Luftstrom mir entgegenrauschen. Oder ich kehre mich um und verfolge den Lauf des Flusses, bis er sich in die Berge verliert, und verliere mich selbst dabei in stille Betrachtungen.«[11]

[11] *HEINRICH VON KLEIST, aus »Reise von Leipzig nach Würzburg. Briefe an Wilhelmine von Zenge«. Brief vom 11. Okt. 1800. in: »Deutsche Landschaft« Fft/M. 1981.*

Ohne den Blick auf die *Karlsbrücke* in *Prag* wäre eine Betrachtung der alten Brücken Mitteleuropas ganz unvollkommen. Denn zu der Zeit, als die alten Brücken in Prag, Regensburg oder Würzburg gebaut wurden, existierten die heutigen Länder und nationalen Grenzen noch nicht – und Prag war ein zentraler Kreuzungspunkt der Fernstraßen Mitteleuropas so gut wie Regensburg, Basel oder Köln – ja, Prag war sogar zu der Zeit, als die Karlsbrücke dort entstand, so etwas wie die Hauptstadt des mittelalterlichen Heiligen Römischen Reiches. Das war ein kurzer hoher Moment seiner Geschichte.

Immer aber war Prag das Herz Böhmens, das noch einmal mit allen seinen Landschaftselementen ein Mitteleuropa im Kleinen ist. »Der böhmische Mikrokosmos hat sein Zentrum in Prag. Prag liegt nicht nur in der Mitte an der Moldau, die in der volkstümlichen Vorstellung das wichtigste Element der Identifizierung ist, sondern seine Lage umfasst auch alle wichtigen ›Naturkräfte‹. In Prag findet sich ein Nebeneinander von gewellter Ebene, felsigen Hügeln und Wasser. So versammelt und repräsentiert diese Lage das umliegende Land aufs Schönste. Um Prag ganz zu erleben, muss man daher Böhmen kennen. Prag kann isoliert nicht verstanden werden, sondern nur als ›Welt innerhalb einer Welt‹.«[12]

»Von Süden nach Norden wird das Land durch die Moldau und deren Fortsetzung, die Elbe, in zwei Hälften geteilt. Früher war die Überquerung dieser Flüsse schwierig, denn es gab in zentraler günstiger Lage nur eine Furt. Die alte Straße aus der Ukraine und Polen erreichte hier die Moldau und führte weiter nach Deutschland. An der Furt traf sie mit der Straße von Österreich nach Sachsen und Preußen zusammen. So entstand ein wichtiger Knotenpunkt, der schon im sechsten Jahrhundert eine Siedlung entstehen ließ, die dann zur Stadt Prag werden sollte.

Die geografischen Eigenheiten Böhmens prädestinierten das Land zu einem kosmopolitischen Zentrum.«[13]

In der breiten Flusskrümmung unterhalb des steilen Hügels, der schon bald eine Burgstadt, eine Art von böhmischer Akropolis, trug, lag die Furt. Auf dem flacheren östlichen Ufer entstanden die Handelsniederlassungen, die dann zur »Altstadt« zusammenwuchsen, welche 1232 bis 1234 rechtlich als Stadt anerkannt wurde; 1257 wurde auch die »Kleinseite« im Winkel zwischen Burg und Fluss zum Rang einer Stadt erhoben. Damals verband schon die steinerne Judith-Brücke, die von 1158 bis 1172 erbaut wurde, beide Ufer, beide Städte, und bildete das Zentrum des ganzen Talkessels, in welchem seit 1348 noch die Neustadt

[12] Christian Norberg-Schulz, *»Genius loci. Landschaft. Lebensraum. Baukunst«, Stuttgart 1982, S. 98 ff.*

[13] *Ebd., S. 84 ff.*

ringförmig um die Altstadt angelegt wurde. Sie war weithin die einzige Brücke moldauauf- und moldauabwärts, und erst recht war die Elbe weiter nördlich ohne Brücke.

Hier bündelten sich europaweite Straßen – die ost-westliche Bernsteinstraße und die nord-südliche Salzstraße – und kreuzten den Fluss. Bis heute aber blieb für das Stadtbild neben dem Fluss als Nord-Süd-Achse vor allem der ost-westliche Straßenzug bestimmend: Vom Pulverturm über den Altstädter Ring durch das Gewirr der Gassen zum Altstädter Brückenturm, dann der freie halbe Kilometer des Übergangs über die Brücke, sodann über die Mostecka zum Marktplatz der Kleinseite und schließlich über die Nerudova-Gasse hinauf zum Kloster Strahov, wo die Höhe der westlichen Bergumrandung erreicht wird, durchzieht der Haupt-Straßenzug die einzelnen Teile der Stadt. Dieser Weg, quer durch die Stadt, über die Brücke, hinauf zu Burg und Dom, verdichtete sich in seiner Bedeutung zu einer Art »Via sacra« des böhmischen Königreiches. In Rom war die »Via sacra« der heilige Weg vom Tiber über das Forum hinauf zum Jupitertempel auf dem Kapitolinischen Hügel – in Prag waren es der Pilgerweg und die Krönungs- und Prozessionsstraße von der alten Burg Višegrad durch die Altstadt hinauf zum Veitsdom, in dem sich das Heiligtum der Wenzelskapelle befindet.

Die einstige Moldaufurt als der »zentrale See« Böhmens, in dem sich Herrschersitz und Heiligtum spiegeln.

Als Zentrum dieses Weges – als eigentlicher Schwellenübertritt – in dieser Stadt, deren Name ohnehin »Schwelle« bedeutet, hatte die Brücke zu aller Nützlichkeit und praktischen Notwendigkeit auch eine kultische Aura und Bedeutung. Die veräußerlichte sich gewissermaßen später zum »Spectaculum« der barocken Brückenheiligen.

Selbstverständlich diente die Brücke dem Hin *und* Her, und doch gehört zu ihr als einem Prozessions- und Krönungsweg auf geheimnisvolle Weise die Ausrichtung von Ost nach West. So ist bis heute die Alststadtseite des Altstädter Brückenturms mit ihrem plastischen Schmuck das eigentliche Tor, die eigentliche Schaufront der Brücke. Von hier aus »schlägt sich – in überraschender Weise – die klassische Stadtansicht Prags, der Blick auf die Kaiserburg über dem Strom, vor den Augen des Betrachters auf. Aus der Enge winkliger Altstadtgassen beim Clementinum hinaustretend, sieht man sich plötzlich der spiegelnden Fläche der Moldau gegenüber. Der Blick fliegt hinaus zu den Höhen des jenseitigen Ufers, die ihrerseits in weichem Rund zurücktreten und dadurch zusätzliche Tiefe eröffnen. Die Weite des Horizonts schenkt ein Gefühl der Freiheit, und in der Erhöhung durch dieses Gefühl erkennt man erst die ganze Schönheit dieses Landschaftsbildes«, so schildert GÖTZ FEHR, Kunsthistoriker und Verfasser einer Monografie über die Karlsbrücke, diesen Blick von Ost nach

Man übersehe einmal die Heiligenfiguren: dann hat man ein Bild der strengen und klaren Formen, in denen Karl IV. diese Brücke erbauen ließ.

[14] Götz Fehr, »Die Via Sacra des Königreichs Böhmen«, in »Merian Prag« 12/XIV/1961.

West über das Wasser und fährt fort: »So wie hier gerade aus der Plötzlichkeit der Begegnung der Eindruck des Visionären aufsteigt, wird man auch an anderen Stellen dieses Weges (der ›Via sacra‹) immer wieder durch Augenblicke der Überraschung vom *Sehen* zum *Schauen* gelangen und der geheimen Partitur dieses Weges durch die Vielgestaltigkeit der Stadt hindurch auf den Grund kommen …«[14]

Es ist, als ob der äußeren Schwelle des Übergangs über den Fluss hier die innere Schwelle des Übergangs von der sinnenfälligen Wirklichkeit zur Vision besonders nahe und leichter zu überschreiten sei als anderswo: in der Wendung vom »Sehen« zum »Schauen«.

Blicken wir vom Altstädter Brückenturm – wie es das beigefügte Bild zeigt – auf den leicht schwingenden Verlauf der Brücke mit ihrem Menschengewimmel hinab! Unwillkürlich denke ich beim Anblick des geschäftigen Treibens da unten an die Brücke in Goethes Märchen – als komme die Prager Brücke diesem Urbild näher als irgendeine Brücke sonst. Was aber im Märchen zukünftige unklare Kontur und Versprechung bleibt, ist hier sinnenfällige – Goethe würde sagen: heitere – Wirklichkeit geworden.

Hier wetteifern Figuren und Türme in ihrem Aufstreben zum Himmel.

Es gibt nichts Schöneres, als inmitten vieler Menschen über die Karlsbrücke zu – schreiten. Aber – das sei einschränkend bemerkt: Man muss es tun zu Zeiten, in

denen einen nicht das Gedränge allzu großer Menschenmassen daran hindert, sich zu ihr in ein Verhältnis zu setzen. Eine solche Gelegenheit bot sich mir einmal in den ersten Januartagen 1995.

Die Karlsbrücke war bei *sich*, ruhte in ihrer Stadt und über ihrem Fluss und war erfüllt von geheimnisvollem Leben. Das speiste sich – vom räumlichen Umkreis her gesehen – aus der Spannung zwischen Kleinseite und Altstadt, zwischen Burg und Ring sozusagen. Dieses Leben wird – zeitlich betrachtet – von Jahrhundert zu Jahrhundert immer reicher und erfüllter: Wie unsichtbare Jahresringe lässt die Brücke ihre Geschichte und ihre Schicksale spürbar werden und teilt sie dem Begehenden unwillkürlich mit.

Auch im Januar ist man auf der Brücke nie allein; die Prager brauchen sie, und fremde Besucher gibt es zu allen Jahreszeiten. Erst die Menschen, nicht nur die Müßiggänger und Touristen, die sich darauf aufhalten, sondern auch die, die geschäftig hinüber- und herübergehen, geben ihr einen Sinn – den Sinn, einen Übergang von Ufer zu Ufer zu bieten.

Aber »Ufer« sind nicht nur die beiden Stadthälften diesseits und jenseits der Moldau, denn jedermann, der sich auf der Brücke befindet, hat sein eigenes »Diesseits« und »Jenseits«, zwischen denen sich heute, hier auf der Brücke, ein Stückchen seines Lebensweges abspielt – wie auf einer Bühne, um dann wieder im Schatten der engen Gassen, in die man eintaucht, unsichtbar zu werden.

Jetzt, in den kurzen Tagen des Winters, zeichnet dann entweder der Frost die Umrisse der steinernen Bewohner der Brücke klar konturiert in die Luft und lässt die vielen Spitzen der Prager Türme steil in den Himmel ragen; oder eine feine dunstige Morgenstunde hüllt die Gestalten und die Türme als ein weiches wunderbares Bild in die Schleier von vielfältig abgemilderten Grautönen; oder ein warmes honigfarbenes Mittagslicht taucht alles in den Schein einer unbegreiflichen, aber seligen Verheißung. Ich höre das leise dumpfe Rauschen vom Wehr der Moldau oberhalb der Brücke und komme, herausgehoben durch ein solches Empfinden, in den feinen Ausnahmezustand, der stets die eigentliche Qualität des »Brückenerlebens« ausmacht.

Denn ich habe ja die Stadt verlassen – und »Stadt« meint hier alles, was an Leben und Gewordensein bis zu diesem Moment hinter mir liegt. Ich habe die Stadt durch das Tor eines Turmes verlassen, der mich wie ein Wächter prüft – streng und doch gewissermaßen gleichgültig. Und nun bin ich im »Freien«, der Luft und dem Wind ausgesetzt, und schreite über das breite, strömende, unheimliche Element Wasser; aber die Brücke trägt mich; sie weist mir ein Ziel; ich gehe und doch – schwebe ich. Ich schwebe über den Strom, der auch der Strom des Lebens und des Schicksals ist, der auch eine mich wegziehende Kraft ist und zugleich meinen Widerstand, mein Mich-Behaupten erwartet. Und wären sie mir nicht unbekannt und stumm, würden auch alle die Brückenfiguren – als Schicksalsbilder, als Märtyrer, als Zeugen ihrer eigenen Lebens- und Glaubenserprobung – mich bestärken und befeuern und sich anbieten, mich zu unterstützen bei meinem Weg auf mein Ziel hin; denn die Brücke gibt mir vor, ein Ziel zu haben. Wie ein Schornstein alle Luft nach oben saugt und sie dann erst wieder ins Freie, in den Himmel entlässt, so saugt und bündelt die Brücke alle Ziele, alle strebenden Willenskräfte der sie Überschreitenden für den Weg und die Weile des Übergangs in einen gemeinsa-

Mit ihrem Menschengewimmel kommt die Karlsbrücke der Vision von der Brücke in Goethes Märchen nahe.

men »Strom« und entlässt sie am anderen Ufer wieder in die Vielfalt der einzelnen Wege auf Erden.

Am Ende der Brücke ist wieder ein Tor; da beginnt wieder »Stadt«, aber nun ein »neues Jerusalem«, ein »anderes Prag«, eine Erwartung, eine Verheißung – und sei sie auch von noch so unscheinbarer Art.

Das macht man sich natürlich nicht gerade in der hier formulierten Weise bewusst; aber am Grunde der Seele schwingt ein solches archetypisches »Brückenerlebnis« bei allem mit, was man tatsächlich bei seinem Gang über die Karlsbrücke erlebt.

Das gilt in beide Richtungen: Prag ist so reich, so groß, so gegensätzlich, dass der Gang von der Kleinseite auf das »Türmewunder« von Alt- und Neustadt ebenso eine Verheißung ist wie umgekehrt, wenn man von der Altstädter Seite aus auf die Kuppeln und Türme der Kleinseite und auf den alles bekrönenden Hradschin mit dem Veitsdom zuschreitet – wie unter dem Eindruck einer Vision.

Ein solches Erleben hat in Prag nichts Exaltiertes, sondern ist ein erhöhter Daseinszustand, in den man sich bei jedem Gang hinüber und herüber leicht hineinversetzen kann. Das hängt auch mit der Weite der Wasserfläche rings um das Bauwerk herum zusammen.

Die Brücke liegt in einer weiten furtartigen Biegung der Moldau, sodass der Fluss breit und eindrucksvoll in Erscheinung treten kann – als die zentrale Wasserachse, gleichsam als der zentrale »See« Böhmens und als die Wasser-Schwelle, der Wasser-Schwall, über den die Brücke den Schwellenübertritt ermöglicht, der im Namen »Prag« immer mitschwingt. Da ist beim Übergang immer Atem und Raum und Zeit genug, um das Erlebnis keimen, wachsen und ausreifen zu lassen – da sind zudem die unvergleichlichen Bilder der beiden Stadthälften vor mir und hinter mir und die beiden himmeloffenen Flusshälften stromaufwärts und stromabwärts, sodass man sich nach jeder Himmelsrichtung hin satt sehen kann – weltoffen.

Die Brücke selbst, mit ihrem leichten Knick, ist ein fester geschmeidiger Körper – im Türmepaar an der Kleinseite und im Altstädter Brückenturm wie zu herrscherlicher Gestalt aufgerichtet. Wie das? – wo eine Brücke doch ein waagerechtes Gliederwerk ist? Aber diese Türme wirken so, als treibe das »Wesen Brücke« Gestalten mit ausgeprägten Physiognomien aus sich hervor, so wie beim Kentauren dem waagerechten Tierleib ein Menschenoberkörper entwächst – und der kann sprechen auf vielerlei Art: durch den Charakter der Form, durch den Stolz seiner Haltung, durch die Mimik seiner Züge und seines Zierrats und – beim Turm – durch den Mund seiner beredten Plastiken und Bildwerke. So *spricht* vor allem der Altstädter Brückenturm – und durch ihn redet der Schöpfer und Bauherr der Brücke, Kaiser Karl IV., zur Nachwelt, zu uns. Dieser Bauherr wollte mehr als nur einen Flussübergang von »hier« nach »drüben« schaffen. Das wollte er auch; darum legte er sie auf Erden an; doch gleichzeitig sollte sie Spiegelbild einer »himmlischen Geografie« sein. Sie lag im Zentrum und im Kreuzungspunkt aller wichtigen irdischen Wege, die sein geliebtes Böhmen von Nord nach Süd, von Ost nach West durchzogen und mit der Welt verbanden. Sie sollte aber auch die himmlischen Sternbilder widerspiegeln, die über seinem »Heiligen Römischen Reich« standen, dessen letzter Herrscher, der dieses Reich in okkultem Sinne verstand, er war. Wir wollen – hier ist es angebracht – einen kurzen Blick auf die außergewöhnliche Person dieses Herrschers werfen.

Barockes Erlösungstheater: Der Heilige Vinzenz (links) erweckt einen Toten zum Leben; der Heilige Prokop hält mit seinem Bischofsstab den Satan nieder. Plastik des Bildhauers Brokoff von 1712.

Kaiser Karl iv. (1316–1378) war – schon von seiner Abstammung her – eine universelle Gestalt: mütterlicherseits ein Spross des alten böhmisch-slawischen Przemysliden-Geschlechts und auf den Namen Wenzel (Vaclav) getauft, väterlicherseits dem fränkisch-westdeutschen Geschlecht der Luxemburger entstammend, aufgewachsen und gebildet in Frankreich, in Paris, erzogen von Pierre Roger, dem späteren Papst Clemens vi.. Mit 18 Jahren kehrte er in seine Geburtsstadt Prag zurück, zunächst als Statthalter des Königs, seines Vaters Johann. Von diesem Augenblick an begann ein zäher, aber auch erfolgreicher Aufstieg als Herrscher. Als Kaiser nimmt er den programmatischen Namen Karl (der Vierte) an. Das Reich bekam unter ihm mit der Verfassung der »Goldenen Bulle« (1356) seine endgültige, allerdings schnell erstarrende Form. Als er nach 35 Jahren 1378 starb, war Böhmen ein reiches mächtiges wohlorganisiertes Königreich und Prag eine der Metropolen Europas, die neben Paris und Florenz bestehen konnte.

Was war dieser Vaclav-Karl für ein Mensch? Wir folgen der Charakteristik Rudolph Wahls: »Klein, schwarzhaarig, die großen dunklen Augen über der fleischigen Nase listig-lauernd, der Rücken gekrümmt, nur selten in ritterliche, fast immer in böhmische Tracht gekleidet, hatte seine Erscheinung nichts Königliches an sich. Er hat sogar bewusst auf jedes Gepränge verzichtet. Nicht die geringste Herrscherallüre ist von ihm bekannt. Selbst bei hochpolitischen Gesprächen saß er, in scheinbarer Geistesabwesenheit gelangweilt an einem Holze schnitzend, abseits, um dann aber im rechten Augenblick überraschend scharfsinnige Fragen zu stellen und Entscheidungen zu treffen.

Er war hochgebildet, sprach alle abendländischen Sprachen, ein Meister in scholastischer, an der Pariser Sorbonne erlernter Wissenschaft. Er hat sich auch als Schriftsteller betätigt, eine Beschreibung seiner Jugendzeit verfasst und die Legende von Böhmens Nationalheiligem, dem ersten Przemysliden Wenzel, ausgestaltet. In seinem geliebten Prag schuf er sich eine glänzende Residenz; bald überschattete sie das im Zuge der Kriege mit England schon verblassende Paris. Sie wuchs zum Mittelpunkt des Abendlandes auf, als er hier nach dem Vorbild der Sorbonne – 1348 – die erste deutsche Universität gründete.

Obwohl dem aus Italien aufkommenden ›humanistischen‹, das hieß ›allgemeinmenschlichen‹ Geiste zugetan, hat er ein inneres Widerstreben dagegen nicht überwinden können. Cola di Rienzi, der gescheiterte Volkstribun, fand in Prag Asyl; mit Petrarca, dem italienischen Dichterkönig, stand er in freundschaftlichem Einvernehmen. Die humanistische Kanzleisprache verdrängte sogar die altüberlieferte scholastische in Prag, kurzum, dem neuen Geist der aufkommenden Renaissance standen Tür und Tor des Hradschin offen. Karl selbst aber blieb dem Scholastischen treu.

Er verfasste eine Sammlung von Predigten, die von seiner [scheinbar, Anm. d. Verf.] streng kirchlichen Frömmigkeit zeugen. Sie steht in merkwürdigem Gegensatz zu seinem oft an Zynismus grenzenden Tatsachensinn. Aber dieses Gegeneinander fügt sich in den Geist seines vierzehnten Jahrhunderts, sie hat die Mystik Meister Ekkeharts und die ›Stillen im Lande‹ hervorgebracht, auf der anderen Seite die reale Macht der ›Dudeschen Hanse‹ und des Deutschen Ritterordens. Mystik und Erwerbssinn haben nebeneinander bestehen können.«[15]

So erweist sich Karl als eine janusköpfige Gestalt an einer Zeitenwende, die man als den Umschwung vom römisch durchtränkten mittelalterlichen »Zeitalter

[15] *Rudolph Wahl, »Karl IV. – Kaiser und Könige«, in »Merian Prag« 12/XIV/1961, S. 3.*

Der »Ur-St. Nepomuk« nach einer Skizze des Wiener Bildhauers Matthias Rauchmüller, modelliert von Brokoff; durch den Nürnberger Bronzegießer Hieronymus Heroldt gegossen und 1683 aufgestellt.

Der Altstädter Brückenturm, erbaut von 1357-1391, ist das Haupt und die Stirn der gesamten Karlsbrücke – ihr Sinn spricht sich programmatisch durch seine Plastiken aus.

der Verstandes- und Gemütsseele« zum nüchternen und individuelleren neuzeitlichen »Zeitalter der Bewusstseinsseele« charakterisieren könnte.

Doch zurück zum Bauen: nach Prag, zur Brücke! Seine Haupt- und Heimatstadt ließ Karl IV. glanzvoll ausbauen, nicht nur als Zentrum Böhmens und seines mitteleuropäischen Reiches, das Prag ja in geografischer Beziehung ohnehin war, sondern auch mit dem Anspruch, es zum spirituellen Herzen des Abendlandes zu machen.

Unter den zahlreichen Bauvorhaben seiner Regierungszeit – der Gründung der Prager Neustadt, dem Bau unzähliger Kirchen, Klöster und Bürgerbauten – ragen nämlich vier Projekte als geistig und symbolisch bedeutendste hervor: der Ausbau des Veitsdoms auf dem Hradschin als *geistlich*-spirituelles Zentrum, mit der von Edelsteinen ausgekleideten Wenzelskapelle als Herz; die Burg Karlstein, von ihm als eine Art böhmischer Gralsburg geplant, als *geistig*-spirituelles Zentrum seiner Herrschaft, das sowohl den Schatz der Reichskleinodien wie auch als Herz die ebenfalls edelsteinverkleidete Meditationskapelle Karls enthielt; als Drittes die Universität als *intellektuell*-spirituelles Zentrum der Wissenschaften in seinem böhmischen Kernreich und schließlich die Brücke als Grundlage für das Aufblühen von Handel und Wandel, aber auch als Kernstück jener anfangs erwähnten »Via sacra«, durch die aller irdische Wandel sinnbildlich und kultisch zum himmlisch-kosmischen Ordnungsgefüge der Welt in ein Verhältnis gebracht wird. Wie zeigt sich diese doppelte Aufgabe im Bau und in der Geschichte der Brücke?

516 Meter lang führt die Karlsbrücke über die hier etwa 330 Meter breite Moldau (zum Vergleich: in Dresden ist die Elbe ca. 200 Meter, in Magdeburg gar nur 180 Meter breit). Sie schwingt – wie erwähnt – in einer leichten Krümmung über den Fluss; diese Führung folgt dem Verlauf ihrer Vorgängerin, der Judith-Brücke aus dem 12. Jahrhunderts, die 1342 bei einem starken Eisgang eingestürzt war.

Dieses Unglück war für die nachfolgenden Geschlechter insofern ein Glück, als es die Stadt gerade während der Regentschaft ihres bedeutendsten Herrschers traf. Karl IV. nahm den Einsturz zum Anlass, einen für damalige Verhältnisse großartigen Neubau zu planen, dessen Ausführung seine Lebenszeit weit überstieg: Erst unter seinem Sohn Wenzel wurde 1391 der Altstädter Brückenturm vollendet. Mit der Planung und dem Bau beauftragte Karl den jungen, in Frankreich ausgebildeten Peter Parler aus der berühmten Baumeister-Sippe aus Schwäbisch Gmünd. Meister Peter war, als er den Auftrag übernahm, erst 27 Jahre alt. 47 Jahre lang stand dieser geniale Künstler und Bildhauer dem Bauwesen Prags vor, das durch seine Hand und seinen Geist eine wesentliche Prägung erfuhr – und nicht nur Prag, sondern sein ganzes Zeitalter. Wer weiß denn heute noch, dass unser Wort »Polier«, das den leitenden Baumeister vor Ort bezeichnet, sich aus dem Namen Parler herleitet?

Viele Anekdoten und legendenhafte Erzählungen ranken sich um den Bau der Brücke. Fast ein halbes Jahrhundert dauerte es bis zu ihrer endgültigen Vollendung. Seitdem spannt sie sich zwischen dem Altstädter und den beiden ungleichen Kleinseitner Brückentürmen mehr als einen halben Kilometer weit – über 16 Bögen – hoch und breit über den Fluss. Vier Pferdegespanne sollten nebeneinander darauf Platz haben. Das war – für mittelalterliche Verhältnisse – ungewöhnlich großzügig. Natürlich war die Brücke vor allem zur Förderung von Böhmens Handel und Verkehr bestimmt, doch konnte sie das nur durch den Segen himmlischer Mächte und als Sinn- und Spiegelbild jener himmlischen Verhältnisse bewirken, in die – wie wir sahen – KARL sein Reich als irdisches Abbild einfügen wollte.

Das lässt sich aus der besonderen Beachtung ablesen, die der Kaiser bei der Grundsteinlegung des Altstädter Brückenturmes den himmlischen Konstellationen beimaß. Es war im Jahr 1357, am 9. Juli um 5 Uhr 31 des Morgens: Denn Datum und Uhrzeit des Rituals sollten sich in der Geschichte nie wiederholen: 1 – 3 – 5 – 7 – 9 – 7 – 5 – 3 – 1. Das ist eine Reihe auf- und absteigender ungerader, als »Glück verheißend« geltender Zahlen. An diesem Tage trat eine wichtige Konjunktion der Sonne mit dem Saturn ein, bei der dessen ungünstiger Einfluss von der Leben spendenden Sonne besiegt wurde. Auch alle anderen Planeten standen, der Überlieferung nach, sichtbar am Himmel.

Ein besonderes lichtmystisches Geheimnis verbindet sich mit dem Altstädter Brückenturm: Seine Lage und damit die des östlichen Brückenendes wurde gegenüber der Vorgängerbrücke, deren Gründungen sonst benutzt wurden, so weit verschoben, dass am Tage der Sommersonnenwende (nach dem damaligen Julianischen Kalender war das am 13./14. Juni, gefolgt vom Veitstag am 15. Juni) vom Altstädter Brückenturm aus gesehen die Sonne gerade hinter dem Presbyterium des St. Veitsdoms unterging. Dort waren die Gebeine des heiligen VEIT, des Nationalheiligen Böhmens, beigesetzt. KARL IV. hatte sie gerade zuvor im Jahre 1355 zur Gänze erworben und als sein Palladium nach Prag überführen lassen. So wurde von KARL und seinem Baumeister PETER PARLER da ein sakrales Licht-Ereignis inauguriert, das denen vorzeitlicher Sonnenheiligtümer ebenbürtig ist.

Von ähnlichen Geheimnissen und kosmischen Bezügen kündet auch das Bildprogramm des Altstädter Brückenturms, über das man eine eigene Abhandlung schreiben müsste. Nur so viel sei angedeutet: In Aufbau und Schmuck der Geschosse finden wir von unten nach oben zunächst die Erdensphäre, den Durchgang für die Menschen; darüber die Mondensphäre, den Spitzbogen, mit je vierzehn Krabben zu beiden Seiten, die 28 Tage des Mondenumlaufs symbolisierend. Sie überhöhen die Sonnensphäre im Zeichen der Ekliptikbögen. Da thront im Giebel als zentrale Gestalt der heilige VEIT auf der stilisierten Brücke, zu seinen Seiten sitzend KARL IV., der Vater und Gründer, und WENZEL IV., der Sohn und Vollender von Brücke und Turm. Das Geschehen darüber symbolisiert in vielen, oft zahlenmystischen Bezügen die Sternensphäre. Von da aus blicken die Statuen der beiden böhmischen Landespatrone, der heilige ADALBERT und der heilige SIGISMUND, herab.

KARLS Werk hatte Bestand. Überschwemmungen und Kriege beschädigten die Brücke immer wieder – am stärksten das große Hochwasser von 1890 –, aber nie wurde sie im Ganzen zerstört. Sie trotzte sogar der katastrophalen Moldauflut vom August 2002. Freilich veränderte sie vom Mittelalter bis heute ihr Aussehen. Ihr Bild, so wie wir es heute kennen mit den dreißig Figuren der Brückenheiligen, entstammt der Barockzeit: 1648, im letzten Jahre des Dreißigjährigen Krieges, der durch den Prager Fenstersturz ausgelöst worden war, eroberten die Schweden die Kleinseite und den Hradschin; verzweifelt, aber erfolgreich verteidigten die Prager – vor allem die Studenten – auf der Karlsbrücke ihre Stadt. Die brückenseitigen Plastiken des Altstädter Brückenturmes wurden dabei zerstört.

Unter WENZEL hatte sich im Jahre 1393 der legendäre Brückensturz des Generalvikars JOHANN VON POMUK ereignet; angeblich wurde er von den Leuten des

Das Bild zeigt das »Herzstück« des Bildprogramms am Altstädter Brückenturm (Seite 192). Zu sehen ist der heilige Veit – auf der Brücke – zwischen den beiden ihm huldigenden Königen Karl IV. und Wenzel IV.

Königs hinabgestürzt, um die Spuren der Folter zu vertuschen, mit der ihm sein Beichtgeheimnis abgezwungen werden sollte. Erst mehr als 300 Jahre später wurde er als St. Nepomuk heilig gesprochen. Da war aber seine Verehrung schon längst im Schwange. Bereits 1683 wurde nach einer Skizze des Wiener Bildhauers Rauchmüller von F.M. Brokoff die älteste Figur des Nepomuk geschaffen. Der Nürnberger Glockengießer Wolfgang Hieronymus Heroldt hat sie dann in Bronze gegossen. Sie war das früheste Bildwerk auf der Brücke und wurde zum Urbild all der unzähligen »Nepomuken« auf fast allen »Brucken« des katholischen Europa.

Zwischen 1706 und 1714 wurden auf der gotischen Brücke weitere 26 barocke Standbilder aufgestellt, zwei weitere im 19. Jahrhundert und zuletzt 1938 eine Gruppe mit Kyrill und Method, den »Slavenaposteln«. So wurde die strenge gotische Brücke zur Bühne für ein barockes, aus dem Geist der Gegenreformation geborenes frommes Welttheater, während die Bedeutung der okkulten Symbolik des Altstädter Brückenturms in Vergessenheit geriet. Das Vorbild auch für Prag – wir erwähnten es schon bei der alten Mainbrücke in Würzburg – waren die Figuren Berninis und seiner Schüler auf der Engelsbrücke in Rom; auch diese, als »Pons Aelius« eine der altehrwürdigen antiken Brücken Roms, erhielt dadurch einen neuen anderen Charakter.

Mittlerweile sind die Skulpturen in Prag schwärzlich-grau und wirken wie zurückgewachsen ins dunkle Mittelalter und durch ihre Patina wie verschmolzen mit dem Baukörper der Brücke.

Heute dient die Karlsbrücke einem müßig-geschäftigen Menschengewimmel als Bühne. Doch sollte man dieses, an manchen Sommertagen kaum erträgliche Gewühl nicht gering schätzen. Denn es sind Menschen. Es sind nicht Autos oder Fahrräder, nicht Verkehrsmittel oder irgendwelche lebenden Funktionsträger, sondern Menschen, die – wenn auch dumpf oder eitel – gerade diese Brücke zur Stätte ihres Wandelns gemacht haben – und so schimmert doch etwas von der urbildlichen Brücke in Goethes Märchen hindurch, die durch ein Opfer – das Opfer der Schlange – begründet worden war.

»›Gedenke der Schlange in Ehren‹, sagte der Mann mit der Lampe [zum neuen König], ›du bist ihr das Leben, deine Völker sind ihr die Brücke schuldig, wodurch diese nachbarlichen Ufer erst zu Ländern belebt und verbunden werden …‹« Am Schlusse des Märchens heißt es: »Das Volk lief noch eine Zeit lang hin und wider, drängte und zerriss sich auch noch, da keine Goldstücke mehr herabfielen [aber so manches Goldstück mag gerade heutzutage auf der Brücke seinen Besitzer wechseln!]. Endlich verlief es sich allmählich, zog seiner Straße, und bis auf den heutigen Tag wimmelt die Brücke von Wanderern, und der Tempel ist der besuchteste auf der ganzen Erde.«[16]

Die Frage nach dem Tempel wollen wir hier offen lassen, aber dass Prag als Ganzes inzwischen zu den meist besuchten Stätten kunst-, schau- und erlebnishungriger Menschen gehört, ist offenbar. Im letzten Jahrhundert ist es darin Florenz an die Seite getreten, das mit seinem »Ponte Vecchio« ein ähnliches Bauwerk mit einem vergleichbaren Menschengewimmel hat. Rom mit der Engelsbrücke, Paris mit seinen vielen Brücken, Amsterdam mit deren noch viel mehr, St. Petersburg im Nordosten nicht zu vergessen! – mit ihnen zusammen gehört Prag mit seiner Karlsbrücke zu den Sternen erster Größe im glänzenden Sternbild der Metropolen Europas.

[16] *J. W. von Goethe, »Das Märchen«, Reihe: Denken – Schauen – Sinnen, Verlag Freies Geistesleben, Stuttgart 1961, S. 49, S. 53/54.*

MODERNE BRÜCKEN – VOM WÖLBEN IN STEIN ZUM SCHEINBAR SCHWERELOSEN SCHWINGEN

Die Schlossbrücke in Berlin

Die Brücken Berlins sind ein eigenes Buch wert. Ein kompetenter Kenner der Stadt muss es schreiben. Natürlich gibt es ein solches Buch längst. Von der legendären Glienicker Brücke bei Potsdam im Westen Berlins über das Form- und Konstruktionsexperiment der neuen Kronzprinzenbrücke in der Mitte – im neuen Regierungsviertel – des Spaniers Calatrava bis zum romantischen Historismus der Oberbaumbrücke im Osten gibt es da viel zu entdecken.

Nur ein Beispiel der zahlreichen Brücken dieser großen Stadt mit ihren vielen Wasserläufen sei hier betrachtet: die *Schlossbrücke* im historischen Zentrum Berlins. Sie ist als Bauwerk nicht sehr bedeutend und groß; bedeutend aber als »Ort« im Gefüge der Stadt, als Schnittstelle wichtiger stadträumlicher und historischer Linien. Wo also »orten« wir sie? In Berlins »leerer Mitte«, wie das Gelände des einstigen Zentrums nach der Wiedervereinigung oft apostrophiert wird, nachdem es seiner Funktion als Regierungssitz verlustig gegangen ist. Verloren steht – noch? – der »Palast der Republik« auf der östlichen Seite der Spreeinsel; auf der westlichen, wo einst das Berliner Stadtschloss stand, dessen Ruine die SED zugunsten ihres Aufmarschplatzes abreißen ließ, »gähnt« jetzt eine große »Brache«, die nur dann erfüllt ist, wenn dort eine Kirmes oder der Weihnachtsmarkt stattfindet.

Am anderen Ufer erhob sich der überproportionierte Gebäuderiegel des DDR-Außenministeriums, das inzwischen abgebrochen wurde; Schinkels mutwillig zerstörte Bauakademie soll dort wieder erstehen. Da das namen- und bezuggebende Schloss fehlte, war die Brücke in DDR-Zeiten ebenso wie der große Aufmarschplatz nach Marx und Engels benannt. Sie überspannt den Kupfergraben, den westlichen Spreearm, der die Insel umfasst, auf der einst Cölln als eine Urzelle der mittelalterlichen Doppelstadt entstand.

Als »Ort« ist diese Brücke einzigartig und markant, doch schwer zu erfassen: denn sie ist heute nur Durchgang, Übergang, Teil einer »Flucht«, die sich nach Westen hin zwischen dem Zeughaus und dem Kronprinzenpalais fortsetzt, sich dann verbreitert und als die Berliner Prachtstraße »Unter den Linden« auf das Brandenburger Tor zuführt. Das ist ungefähr anderthalb Kilometer entfernt. In umgekehrter Richtung erblickte man früher von den »Linden« aus, schon jenseits der Brücke, das Schloss, das sich, leicht diagonal gedreht, in die Achse der Straße und damit in den Blick hineinschob, so wie man es in der maßstabsgerechten Simulation durch bemalte Stoffbahnen vor einigen Jahren sehen konnte.

Die Brücke mit ihren acht hellen, frisch gereinigten, pathetisch bewegten Skulptu-ren-Gruppen auf hohen weißen Sockeln bildete das »Entree« in den innersten Bezirk der Stadt. Die Friedrichsstadt – westlich davon – umschließt das ganze Ensemble des »Forum Fridericianum« und der klassizistischen Bauten, die vor allem den architektonischen Ruhm Berlins ausmachen; östlich davon, auf der Insel, zieht der die Brücke verlängernde Straßenzug zwischen eigentlich unvereinbaren »Bau-Solitären« hindurch: Es sind Schinkels Altes Museum mit dem ihm vorgelagerten Lustgarten, anschließend der Dom auf der nördlichen, gegenüber auf der südlichen Seite der »Palast der Republik«; dann überquert der Straßenzug die Spree und führt an Marienkirche und Fernsehturm vorbei zum Alexanderplatz, dem alten östlichen Zentrum der Weltstadt Berlin.

Die Schlossbrücke ist der heroische Versuch, dieser »Flucht« der Straßen und ihrer architektonischen Ziel- und Fernpunkte eine Zäsur, einen Akzent, wenn schon keinen Halt, entgegenzusetzen. In drei flachen Bögen aus massivem Quader-Mauerwerk über zwei Flusspfeilern mit halbzylindrischen Vorlagen wurde die Brücke 1821 bis 1824 nach einem Entwurf von Karl Friedrich Schinkel erbaut. Als Bauwerk ist sie mit ihren niedrigen flachen Bögen, ihren kleinteiligen Formen und den kunstvollen gusseisernen Gittern harmonisch und – unauffällig. Sie trumpft nicht gegen die benachbarten Bauten auf.

Renovierter Klassizismus und rekonstruierter Historismus prägen neben dem unseligen »Palast der Republik« heute das Zentrum Berlins – die Spreeinsel.

Die Brückenfiguren bilden eine »Apotheose der Befreiungskriege«, nach denen Berlin so zu Spree-Athen« wurde wie seinerzeit Athen nach den Perserkriegen zu seiner Blüte kam. Doch beides ist schon lange her.

Schinkel hat ihr aber die Rolle eines Erinnerungsmals an die Befreiungskriege zugedacht; von ihm so konzipiert, aber erst zwischen 1842 und 1857 von verschiedenen Bildhauern ausgeführt, kamen die acht »antikisierenden« Gruppen von Siegesgöttinnen und Kriegern zur Aufstellung. Zeigt die Brücke selbst das horizontale »Fließen« der Straße über den Fluss, so betonen die hohen, weißen Sockel die Vertikale und heben die überlebensgroßen Marmorgruppen hoch über Straße und Fluss – und auf einmal sieht man: sie korrespondieren – etwas vorlaut und selbstherrlich zwar – mit den barocken Figuren und Trophäengruppen auf dem Gesims des nahen Zeughauses; auf dem anderen Ufer, über die Bäume des Lustgartens hinweg, korrespondieren dazu die Eckgruppen der Rossebändiger auf Schinkels Altem Museum. Blickt man, darauf aufmerksam geworden, vom westlichen Ufer über die Brücke zum Dom, so treten die Statuen-Gruppen ebenfalls mit den bewegten Kuppeln und dem plastischen Schmuck des Domes in ein Wechselspiel der Formen, als ob die flache Brücke sich in ihren Formen aufrecken wollte, um zu sagen: Hier bin ich; und ich spreche durch meine Formen und Figuren mit!

Nur nach Südosten hin geht das Pathos der Figuren heute antwortlos ins Leere; und die Fassade des »Palastes der Republik« steht fremd und beziehungslos in der nahen Ferne. Einst war das nicht so; da korrespondierten der Brücke auf den Balustraden der beiden nördlichen und des imposanten westlichen Portals des Schlosses auch wieder zahlreiche Statuen.

Die Brücke lag also im Zentrum eines vielfältigen, sinnlich greifbaren städtebaulichen Raumes, in dem ihre Formen und Figuren nachbarschaftliche Beziehungen hatten und ein Echo fanden. Heute ist die Brücke eher ein abstrakter, imaginärer Ort historischer und stadtgeografischer Linien, und ihre Figuren wirken seltsam fremd und aufgesetzt.

Bild und Ort der Schlossbrücke spiegeln so recht das Schicksal der Zerrissenheit Berlins. Blickt man vom Zeughausufer aus über die Brücke nach Südosten, erscheint wie von Asien her zurückgespiegelt die moderne Unwirtlichkeit einer gestürzten Metropole; in umgekehrter Richtung schaut man vom großen Aufmarschplatz aus über die Brücke aufs Zeughaus, spiegelt sich wie von Paris und Wien her in barockem und klassizistischem Gewande das alte vertraute Europa in der Spree; Paris, Wien und Rom gegenüber zwar ein bisschen provinzieller, aber dafür idealistisch hochgemut, so wie Schinkel in seinen Bauten Berlin als »Athen an der Spree« verkörperte. So war einmal Berlin in seiner hochgestimmtesten Epoche – was aber wird nun aus Berlin noch werden? An diesem Orte, von dieser Brücke aus wird es sich zeigen!

Der »Kabelsteg« über die Isar in München

Eigentlich ist die Isar als Gebirgsfluss ein brückenfeindliches Gewässer. Und doch ist München mit seinen 22 Isarbrücken zu einer richtigen »Brückenstadt« geworden. Aber das geschah erst spät – gegen Ende des 19. Jahrhunderts –, obwohl doch München sein Aufblühen und seine Bedeutung gerade seinem Isarübergang verdankt.

Heinrich der Löwe ließ 1156/58 die erste Brücke über den Fluss schlagen; doch immer wieder riss die wilde Isar die hölzernen Konstruktionen weg. Erst in der Mitte des 18. Jahrhunderts wurde eine feste steinerne Brücke errichtet. Diese wurde am 13. September 1813 vom Hochwasser zerstört; sie riss damals 102 Menschen mit in die Tiefe. Kein Geringerer als Leo von Klenze errichtete von 1823 bis 1828 eine neue Brücke – die Ludwigsbrücke. Sie wurde seitdem immer wieder umgebaut und verbreitert und ist bis heute der zentrale Flussübergang Münchens, aber als solcher in der Flucht der breiten Straßenanlage kaum kenntlich. Sie quert die Insel, auf der flussauf das Deutsche Museum mit seinem Turm alle Aufmerksamkeit auf sich zieht; flussab liegt ein kleiner Park, in dem sich kurioserweise – von der Isar umschlungen – der »Vater-Rhein-Brunnen« erhebt.

Geht man auf der Insel weiter flussabwärts, kommt man zum großen Isarwehr, über das der Weg hinüber zur Praterinsel führt. Über den vom linken zum rechten Isararm breit hinabstürzenden Wassern, die zwischen den Inseln eine seeartige Breite bilden, sieht man nun rechter Hand voraus den Kabelsteg.

Er schwingt in zwei flachen eleganten Bögen von der ganz in Baumgrün gehüllten Praterinsel zum ebenfalls dicht bewachsenen östlichen Hochufer hinüber. Es handelt sich um einen nur vier Meter breiten Fußgängersteg, dessen beide Bögen zusammen aber eine Spannweite von über 70 Meter haben. Seine Hauptfunktion war es, Kabel zu den Muffatwerken zu führen; daher der prosaische Name.

Doch gerade dieser bescheidene Steg scheint mir die schönste der Münchener Isarbrücken zu sein, deren wichtigste alle um die Jahrhundertwende zum 20. Jahrhundert erbaut wurden. Ob Wittelsbacher-, Maximilians- oder Prinzregentenbrücke – alle wurden sie monumental als aufwändige Denkmäler königlich-bayrischer Größe errichtet, vor allem die Maximiliansbrücke mit der fast sechs Meter hohen Figur der Pallas Athene.

Wohltuend schmucklos und schlicht hebt sich davon der 1898 erbaute Kabelsteg ab, der doch gleichwohl seine Herkunft aus dem Jugendstil nicht verbergen kann.

Seine beiden flachen elliptischen Bögen – hell verputzt – runden sich steil zum Ufer und zu dem schmalen Mittelpfeiler hin. Über dem rund vorgewölbten »Eisbrecher« des Pfeilers befindet sich eine Entlastungsöffnung in Form einer liegenden, etwas gedrückten Ellipse. Darüber erheben sich zwei Steinpfeiler, die eiserne Laternen tragen, welche die Mitte der Brücke akzentuieren. Ein filigranes schmiedeeisernes Geländer lässt die dünne schlanke Gestalt der Brücke noch schmaler und spannungsvoller hervortreten: wie ein mit ausgebreiteten Schwingen flach über dem Wasser gleitender Seevogel scheint sie dem Betrachter entgegenzuschweben, wie über einen aufgewühlten See.

Dieser Eindruck verstärkt sich vor allem bei Hochwasser, wenn die Gewässer wild gischtend vom Wehr her der Brücke entgegenstürzen. Keine andere Brücke Münchens zeigt eine solche Eleganz und bringt so vollkommen ins Bild, dass der Gegensatz von roh-elementarer Wassernatur und der Leichtigkeit ihrer Überwindung etwas mit Geist zu tun hat – und nur im Kunstwerk sichtbar werden kann. Denn der Kabelsteg ist Münchens schönstes Brückenkunstwerk, trotz der hohen Reiterstatue des Otto von Wittelsbach, trotz des Friedensengels und der Pallas Athene, die sich München bescheidenerweise als Patrone seiner wichtigen Brücken gewählt hat.

München hat prächtigere Brücken, aber der schönsten eine ist der Kabelsteg.

Elbbrücken in Dresden: die Augustusbrücke und das »Blaue Wunder«

Denkt man an Dresden im Zusammenhang mit Brücken, steht einem sofort Canalettos (Bernardo Bellottos) berühmtes Bild »Ansicht Dresdens vom rechten Elbufer aus« vor Augen. Prächtiger ist kaum je eine deutsche Brücke gemalt worden. Der Mythos der Dresdener Elbfront beginnt eigentlich erst mit diesem Bild. Es wurde 1748 gemalt und hat sich tief in die Seelen der Menschen eingeprägt; so ist es letzten Endes zu einem der Motive für den Wiederaufbau der Frauenkirche als der Krone der Dresdener Elbansicht geworden. Gleichsam kanonisch stellt dieses Bild ihre Kuppel über Brücke und Stadt dar. Ihre Zerstörung, ihr Fehlen ist dauernder Schmerz, und wenn sie sich wieder stolz in den Dresdener Himmel hebt, wird sie doch immer zugleich auch Sinnbild all des Zerstörten und unwiederbringlich Verlorenen sein.

Wie aber steht es mit der Brücke? Gilt ihr weniger Aufmerksamkeit? Gehört sie doch ebenso zu dem berühmten Bild. Aber sie ist ja da! Kaum einer gibt sich Rechenschaft darüber, dass es eine neue, ganz andere Brücke als die auf dem Bild ist, die heute die Elbe überspannt. Ort und Art ist die alte geblieben, sonst hat sich

Das Schiff im Vordergrund zeigt an, warum die jetzige Augustusbrücke nicht mehr die des Canalettobildes ist: Sie musste 1910 einer neuen weichen, die auch von großen Schiffen passiert werden kann.

alles geändert: Die Bögen sind vergrößert und weiter gespannt (es sind nun acht statt sechzehn Bögen), die Proportionen sind schlanker und eleganter geworden, die Form der Pfeiler und der zahnfriesartigen Trägerkonsolen für die Brüstung sind zwar vergrößert, aber geblieben. Es ist eine schöne neue Brücke, die man zwischen 1907 und 1910 anstelle der alten gebaut hat; denn diese behinderte den Schiffsverkehr zu sehr.

Ihre erste Vorgängerin war bereits in der ersten Hälfte des 13. Jahrhunderts von einer italienischen Bauhütte errichtet worden. Sie gehörte als »pia causa« (als »frommes Werk«) gemeinsam mit der Kirche St. Nikolaus (der späteren Kreuzkirche) zu einer Stiftung, die die Mittel für den Unterhalt oder die Reparaturen aufgrund der häufigen Beschädigungen durch Hochwasser, Eisgang und nicht zuletzt durch Kriegszerstörungen aufbrachte.

Dresdens berühmter Barockbaumeister DANIEL PÖPPELMANN baute die Brücke zu der von CANALETTO her bekannten Form um und verbreiterte sie geschickt auf elf Meter, indem er rechts und links neue Gehwege auf auskragenden Doppelkonsolen anfügte. Die sind nun zum Kennzeichen der Kontinuität dieser Dresdener Hauptbrücke geworden. Sie führt heute direkt auf das Schloss und die Hofkirche zu, damit bekräftigend, dass Dresden vor allem Residenz und erst in zweiter Linie

Zunächst ein Fremdkörper, gehört das »Blaue Wunder« nun als integraler Bestandteil zur Dresdner Brückenlandschaft

Der Pfeiler atmet noch den Geist des Historismus, das Tragwerk schwelgt schon in »Eisen-Seligkeit« – vier Jahre nach dem Bau des Eiffelturms (1887-89) errichtet.

Handels- und Bürgerstadt war. Das ist nicht immer so gewesen. Als alter Handelsweg führte die Brückenstraße ursprünglich geradewegs auf den Marktplatz; später hat man bei einer der Erweiterungen des Residenzschlosses die Straße erst durch ein Tor überbaut und dann für den öffentlichen Verkehr geschlossen.

Umso offener sind die anderen Richtungen:. Von der Brücke schweift der Blick elbabwärts, vor allem aber elbaufwärts über die wunderbare breite Wiesenaue, die das eigentliche Wohltätige und Großartige der Dresdener Elblandschaft ist. Himmel und Weite werden dadurch in die Stadt hereingeholt.

Es folgen elbaufwärts die Carola- und die Albertbrücke, auch sie vergleichsweise noble Bauwerke; danach kommt einige Kilometer lang keine Brücke mehr; die Elbe ist ganz bei sich und ihren Wiesen; dann treten rechtselbisch die Berghänge näher an den Fluss – da liegen die drei bekannten »Elbschlösser« des 19. Jahrhunderts; linkselbisch dehnen sich die einst vornehmen Villenstraßen zwischen der Innenstadt und Blasewitz, und erst zwischen Blasewitz und Loschwitz überspannt wieder eine Brücke die Elbe. Gerade sie ist der Betrachtung wert!

»Da kannst du dein blaues Wunder erleben!« – wer hat diese Redensart nicht schon oft gehört oder selber gebraucht? – und hat dabei wahrscheinlich nicht gewusst, dass es ein »Blaues Wunder« wirklich und zum Anfassen gibt: Es ist die

Verwirrendes Gestänge, aber alles sinnvoll und notwendig.

Elbbrücke zwischen Loschwitz und Blasewitz. Wenn man der Anekdote Glauben schenken darf, dann kam die Brücke zu ihrem Beinamen »Blaues Wunder« auf folgende Weise: Sie war, wie sich das für neue Brücken gehört, zunächst hellgrün gestrichen worden, doch siehe da, die Farbe war so beschaffen, dass sie sich an Luft und Licht schnellstens zum Hellblau verfärbte. Diese unerwartete Verwandlung kommentierte der Dresdener Volkswitz als das »Blaue Wunder«.

So ist diese Brücke zu ihren »Lebzeiten« schon ins mythische Reich des Blauen erhoben worden, in dem der »Blaue Reiter«, die »Blaue Blume« der Romantik und manche andere blaue deutsche Innerlichkeit leben. »Zu Lebzeiten«, erst 1993 ist sie hundert Jahre alt geworden; seinerzeit war sie – anders als der blaue Mythos es suggeriert – ein Wunder der Technik. Heute bewältigt sie den Verkehr und seine Lasten nur mehr mit Mühe; sie soll aber als Denkmal geschützt und erhalten werden und nur noch den Fußgängern dienen.

Was machte die Brücke 1893 zum technischen Wunder? Es ist eine Eisenträgerbrücke von nicht gerade eleganter, aber sehr markanter Form. Aufgabe war es, die – vom Gesichtspunkt der Schifffahrt her – schmale, aber für die damaligen technischen Möglichkeiten doch recht breite Elbe mit *einer* Öffnung ohne Pfeiler im Fluss zu überspannen. Dieser Aufgabe dienen die beiden gewaltigen, vielfach verstrebten Eisenträger-Dreiecke, in denen die Pylonen als Mittelsenkrechte stehen, von je zwei Bedienungshäuschen rechts und links gekrönt. Sie sitzen wie Laternen auf den Spitzen der Dreiecke. Die versteifte Trägerkonstruktion mit elastischen Federgelenken (die bei den modernen Hängebrücken durch ein Stahlseil ersetzt sind) rundet sich am Fuß der Dreiecke nur wenig und schwingt am Tiefpunkt unter die Fahrbahn hinab und zum nächsten Dreieck wieder hinauf, sodass es von den Loschwitzer Höhen wie unten vom Ufer der Elbe aus gesehen so wirkt, als griffen die beiden Dreiecke mit zueinander gewandter und ineinander gefügter Geste in der Mitte der Brücke unter die Fahrbahn, um sie leicht anzuheben, zu halten und über die Elbe zu tragen. Das Bild dieser freundlichen Geste mildert den sonst etwas »martialischen« Eindruck der Technik am Ende des 19. Jahrhunderts, als der Eiffelturm (fast gleichzeitig erbaut), eiserne Fördertürme, Lokomotiven und eiserne, später stählerne Brücken und Hallen das »eiserne Zeitalter« der Industrialisierung abschlossen. Das 20. Jahrhundert brachte dann den Beton. Das Übermaß des Bauens in Beton und in öder Rechtwinkligkeit weckt in uns wieder freundlich-nostalgische Gefühle für die alten »Ungetüme« aus Eisen.

So steht auch das »Blaue Wunder« als Denkmal einer erst hundert Jahre und doch schon unendlich lang vergangenen Zeit im »Heute«. Abgesehen von den beiden Brückenvorplätzen städtischen Charakters mit Bauten aus dem »Fin de Siècle« – oben auf der Höhe der Fahrbahn – ziehen sich unten durch die beiden »trockenen« Öffnungen die Elbwiesen unter der Brücke hindurch, hier etwas schmaler zwar als sonst und eingefasst vom geradezu dörflichen Milieu auf der Loschwitzer Seite. Da kann man unter schattigen Bäumen in den Gartenwirtschaften sitzen und sich der Elbe, der Brücke, vor allem aber seines Lebens freuen.

Die Lebensfreude der »Perioken« – der »Umwohner« – dieser Brücke war auch ein, wenn auch nicht blaues, Wunder, das sich gleich nach der »Wende«, nach den Zeiten der Bedrückung, in den jährlichen, höchst einfallsreichen »Elbhangfesten« ereignete.

Der Göltzschtal-Viadukt

Ein letzter, überaus großartiger Nachfahre der römischen Brückenbaukunst steht in Sachsen; es ist der aus dem Geiste des Pont du Gard geborene Göltzschtal-Viadukt im Vogtland. Er ist 574 Meter lang, 78 Meter hoch und trägt die Bahnlinie von Zwickau nach Plauen. Zwischen 1845 und 1851 wurde er erbaut.

Man vergegenwärtige sich die rasche, dramatische Entwicklung der Eisenbahn bis zu dieser Bauaufgabe. Am 27. Oktober 1825 wurde in Großbritannien die erste

kurze öffentliche Eisenbahnstrecke zwischen Stockton und Darlington eröffnet. Bereits zehn Jahre später, am 7. Dezember 1835 konnte die erste deutsche Bahnlinie zwischen Nürnberg und Fürth eingeweiht werden, und auch in Deutschland brach daraufhin der große Eisenbahnbau-Boom aus. Bereits zehn Jahre später projektierte man in Sachsen die Strecke von Zwickau nach Plauen. Sie erforderte die damals höchsten Brückenbauwerke der Welt. Es gab keinerlei Vorbild dafür – außer den Aquädukten der alten Römer –, und viele zweifelten überhaupt an der Möglichkeit, Druck und Dynamik eines schnell fahrenden Zuges in einem so hohen Brückenbauwerk sicher abfangen zu können.

»Der letzte Römer« unter den Viadukten und Aquädukten, möchte man sagen! Erst 1800 Jahre nach den Römern revolutionierte das Eisen den Brückenbau.

Im Januar 1845 schrieb man einen Wettbewerb aus. Viele Entwürfe wurden eingereicht, aber die Baukommission musste sich bei der Prüfung der Pläne eingestehen, dass es damals noch keine Berechnungsgrundlage für Bauform, Konstruktion und Statik gab. Man verließ sich auf Schätzungen und bewährte Erfahrungen.

Es ist das Verdienst des Vorsitzenden der Baukommission, J.A. SCHUBERT, diesen Mangel in seiner Tragweite erkannt zu haben. Keiner der Entwürfe wurde angenommen. SCHUBERT selbst machte sich daran, die mathematischen Grundlagen statischer Berechnung zu entwickeln und verfasste auf dieser Grundlage einen eigenen Entwurf. Der sah eine vierstöckige Steinbrücke mit zahlreichen Rundbögen

Aus der Ferne wirkt das Bauwerk filigran; hier sieht man jedoch, dass alle Stockwerke auf den jeweils breiteren Schultern des nächst unteren Geschosses stehen.

vor und hatte starke Ähnlichkeit mit einem antiken Aquädukt. Der Form nach also nichts Neues, an schierer Größe aber ein beispielloses Wagnis. Das Neue daran war, dass Druck und Schub und Dimensionen exakt berechnet waren.

So markiert Schuberts Tat die letzte Überhöhung der alten römischen Bogenbaukunst und gleichzeitig den Beginn der modernen wissenschaftlich-mathematischen Brückenkonstruktion. Ein Bauwerk, das »auch im übertragenen Sinne des Wortes Brücke ist: Sie verbindet baugeschichtliche Epochen.«[17]

Auch die Durchführung des Baues warf Probleme ganz neuer Dimension auf: Es gab Aufträge für 10 und für 25 Millionen Ziegel; 40 Steinbrüche für Granitquader wurden betrieben; bis zu 1 700 Arbeiter, zur Hälfte Bauhandwerker, zur anderen ungelernte Kräfte, schufteten im wahrsten Sinne des Wortes von früh bis spät. Im Winter betrug die Arbeitszeit zehneinhalb, im Sommer zwölf bis dreizehn Stunden pro Tag. 30 Arbeiter kamen während des Baues ums Leben; viele davon stürzten von den hohen Gerüsten ab, für die man 23 000 Baumstämme gebraucht hatte.

Betrachtet man heute dieses grandiose Bauwerk, über das nach neuerlicher Sicherung und Instandsetzung nun die Züge der Deutschen Bahn brausen, fällt vor allem seine feierliche Symmetrie auf. Es sind insgesamt 81 Bögen. Sie schieben sich in vier Reihen, von denen vor allem die drei oberen das sichtbare Bild bestimmen (die unterste Reihe ist von den meisten Standpunkten aus durch Bäume und Häuser verdeckt), an das Mittelstück heran, das aus zwei großen, übereinander liegenden Bögen besteht, denen rechts und links, jeweils in der Höhe der übrigen Etagen, schmalere Bögen zwischen etwas betonteren, kräftigeren Pfeilern beigesellt sind, sodass inmitten der gleichförmigen Bogenreihen ein monumentales Torbauwerk steht. Dadurch, dass die beiden obersten der schmaleren Seitenbögen etwas niedriger sind als die anderen und somit eine wuchtigere Auflage tragen, wird dessen blockhafte Geschlossenheit noch betont – eine wahrhaft klassische Formidee!

Die unteren drei Reihen sind durch flachere Kreissegment-Bögen geschlossen, nur die oberste Reihe stellt die rhythmische Silhouette schöner Halbkreisbögen vor den Himmel, den man ja vornehmlich durch diese oberste Reihe erblickt. Durchlaufende Gesimse betonen das waagerechte »Fließen« der Bogenreihen von Talseite zu Talseite, ein Fließen, das beim ersten und dritten Gesims durch die hohen Mittelöffnungen unterbrochen wird.

Lässt man die Gesamtgestalt auf sich wirken, kann man kaum glauben, dass diese Form sich scheinbar einem bloßen Zufall verdankt. In Wirklichkeit ist es die geniale Lösung eines aufgetretenen Problems. Bei der Gründung der Pfeiler nämlich versuchte man, auf festen Fels hinabzukommen. Im Talgrund aber stieß man auf eine starke Alaunschiefer-Schicht, die sich nach wenigen Tagen durch die Berührung mit Luft und Wasser in eine weiche tonige Masse verwandelte, in der man keinen Pfeiler gründen konnte. Der ursprüngliche Entwurf sah nämlich ganz gleichförmig durchlaufende Bogenreihen vor. Was tun? Der bauleitende Oberingenieur WILKE entschloss sich, den betreffenden Pfeiler einfach wegzulassen, die beiden benachbarten näher zusammenzurücken und zu verstärken und die Lücke durch zwei übereinander liegende große Bögen zu überbrücken.

Das mag den Bau erschwert haben, war aber für seine Gestalt als Kunstwerk ein Glücksfall. SCHUBERTS erster Entwurf hätte das Tal durch die Brücke in monotoner Weise wie vergittert! Doch soll damit SCHUBERTS Verdienst nicht gemindert wer-

[17] B. HEINRICH, *»Brücken. Vom Balken zum Bogen«*, Hamburg 1983.

den. Er war übrigens ein demokratisch gesinnter Mann, und das bedeutete, dass er in den Revolutionsjahren 1848/49 für die Nationalversammlung in der Paulskirche Partei ergriff. Unter den Arbeitern der riesigen Baustelle brachen Unruhen aus, die nur mit Mühe besänftigt werden konnten. Ich weiß nicht, ob man auch ihm Mitschuld daran gab; jedenfalls kam es dazu, dass 1851, bei den Einweihungsfeierlichkeiten des Viaduktes, der Schöpfer des Bauwerks, Professor SCHUBERT, weder genannt noch geehrt wurde!

Sein Werk aber dauert fort als Denkmal einer Zeitenwende, in der ein neuer Geist, ein neues Leben sich noch einmal großartiger alter Formen bedient.[18]

[18] *Benutzte Literatur: B. HEINRICH, »Brücken. Vom Balken zum Bogen«, Hamburg 1983.*

Eisenbahnviadukt über die Ruhr bei Herdecke

Der Abendschein verklärt die Brücke mit goldenem Licht und feiert die herbstliche Flusslandschaft. Außer Bäumen und Kraut und Licht ist alles Menschenwerk bis hin zu den verwehten Kondensstreifen hoch am Himmel!

Im Jahre 1847/48 wurde der südliche Zweig der Köln-Mindener Eisenbahn von Hagen nach Dortmund durch das breite Ruhrtal über Witten und Annen gebaut. Das war bequem, aber ein Umweg. Bald darauf wollte man beide Städte auch durch eine direkte Bahnlinie verbinden. Sie musste den Rücken des Ardeygebirges in einem Tunnel unterfahren und die Ruhr bei Herdecke mit einem Viadukt überqueren. Damals, als »Bahn gleich Fortschritt« war, galt dieser Aufwand für eine Nebenstrecke als nicht zu groß.

Bei Herdecke ist das Ruhrtal eng. Der Kaisberg tritt von Süden an den Fluss heran, und so konnte der Schienenstrang von den Ardeyhöhen – auf denen der Bahnhof von Herdecke hoch über der Stadt liegt – in gleicher Höhe zum Hang des Kaisbergs geführt und an diesem entlang allmählich auf den Talgrund hinabgesenkt werden. Dieser Situation verdankt das kleine Städtchen den hohen Viadukt, der die Ruhr in einer leichten Biegung überquert. Dem mächtigen Bauwerk entspricht ein prächtig breiter, kaum merklich strömender Fluss, in dem sich die Brückenpfeiler aufs Schönste spiegeln können.

Das war nicht immer so. Als die Brücke gebaut wurde, war die Ruhr noch der schmale Fluss, der sie nun einmal von Natur aus ist. Erst in den zwanziger Jahren unsres Jahrhunderts wurde die Ruhr oberhalb und unterhalb von Herdecke zum Hengsteysee und zum Harkortsee aufgestaut. Zwischen den beiden Seen bildet der Fluss nun eine breite, ansehnliche »Promenade« für Wasser, Boote und die Spaziergänger an seinen Ufern. Bis etwa zur Brücke hin reicht der Rückstau des Harkortsees.

So ergänzt sich hier verschiedenartiges Menschenwerk aufs Beste: Zum großzügigen »Überschwingen« des Tals, das die Brücke mit ihren zehn Bogen vollzieht, gesellt sich das breite Strömen des Flusses, das Ruhen des Sees, in dem sich das Bauwerk spiegelt.

Es hat den etwas spröden, aber klaren und wohlproportionierten Stil des nachwirkenden Klassizismus und ist noch nicht vom Schmuckbedürfnis der Gründerzeit ergriffen. Zwischen hohen schmalen Pfeilern runden sich die Bögen zu Halbkreisen. Die Pfeiler werden als Vorlagen über die Bogenzwickel hinweg bis zum durchbrochenen Brückengeländer emporgeführt, wo sie über einem vorkragenden

Gesims als schmale Erker enden. Die Brüstung tritt über jeweils dreizehn vorragenden Balkenköpfen pro Bogenfeld etwas heraus. Die gezahnte Abschlusslinie oben und die Pfeilervorlagen rechts und links geben so jedem Bogenfeld einen plastisch profilierten Rahmen. Diese Gliederung ist der einzige Schmuck der Brücke. Der Mittelpfeiler ist betont und etwas breiter.

Dieses Viadukt ist ein gutes Beispiel für viele ähnliche, ebenfalls formal oft qualitätvolle Brücken, die das Eisenbahnzeitalter in Deutschland hervorgebracht hat. Sie sind regelmäßig geformt und technisch gediegen, sie sind meist schön gefügt oder sorgfältig mit Haustein verblendet. Es fehlt ihnen aber der Reiz des Unsymmetrischen und Originellen, das die alten Brücken auszeichnet. Der Eisenbahner muss natürlich sagen: Gott sei Dank! Im besten Falle strahlen sie eine kühle Vornehmheit aus, im ungünstigen Falle sind sie trocken und philiströs wie die Herren des 19. Jahrhunderts in ihren steifen, modischen Gehröcken und den glatten Gesichtern hinter den wohlgestutzten Bärten – oder sie protzen neureich daher.

Die Herdecker Brücke jedoch ist schlicht und von jener zurückhaltenden Schönheit, die einer großzügig dimensionierten Bogenreihe nun einmal innewohnt.

Das Eisenbahnzeitalter bescherte Deutschland viele eindrucksvolle Viadukte, darunter auch die Ruhrtalbrücke bei Herdecke.

Die Müngstener Brücke

Ich bin noch nie im Zug über die Müngstener Brücke gefahren, aber seitdem ich darunter gestanden habe, scheint mir das – völlig unbegründet natürlich! – eine bedenkliche Sache zu sein. Die Schwellen der beiden Geleise liegen, ohne weitere Abdeckung, unmittelbar auf der Trägerkonstruktion auf. Sobald ein Zug, laut donnernd, wenn auch nur mit mäßiger Geschwindigkeit, über die einen halben Kilometer lange Brücke rollt, schiebt er sich – von unten gesehen – wie ein bedrohlicher schwarzer Schatten über das Gitterband der Schwellen, gut 100 Meter hoch direkt über mich hinweg. Mit dem entsprechenden, Tal und Wald weithin erfüllenden Dröhnen ist das ein eindrucksvolles Erlebnis. Man kann es alle zehn Minuten haben. Scheint es doch, als pendle der hellblaue Triebwagenzug ständig zwischen Remscheid und Solingen, zwei Großstädten, hin und her.

Die Strecke beträgt nur acht Kilometer; ohne die Brücke wäre die Bahnverbindung über Wuppertal kürzestens 44 Kilometer lang. Damit ist gesagt und begründet, warum es diese Brücke gibt. Und doch ist damit noch wenig gesagt über dieses »Brückenwunder«, das 1997 gerade 100 Jahre alt geworden ist.

Die Müngstener Brücke ist die höchste Eisenbahnbrücke Deutschlands. Nicht etwa in den Alpen, im Schwarzwald oder einer sonstigen Gebirgsgegend liegt sie, sondern im Bergischen Land, dem äußersten nordwestlichen Zipfel der deutschen Mittelgebirge, wo diese sich sanft in die Ebene hinein abflachen.

Etwas Weiteres ist erstaunlich: In einem Land, wo Großstadt neben Großstadt liegt, alle Höhen bebaut und bestellt, alle Täler verkehrsmäßig oder industriell genutzt sind, liegt sie in völliger Waldeinsamkeit. Wäre nicht direkt unter der Brücke ein wenig touristischer Rummel mit Gasthaus, Kiosk und ausgedehnten Parkplätzen, so wären da nur Fluss und Wald. Den Tourismus hat freilich erst die Brücke dahin gebracht, und weiter abwärts ist das Tal tatsächlich völlig waldverwachsen und still, und man muss eine Stunde lang wandern, ehe man bei Schloss Burg wieder auf Häuser und Straßen trifft. Wie kommt das?

Dieses merkwürdige Flüsschen Wupper fließt zunächst nach Norden, macht dann einen scharfen Knick und strömt etwa zwölf Kilometer nach Westen. Dieses Talstück ist das dicht bebauteste, gewerbeintensivste Tal Deutschlands mit den beiden alten Städten Barmen und Elberfeld, die heute zur Stadt Wuppertal zusammengeschlossen sind. Dann macht der kleine Fluss wieder einen solchen scharfen Knick und fließt nach Süden, sich tiefer und tiefer in die ansteigende Hochfläche des Bergischen Landes einschneidend. Wieder nach etwa zwölf Kilometer Luftlinie

Fast zeitgleich mit dem Eiffelturm wurde die Müngstener Brücke entworfen, vollendet allerdings erst 1899, zehn Jahre später.

besinnt sich der Fluss und wendet sich scharf nach Westen dem Rhein zu. An dieser Knickstelle liegt beherrschend Schloss Burg, das Stammschloss der Grafen ZU BERG. Die von alters her berühmten Städte Solingen und Remscheid liegen jeweils auf der welligen Höhe; die Wupper aber ist auf dem Stück zwischen Somborn und Burg wie abgetaucht in eine dämmrige Unterwelt, in deren grünen Wäldern sich die Erinnerung an die germanische Vorzeit, an WIELAND den Schmied und SIEGFRIEDS Schwert erhalten kann. Zwei Straßen queren das Tal, aber keine folgt ihm. Wozu auch?

Das 19. Jahrhundert ersetzte, wo möglich, die Straßen durch Bahnen. Und ganz am Ende des 19. Jahrhunderts, als der Eiffelturm schon gebaut und das Gusseisen längst zu festem Stahl weiterentwickelt worden war, da war man so weit, auch dieses Tal mit einer Eisenkonstruktion überbrücken zu können. Und dass es Eisen war, nicht Stein oder Beton, entspricht dem »Genius loci« dieses Tals.

Doch wurde die Brücke nicht von Einheimischen projektiert und gebaut. Der aus der Oberpfalz stammende Ingenieur ANTON RIEPPEL (1852–1926) entwarf und konstruierte sie, als er für die M.A.N. den damaligen Wettbewerb gewonnen hatte. Im Werk von Mainz-Gustavsburg wurden die Teile hergestellt und so weit wie möglich vormontiert. Beschlossen wurde der Bau 1890, durchgeführt von 1893 bis 1897, als am 17. März das fehlende Mittelstück eingesetzt wurde. Es gibt abenteuerlich anmutende Fotos, wo sich die beiden Brückenhälften freischwebend einander zuneigen, aber das Scheitelstück noch fehlt.

So archaisch es anmutet – auch diese Brücke entstand nicht ohne »Bauopfer«: Sechs Arbeiter kamen bei ihrer Tätigkeit zu Tode. Nicht nur solche Opfer, auch Mut und Zivilcourage verbanden sich mit der Brücke. Durch beherztes Eingreifen der Bevölkerung sei sie vor der sinnlosen Sprengung durch Pioniere im Frühjahr 1945 bewahrt worden, berichtet ein Artikel zum Jubiläum der Brücke. Lakonisch ergänzte ein Leserbrief: Der Remscheider Industrielle HANS VAILLANT und der mit ihm befreundete Generaloberst KARL HOLLIDT seien es gewesen! Taten der Zivilcourage sollte man immer nennen, denn sie sind heute wichtiger als »Heldentaten« im Krieg.

Begeben wir uns abschließend wieder in das Tal hinunter, an den rauschenden Fluss, über den ein Stück unterhalb der Brücke ein Fußgängersteg führt. Wie eine »Vision« aus einer gänzlich anderen Lebenssphäre spannt sich das Filigran der Eisenträger – der Bogen, die Pfeiler, der Unterbau der Fahrbahn – über das Tal. Schaut man unmittelbar in die Konstruktion hinein, wirkt sie hässlich, chaotisch und verwirrend, Werk eines gewalttätigen »eisernen Zeitalters«; gewinnt man Abstand, wirkt dieselbe Konstruktion zunehmend leichter und eleganter, vor allem durch die Form des sich zum Scheitel hin verjüngenden parabelförmigen Bogens, der sich 170 Meter weit (bei einer Scheitelhöhe von 107 Meter) über Wälder und Fluss durch die freie Luft spannt; sieht man die Brücke und ihre klaren Linien gar durch das Geäst der Bäume, schimmert ihre Form durch das grüne Gefleck der Blätter und Zweige, als sei sie gänzlich entmaterialisiert. Da wirkt sie wie eine zum Himmel erhobene Apotheose menschlichen Schaffens.

Das ist sie auch! – ebenso tatsächlich, wie sie sichergegründetes festes »Erdenwerk« ist, über das man sich getrost vom Zug hinübertragen lassen kann.

Die Rheinbrücken von Köln

Der Rhein ist der größte und neben der Donau der einzige wirkliche Strom Mitteleuropas. Ihn fest und dauerhaft zu überbrücken, war den Menschen früherer Jahrhunderte nicht möglich. Dabei sehen wir von den legendären Brückenbauten der Römer einmal ab. In den letzten eintausendsiebenhundert Jahren waren es allenfalls Schiffsbrücken, die ihn überspannten. So stammen alle heutigen Brücken über den Rhein frühestens aus dem 19., in der Mehrzahl aber aus dem 20. Jahrhundert.

Mittlerweile überschreiten, überspannen, ja überfliegen ihn zwischen Basel und Rotterdam – also da, wo er ein breiter Strom ist – Dutzende von Brücken. Eindrucksvolle Bauwerke sind darunter. Wir können sie nicht alle betrachten. Wir beschränken uns beispielhaft auf die Brücken von Köln.

Basel ist flussab die letzte, wenn nicht gar die einzige Stadt am Rhein, die auf beiden Ufern des Flusses gewachsen ist. Flussabwärts war der Strom zu breit, und so entwickelten sich alle Städte entweder linksrheinisch (die älteren) oder rechtsrheinisch. Gab es Vororte am anderen Ufer, so waren das allenfalls Brückenköpfe in bildlichem Sinne; denn die realen Brücken vermochte erst das 19. Jahrhundert zu bauen: Es baute sie als Straßenbrücken mit Türmen und Pfeilern wie Burgen (so etwa die Nibelungenbrücke in Worms), dann die zahlreichen Eisenbahnbrücken, die dem neuen eisernen Zeitalter viel Ehre machen, denn es sind meist gewaltige Eisengitter- oder Eisenbogenkonstruktionen. Das 20. Jahrhundert fügte die Fülle der Straßen- und Autobahnbrücken hinzu.

Im Gegensatz zu den alten Schiffsbrücken, die schwammen, auf denen man schwankend in unmittelbarem Kontakt mit dem Wasserelement war, sind diese modernen Brücken solche, die »fliegen«. Sie schwingen sich, an hohen Pfeilern und Pylonen aufgehängt, frei durch die Luft und dienen vor allem der Geschwindigkeit. Für das sinnliche Vergnügen, den Strom zu Fuß zu überschreiten, sind sie nicht gebaut. Sie verhalten sich wie ein Film zu einem Foto oder Gemälde, das man genau betrachten kann.

Aber verlieren wir uns nicht in allgemeine Betrachtungen, blicken wir auf Köln. Köln lässt sich mit vergleichbar großen Städten an vergleichbar großen Flüssen nur mit Hamburg an der Elbe oder mit Wien an der Donau vergleichen. Doch Hamburg liegt nördlich der Elbe – und jenseits ist alles »Hafen«; Wien liegt südlich der Donau und wendet sich von ihr ab. Köln aber wendet sich dem Flusse zu und »baut sich über dem Strome auf«, wie es die vielen Stadtansichten vom hohen Mittelalter an zeigen. Zwar ist die andere Seite, die »Schäl sick«, bis heute nicht gleichberechtigt für das Lokalbewusstsein, und doch sind beide Ufer so zusammengewachsen, dass man sagen kann: Der Rhein fließt *durch* Köln und nicht an ihm vorbei wie an Mainz und Koblenz, Bonn und Düsseldorf, von allen anderen Städten ganz zu schweigen.

Köln rühmt sich, *acht* Brücken über den Rhein zu haben. Die achte – die Autobahnbrücke nördlich von Leverkusen – gehört wohl funktional und vielleicht auch verwaltungsmäßig zu Köln, aber nicht mehr städtebaulich. Sie befindet sich vom Dom aus etwa dreizehn Kilometer stromabwärts. Also beschränken wir uns für unsere Betrachtung Kölns auf die *sieben* verbleibenden Brücken. (Es müssen ja nicht immer sieben *Hügel* sein.) Diese Brücken reihen sich auf ungefähr sieben Stromkilometer, von der Rodenkirchener bis zur Mülheimer Hängebrücke, die – von gleichem Typ und gleicher Form – dieser Siebenheit gleichsam den Rahmen geben.

Köln ist in mancher Beziehung eine »kanonische« Stadt: Es hat den *einzig*artigen Dom mit den Reliquien der *drei* heiligen Könige, umgeben von einem Kranz von *zwölf* altehrwürdigen romanischen Kirchen. *Drei* von *sieben* Brücken sind die »klassischen« innerstädtischen Brücken Kölns: die *Hohenzollernbrücke* am Dom, die *Deutzer Brücke*, die *Severinsbrücke*. Drei Brücken – drei völlig verschiedene Cha-

Die älteste der bestehenden Kölner Brücken, die Hohenzollernbrücke, ist noch keine hundert Jahre alt. Sie wurde erst 1911 errichtet.

Die Hohenzollernbrücke hatte drei Vorgänger: die Römerbrücke von 310 n. Chr. (abgebrochen 959), die Schiffsbrücke von 1822 und die erste Eisenbahnbrücke von 1859 – dazwischen lagen genau 900 Jahre der »Brückenlosigkeit«.

raktere! Und doch schließen sie sich zu einer Art von Dreiklang der Kölner Rheinuferpartie zusammen.

Jeder Besucher Kölns kennt die Hohenzollernbrücke, auf der man als Zugreisender, mit vornehm wirkender Langsamkeit, aber doch nicht triumphal, seinen Einzug nach Köln hält. Man fährt – oder schleicht – geradewegs auf den hochgetürmten gotischen Chor des Doms zu, den man erst im letzten noch möglichen Augenblick, in die filigrane Glashalle des Hauptbahnhofs einbiegend, links liegen lässt! Wenn man Glück hat, sieht man vorher die bunte Giebel-Silhouette der Altstadt mit den weißen Schiffen im Vordergrund und den Türmen von Groß St. Martin und Rathaus im Hintergrund; wenn man kein Glück hat, verdeckt ein parallel einfahrender Zug die Aussicht. Das kann einem auch zur rechten, nördlichen Seite hin passieren; wenn nicht, sieht man auf die breit gelagerte romanische Basilika St. Kunibert am Rheinbogen; auf dem gleitet der Blick weiter bis zu den turmartigen Wohnhochhäusern hinter der Zoobrücke (der nächst nördlichen Autobahnbrücke).

Nach Süden hin trifft der Blick auf die Deutzer Brücke, die 1947 nach dem Krieg als Stahlflachbogenbrücke zuerst wieder aufgebaut wurde. Sie besticht durch die Eleganz ihres leichten Schwunges, mit dem sie wie im Flug die Bogenspannweite von 184 Metern überspringt. Sie ruht im Strom auf den Pfeilern der Vor-

Dom und Pylon der Severinsbrücke – zwei ungleiche »Köln«-Symbole.

kriegs-Hängebrücke von 1916. Für viele andere Rheinbrücken, zum Beispiel die Bonner, wurde die Deutzer Brücke zum Vorbild. Sie ist heute die eigentliche, zentrale Straßenbrücke Kölns.

Über die Deutzer Brücke hinweg, die man wohl kaum ohne eilige Straßenbahn und lebhaften Verkehr sehen wird, erblickt man den hochgereckten, asymmetrisch zum rechten Ufer hin versetzten lindgrünen Pylon der Severinsbrücke. Diese ist zum Wahrzeichen Kölns als Brückenstadt geworden und konnte es deshalb umso leichter werden, als der Pylon die Form einer der Turmspitzen des Doms aufnimmt und ins Riesenhafte steigert. (Inzwischen gibt es elegantere jüngere Brücken dieses Typs, so etwa die »Brückenharfe« von Neuwied.) In Köln halten je sechs Seile vom Pylon aus die Fahrbahn waagerecht über dem Wasser. Die Konstruktion ist hier ein Bild ihrer selbst – und das macht den Blick darauf so angenehm: Er sieht die Wahrheit; sie ist eindrucksvoll mächtig und – steif!

Die nächst südliche Brücke – eine Eisenbahnbrücke – nimmt mit drei weiten Eisenbögen die Form der Hohenzollernbrücke wieder auf. Die aber bleibt – in kontrastreicher Symbiose mit dem Dom – mit ihren drei nebeneinander liegenden Dreiheiten von kreuzweise verstrebten Bögen (für dreimal zwei Gleise), mit ihrem burgartigen Gemäuer und den beiden grün patinierten Reiterstandbildern preu-

Köln bietet viele interessante Perspektiven – man sollte nicht nur um den Dom herumlaufen!

ßischer Könige an jedem Ufer das Symbol der Vereinnahmung des Rheinlandes durch Preußen – eines Preußen, das sich durch die Fertigstellung des Kölner Doms als Deutschland auch geistig vollenden wollte. Es gelang aber nur politisch, nicht geistig, und so lag dann 1945 die Brücke zu Füßen des ausgeglühten Doms geborsten im Rhein. (So zeigt es ein bekanntes Foto von August Sander.)

Nördlich der Hohenzollernbrücke überquert die Zoobrücke den Fluss; sie bringt eine innerstädtische Autobahn von Osten her ins Zentrum; sie ist – architektonisch gesehen – vergleichsweise konventionell. Wieder nördlich davon schwingt sich die Mülheimer Hängebrücke – eine Straßenbrücke – über den Rhein. Mit ihren beiden hohen Pylonen-Toren ist sie das Pendant zur Rodenkirchener Autobahnbrücke, dem Pionierbau dieses Brückentyps von 1938 bis 1941. Sie gibt uns das Bild einer klassisch-schönen Hängebrücke, an der alles – Pylon und Tor und die gitterartigen Aufhängungsseile – senkrecht, nüchtern, rechteckig ist und die doch durch den Bogenschwung der Trägerseile und die sich ihnen entgegenhebende leichte Aufwölbung des 378 Meter weiten Brückenbogens Leichtigkeit und Eleganz bekommt – anders als die Severinsbrücke, die als waagerechte Linie etwas spröde von Ufer zu Ufer führt.

Diese Siebenheit der Kölner Brücken bildet ein vielgestaltiges Ensemble, in dem es Paare und Solitäre gibt, Wucht und Eleganz, mit der es den entwerfenden Architekten und Ingenieuren gelungen ist, das Statische der Architektur in Bilder der Dynamik und Bewegung zu überführen, die das 20. Jahrhundert charakterisiert.

Das zu zeigen steht einer Stadt wie Köln wohl an. Ist es doch Deutschlands Brückenstadt par excellence. Und wenn der Pylon der Severinsbrücke die Form eines der Domtürme aufnimmt, so verweben sich die Sphären. Auch der Dom, auch seine Türme sind Brücken; Brücken zwischen Himmel und Erde. Der Titel »pontifex« des höchsten Repräsentanten einer Kirche – in Köln ist es ja »nur« der Erzbischof als sein Stellvertreter – verschmilzt die beiden Sphären, und so ist erst eine Stadt mit heiligen Türmen und Pylonen, mit Brücken und mit den Schiffen der Kirchen ein *Weltort*, wo das Leben selber zeigt, dass es Brückenschlag ist und sein muss. Das gibt – trotz manchem »kölschen Klüngel« – der Stadt ihre eigentliche Größe und Bedeutung.

Autobahnbrücke bei Lüdenscheid

Unter die Brücken muss man gehen, um sie als Bauwerk zu erkennen; über die Brücken muss man fahren, um ihren Sinn zu verstehen. Das Letztere tun wir täglich, wenn auch aus Gewohnheit. Hier, an der Autobahn »Sauerlandlinie«, bin ich ein einziges Mal heruntergegangen, um die Brücke von unten zu sehen. An dieser Stelle bin ich sicherlich schon hundert Male darüber hinweggebraust!

Was habe ich erlebt? Zunächst ist das Bild schockierend: alte Villen in einem engen Waldtal, wie sie für das Sauerland typisch sind, eine große Autostraße und darüber, von zwei sich verjüngenden Pfeilerpaaren wie von Riesenarmen nach oben gestemmt, in der Luft schwebend, der Fahrbahnbalken der Brücke. Das ist nicht nur ein brutales *Bild*; es ist vor allem ständig rauschender *Lärm*; denn die Sauerlandlinie ist bei Tag und Nacht eine der Hauptschlagadern des Verkehrs zwischen dem Ruhrgebiet und der Rhein-Main-Region.

Wie lebt es sich in diesen Häusern, mitten im schönen Sauerland in guter Verkehrslage unweit der Stadt Lüdenscheid? Diese Frage zu stellen, ist taktlos. Man schweigt lieber und denkt: Es werden schon ganz bestimmte Schicksale sein, durch die es ganz bestimmten Menschen auferlegt ist, hier zu leben: im Lärm, im Gestank, im Schatten, im rohen Anblick dieses rauschenden, donnernden, nie ruhenden Brückenungetüms.

Wie kommt es dahin? Noch unsere Eltern und Großeltern waren gewohnt, dass sich Straßen und Eisenbahnen durch die Täler schlängeln, und wo diese zu eng waren, schnitt man die Berghänge an oder grub Tunnels.

Im frühen Mittelalter war das anders. Da zogen die Menschen, wie wahrscheinlich auch schon in den vorgeschichtlichen Zeiten, über die Berge. Die lang gestreckten, flachen, oft waldfreien oder gerodeten Kuppen und Kämme waren die naturgegebenen Wege: der Rennsteig auf dem Thüringer Wald oder die Via Francigena über die Hügel Mittelitaliens nach Rom. Die Täler dagegen waren wild und gefährlich durch Wasser, Sumpf und Fels oder leicht durch Wegelagerer zu sperren.

Doch die Zeitalter ändern sich. Die große Epoche der Täler ist vorbei. Der moderne Verkehr braucht freiere, weniger kurvige Strecken, und die findet er auf den sanften Rücken der Mittelgebirge. Da schneiden oder schwingen sich die Trassen der Autobahnen hangauf, hangab durchs Land; wo aber tiefe Täler und Schluchten die Höhen durchfurchen, da müssen kühne Brückenbauwerke her. Denn die modernen sechsspurigen Autobahnen negieren die Natur, ganz anders als ihre ersten Vorgänger. Und wo man als Autofahrer noch auf ein Stück der alten

Trassen aus den dreißiger Jahren stößt, da stöhnt man, da man doch in anderthalb Stunden in Frankfurt oder wo auch immer sein will!

So kommt es, dass die Linien der Autobahnen immer gestreckter übers Land gleiten, sich in Berge einschneiden oder quer durch die Luft ziehen, wie es gerade so kommt. Das »Ziehen durch die Luft« geht natürlich nicht so ohne weiteres; es muss materialisiert und mit großem Aufwand entsprechend gestützt werden. Aber diese Stützungsbauwerke der Autobahnlinien sind eigentlich keine »Brücken« im alten Sinne mehr, sondern geometrische Kraftfiguren, wie das Parallelogramm der Kräfte eine ist. Es fehlt ihnen das »Fleisch« von Bogen und Mauerwerk, von Gebälk und Verstrebungen. Sie kehren zur Urform des Stegs über den Gebirgsbach zurück, wo ein paar senkrechte Baumstämme als Pfeiler eine Reihe nebeneinander liegender waagerechter Balken den Weg tragen.

Das ist heute, ins Riesenhafte vergrößert, Teil eines notwendigen riesigen Spinnennetzes namens Volkswirtschaft – was können da die Häuser (im Falle der Autobahnbrücke bei Lüdenscheid) für Rücksichten beanspruchen? Früher oder später wird man sie abreißen! Noch aber stehen sie da – als Zeugen und Maßstab dessen, wie sehr unsere Zivilisation über jedes menschliche Maß hinaus gewachsen ist, und als Mahner daran, dass dieses übermenschliche Maß nicht zugleich auch unmenschlich werde.

»Der Himmel ist unter uns« – unter diesem Motto entdeckten zwei Forscher das Sauerland als uraltes Kultgebiet; aber ebenso gilt: »Die Laster (und die Flugzeuge) sind über uns!« – mit all ihrem Dreck und ihrem Dröhnen.

Die Köhlbrandbrücke in Hamburg

Kommt man als Fremder nach Hamburg – per Zug oder Flug – und orientiert sich am erstbesten Ansichtskartenständer über die Sehenswürdigkeiten der Stadt – man hat ja sicher Grüße zu schreiben! –, dann fällt einem zwischen den Silhouetten der Hafenkräne oder der Hamburger Türme, dem Blick auf Binnenalster und Jungfernstieg oder die Elbe bei Blankenese ein merkwürdiges »Monstrum« auf, das wie eine Art übergroßer Achterbahn aussieht und an knickbeinigen Ständern mit zahllosen Seilen aufgehängt ist – genau berechnet sind es 88. Es ist die Köhlbrandbrücke über einen der breitesten Elbarme im Bereich des Hafens.

Sie ist das auffälligste und größte Brückenbauwerk neuerer Zeit in dieser Stadt, die wahrlich keinen Mangel an Brücken hat. »Nordisches Venedig« kann man Hamburg nicht nennen; dazu ist seine »Wasserlandschaft« zu andersartig und vielfältiger als die Venedigs, und was früher im Kern der alten Hansestadt an Brücken und Fleeten tatsächlich wie ein nordisches Gegenstück zur Lagunenstadt wirkte, hat der Krieg zerstört. Trotzdem ist die Fülle des Hamburger »Brückenwesens« überaus vielgestaltig und kaum auszuschöpfen.

Da ist die Altstadt mit ihren meist neuen Brücken am alten Ort, da ist die Alster mit Lombard- und Kennedy-Brücke, da sind die zahlreichen Brücken über das verzweigte Netz der Kanäle östlich der Außenalster und die Brücken über die Kanäle der älteren Teile des Hafens, so in der Speicherstadt. Und da sind die großen Eisenbahn- und Straßenbrücken, die die Stadt nach Süden hin über Norder- und Süderelbe hinweg mit ihrem »Brückenkopf« Harburg und dem niedersächsischen Land verbinden.

Bis zum Zweiten Weltkrieg hin war die Eisenbahnbrücke über die Norderelbe mit ihren gegenläufig geschwungenen eisernen Bögen und der Fantastik der ritterburgartigen Kopfbauten das auffälligste Brückenmonument Hamburgs.

Diese und die anderen genannten Brücken liegen, von Meer und Hafen aus gesehen, stromauf schon im Bereich jenseits der Seehäfen; das eigentliche Hafengebiet verträgt keine Brücken. Da muss freie Fahrt sein, früher für die hochmastigen Segelschiffe, später für die mit hohen Aufbauten und Schornsteinen versehenen Seeschiffe. Als Fähren den Verkehr von der Stadt ins Hafengelände nicht mehr bewältigen konnten, baute man von 1907 bis 1911 den ersten Elbtunnel von etwa 450 Meter Länge 24 Meter tief unter der Elbe. Inzwischen gibt es einen neuen, weitaus größeren Elbtunnel, der 1975 für die westliche Autobahnumfahrung gebaut wurde und 3,3 Kilometer lang ist.

Solche Formen hatten früher nur die apollonischen Musikinstrumente (Saiteninstrumente) – was bedeuten sie heute?

Zusätzlich zu diesen beiden technischen Großtaten, die *unter* der Erde und *unter* dem Strom geschahen, versuchte man es aber auch mit einer solchen Pioniertat in der Höhe, in freier Luft – und das ist die Köhlbrandbrücke, die nach vierjähriger Bauzeit im Jahre 1974 eingeweiht wurde. Sie verbindet den Hafen mit der Autobahn südwärts der Elbe über den Köhlbrand genannten Hauptarm des Flusses hinweg. Sie wird heute von ca. 33 000 Fahrzeugen täglich benutzt. Sie ist 3 325 Meter lang und überspannt das Wasser in 58,5 Meter Höhe mit einer freien Spannweite ihrer Hauptöffnung von 325 Metern. Das sind gewaltige Dimensionen – und doch ganz dürre Zahlen, wenn man sich nichts darunter vorzustellen vermag.

Ein »Monstrum« ist sie, keineswegs schön, aber von so einprägsamer zeichenhafter Wirkung, dass die Hamburger sie als eines der Wahrzeichen ihrer Stadt akzeptieren können.

Die Zeichenhaftigkeit, vor allem in ihrer fotografisch verkürzten Form, kommt dadurch zustande, dass die vierspurige Fahrbahn als breites Band frei über insgesamt 75 ansteigende und wieder abfallende Stützen auf fast 50 Meter Höhe – Kirchturmhöhe – hinaufgeführt wird, dann ziemlich scharf umknickt und den Fluss in einem weiterhin ansteigenden und abfallenden Bogenschwung überquert, der an zwei gewaltigen Pylonen aufgehängt ist. Die knicken unterhalb der Fahrbahn weit

Die Dramatik einer solchen Szenerie, die das Bauwerk optisch dynamisiert, erlebt nur der Fotograf, selten der Benutzer.

nach außen, als würden sie von den Balken, auf denen die Fahrbahn aufliegt, weit auseinandergespannt, und verjüngen sich dann zu steilen Spitzen, die den Umriss zweier gotischer Turmhelme in die Luft zeichnen. Diese Pylonen-Türme sind 135 Meter hoch – das sind nur acht Meter weniger als die Höhe des höchsten im Mittelalter vollendeten Domturms, dem des Straßburger Münsters.

Dieses »Gebilde« – gar mit Teleobjektiv – gegen die blutrot auf- oder untergehende Sonne fotografiert, ergibt einen wirkungsvollen Expressionismus stürzender Linien und kreisender Formen. Mit dem identifiziert man gern die moderne Großtechnik, gerade deshalb, weil sie im Grunde genommen bildlos ist. Der Autofahrer »erfährt« auf mehr als drei Kilometern, was der Fotograf zu *einem* Bild zusammenzieht: modernes Pathos!

»Erfahren« im heutigen Sinne heißt noch lange nicht: erleben. »Erleben« aber konnten die Hamburger »ihre« Köhlbrandbrücke am 26. September 1999. Da wurde das 25-jährige Jubiläum der Brückeneinweihung gefeiert; das Bauwerk wurde für den Verkehr gesperrt, und die Hamburger durften zu Fuß hinauf und hinüberspazieren. Es war wie die Besteigung eines imaginären Berges mitten im Hamburger Hafen, dessen Topografie auf einmal klar und deutlich zu übersehen war. Zwischen den Elbhöhen von Blankenese bis Altona und der türmereichen Stadt-

Die Dämmerung verwandelt die Brücke und den Verkehr in die Ästhetik seltsamer Licht- und Schattenspiele.

silhouette am Nordufer der Elbe einerseits und der sanft bewegten Horizontlinie der Harburger Berge und Schwarzen Berge im Süden andererseits liegt das breite Urstromtal der Elbe, deren breitesten süd-nördlichen Arm die Brücke überquert; seine Vereinigung mit der Norderelbe ist von der Brücke aus einsehbar und damit die Stelle, wo der Fluss nun ganz zum Meeresarm wird, den alle ein- und auslaufenden Schiffe passieren müssen.

Ringsum breitet sich das Industriegelände des Hafens, ein Gewirr von Hallen, Wasserbecken, Container-Lagerplätzen, Tanks und Silos und relativ wenigen Kränen, die doch früher unverwechselbar das Bild eines Hafens prägten. Denn auch der Hamburger Hafen ist in schneller Wandlung zu ganz neuen Verladetechniken und Wirtschaftsformen begriffen; zu denen gehören vor allem Mobilität und schneller Verkehrsfluss.

So erhebt sich die Köhlbrandbrücke wie eine zweitürmige »Kathedrale« des Verkehrs über den Bereich des sie umgebenden Lebens, eine Kathedrale, die nicht mehr nach oben in den Himmel oder in eine Ideenwelt über sich hinausweist, sondern die nach allen Seiten weit ins Umland hinausstrahlt, oder wie man heute lieber sagt: mit ihm vernetzt ist. Auch noch etwas anderes steht im Gegensatz zur Kathedrale: Eine solche war für Zeiten des Inne-Haltens, der Einkehr, der Meditation, war zum Feiern gebaut – die Brücke dagegen verträgt gerade dieses Innehalten, Ruhe und Besinnung nicht; es soll alles im Fluss sein, gerade zu den Zeiten der Hauptbeanspruchung, also des Berufsverkehrs, dem Gegenteil des Feierns!

Der Zustand des Besichtigens, des Aussicht-Genießens wie an jenem Jubiläumssonntag ist ein Ausnahmezustand, der funktional so nicht vorgesehen ist. Aber es zeigt sich: Nur an solchen Tagen, in solcher Ausnahmezeit ist Erlebnis und Wesenserkenntnis möglich.

Die Autobahnbrücke über die Mosel bei Winningen

Die Mosel ist einer der großen Flüsse Deutschlands. Sie war in alten Zeiten nicht leicht zu überbrücken. Berühmte Übergänge markieren den Anfang und das Ende ihres einzigartigen Durchbruchstals: die Römerbrücke aus dem zweiten nachchristlichen Jahrhundert in Trier und die von Erzbischof Balduin 1344 erbaute, einst vierzehnbogige Brücke in Koblenz. Beide sind in veränderter, ja die Koblenzer Brücke nur in entstellter Form auf uns gekommen; dazwischen gibt es nun manche neuere Straßen- und Eisenbahnbrücke.

Keine aber sprengt so sehr alle Maßstäbe wie die Autobahnbrücke bei Winningen. Sie führt nahe bei Koblenz die rechtsrheinische, auf den Höhen von Eifel und Hunsrück verlaufende Autobahn an einer der engsten und wildesten Stellen wie schwerelos über das Moseltal hinweg.

Sie ist insofern reinstes Bild des Satzes »die Linie ist die kürzeste Verbindung zweier Punkte«, als bei ihr bis auf die vier talhohen, streichholzschlanken Pfeiler alle Materie weggenommen ist und nur der dünne Balken der Fahrbahn mit ihrem Unterbau 935 Meter weit über das Tal springt. Fast ohne Beiwerk wird da die Idee einer Autobahn als solche anschaubar. Die Fahrbahn liegt etwas über 200 Meter hoch, der Spiegel der Mosel bei 70 Meter über Normalnull. Die beiden nördlichen flussnahen Pfeiler sind also 130 Meter hoch; und so strömt die Mosel hier durch ein ca. 130 mal 200 Meter messendes liegendes Rechteck als überdimensionalem Tor.

Dem folgen südlich über dem Tal zwei weitere, kürzere Rechteck-Öffnungen sowie rechts und links je ein Dreieck zwischen Hang, Pfeiler und Fahrbahn – das ist (von einem kleinen weiteren Pfeiler am Südhang abgesehen) der ganze Formenschatz der Brücke! Diese karge, einfache Geometrie kontrastiert gewaltig zu den wilden Unsymmetrien der Talhänge; ist doch der nördlich anschließende Berghang – Ulen (nach den dort früher hausenden Eulen) genannt – einer der steilsten, noch Weinberge tragenden Felshänge an der ganzen Mosel.

Diese Stelle ist tatsächlich die letzte Enge des Moseltals vor seiner Mündung ins Neuwieder Becken. Deshalb wählten die Autobahnbauer sie ja auch als den kürzesten »leichtesten« Übergang; und so ist diese Brücke nun tatsächlich zum »Landschaftstor«, zum »grand arc« geworden, durch den die Mosel ihr romantisches Engtal verlässt, um sich kurz darauf dem Rhein zu vereinen.

Natur und Technik sind hier zu äußerster Gegensätzlichkeit zusammengezwungen. Der Autofahrer, der über die Brücke fährt, erlebt davon nichts; der Reisende und der Bewohner unten im Tal umso mehr.

Stünden die Pfeiler allein da, ohne die sinngebende Fahrbahn darüber: welch furchterregend brutale Gebilde wären sie!

Auf der großen Brücke eine kaum unterbrochene Reihe schwerer Lastkraftwagen. Alles ist in Bewegung, und auch die Mosel selber strömt tief unten kräftig zu Tal. Doch *dieses* Strömen hat etwas Beruhigendes, In-sich-Ruhendes. Um das Maß dieses Strömens herum produzieren jedoch die Menschen ihre Hektik.

Ein alter Grieche hätte das alles sicher als Hybris empfunden. Ähnlich erlebt es wohl auch die Mosel, denn gelegentlich bäumt sie sich auf; dann rauscht ein gewaltiges Hochwasser über alles Menschenwerk und seine geschäftige Eile hinweg. Die streichholzdünnen Pfeiler der Autobahnbrücke geben dem Wasser allerdings ebenso wenig Widerstandsfläche wie die Fahrbahn dem Wind, und so entzieht sich die Brücke – scheinbar? – anscheinend? – dem Druck der Elemente und ihrem massiv-materiellen Widerstand. Es bleibt aber der kleine Rest von Unsicherheit, die Frage nämlich, ob es »anscheinend« oder »scheinbar« so ist!

Es gibt mittlerweile mehrere solch großer Brücken in Deutschland: die Kochertalbrücke, die Sinntalbrücke in der fränkischen Rhön, die Ruhrtalbrücke bei Mintard. Doch keine ist so eindrucksvoll wie die Moseltalbrücke von Winningen. Das vergleichsweise dünne, abstrakte Netz menschlicher Verkehrslinien kontrastiert da mit einer Hauptader im Gewässernetz, im Lebensstromsystem der Erde. Das mit *einem* Blick zu umfassen, ist bewegend!

Am 30. Dezember 1999, im Alter von 90 Jahren, ist Fritz Leonardt, der Schöpfer vieler moderner Ingenieur- und Brückenbauten – so auch dieser Brücke über die Mosel – gestorben. Wie kaum ein anderer verstand er es, der Funktion eine klare, einprägsame, elegante, manchmal fast minimalistische Form zu geben. Seine Bauten der Nachkriegszeit, angefangen von der damals Aufsehen erregenden Rheinbrücke in Köln Deutz, die sein Schüler Gerd Lohmer entwarf, deren ingenieurtechnische Innovation aber er schuf, gipfelnd in den Fernsehtürmen von Stuttgart (1954), Hamburg und Frankfurt, setzten Maßstäbe und prägten das Bild der Bundesrepublik Deutschland wesentlich mit.

Er war aber auch ein großer »Pädagoge« des Brückenbaus, und ich verdanke ihm als dem Mitverfasser des »Blauen Buches« über Brücken (zusammen mit Paul Bonatz) ein gesamthaftes Bild des »Brückenwesens«. So möge dieser Abschnitt auch das Andenken dieses großen Ingenieur-Bau-Künstlers ehren!

Nur der Kurvenschwung macht den Anblick erträglich. Man könnte sonst meinen, ein Dinosaurier stampfe durch das Tal.

Die Brücke über das Ruhrtal bei Mintard

Zwei Welten, die nichts miteinander zu tun zu haben scheinen: Unten der stille Wiesenfluss in der breiten Talaue; Weideland mit grasendem Vieh begleitet ihn; reifende gelbe Kornfelder, sattgrüner Klee und fahlgrüner Mais mehr zu den Talhängen hin, die mit Wald und steilen Hügelkanten die Landschaft rahmen. – Darüber hin – rund zwei Kilometer lang, 65 Meter hoch in der Luft – schwebt in einer weiten sanften Kurve die Autobahn A 52, ein Band hektischer, nie ruhender Bewegung und nie versiegenden Lärms. Drunten im Tal herrscht Stille, nur unterbrochen vom leisen Geräusch der zahlreichen Wasservögel, die in den Schilf- und Krautwildnissen zwischen den Buhnen des Flusses ihr Wesen treiben – oben das laute, brummende Dröhnen der Lastkraftwagen und das pfeifende Zischen der PKWs.

Es ist das eine der typischen Brückenlandschaften der Gegenwart. Ohne sich zu berühren kreuzen sich zwei Weltensphären, verdichtet zu zwei Kraftlinien. Unten der Fluss, der von den 150 Kilometer weit entfernten Höhen des Sauerlandes seine Wasser dem Rhein und dem Meer entgegenträgt, von dem es einst gekommen ist. Hier, kurz vor Mülheim, ist die schmale Ruhr schon schiffbar, aber nur für die weißen Schiffe der Ausflügler; sie ist kein arbeitendes Gewässer mehr, erzeugt hier keinen Strom, noch trägt sie Lastschiffe. Sie ist, nach fast zwei Jahrhunderten industrieller Hektik, gleichsam zum rüstigen Pensionär geworden, der scheinbar nur für Angler und Paddler, für Wasservögel und Radwanderer da ist und der ganz im Stillen auch dadurch noch nützlich ist, dass er all die Trinkwasserwerke an seinen Ufern (für zweieinhalb Millionen Menschen) mit Wasser versorgt. – Oben dagegen die Dynamik der kürzesten Verbindung zwischen zwei Metropolen: zwischen Düsseldorf, der Landeshauptstadt, und Essen, der zentralen Großstadt des rheinisch-westfälischen Industriegebietes, das ja auch Ruhrgebiet genannt wird.

Was hat die Ruhr damit zu tun? Eigentlich wenig. Das Industriegebiet hat sich von ihr emanzipiert und entfernt, den Namen aber mitgenommen und im Übrigen Ruhr und Natur sich selber überlassen. Um das zu ermöglichen, war unter anderem die Mintarder Brücke nötig. Sie bündelt den Verkehr, der früher auf mehreren engen Straßen bei Werden, Kettwig, Saarn und Mülheim das Ruhrtal querte, und leitet ihn nun elegant und schnell darüber hinweg, das Tal einer zugleich vorindustriellen und nachindustriellen Ruhe überlassend.

Und doch geht es ohne gewaltsame Berührung nicht ab: Es sind das die wuchtigen, riesigen, 60 Meter hohen Betonpfeiler, die das Tal besetzen. Aus der Nähe

Es kommt stets auf den eigenen Standort und den eigenen Blickwinkel an: dann vermag der Gekreuzigte selbst eine solche Brücke zu überhöhen.

betrachtet sind sie beängstigend und brutal, aber seltsam, wie sich von der Ferne her gesehen Anblick und Charakter wandeln. Schaut man flussauf (südöstlich) oder flussab (nordwestlich) gegen die Brücke, schwebt die Fahrbahn als dünnes Band mit atemberaubender Leichtigkeit in der Luft, ruhend nur wie auf weit auseinander gerückten Mikado-Stäbchen; denn die Pfeiler sind scheibenförmige Betonplatten und wirken von der Seite gesehen nur wie dünnste Stäbe. Schaut man dagegen – an der Brücke entlang – quer über das Tal auf die Breitseite der Pfeiler, wirkt es so, als schreite da eine Reihe grau-uniformierter Riesenbeine in rhythmischem Marschtritt über den Fluss und den Wiesengrund hin, als sei das Ganze eine Wachablösung oder eine Parade (um ein freundliches Bild dafür zu wählen!).

Eine ans Wunderbare grenzende Macht löst die Schwerkraft auf in eine leicht schwebende Geometrie; die scheint den Fluss nicht zu stören.

Wer über die Brücke fährt, erlebt nichts von alledem und macht sich auch keine Gedanken, erhascht höchstens einen unerwarteten Tiefblick inmitten der sonst ganz unscheinbaren welligen Landschaft.

Wer aber unten im Tal geht oder steht, kreist mit seinem Erleben dauernd um die – durch alle Sinne präsente – Unzusammengehörigkeit, den Kontrast, das spannungsvolle Mit- und Gegeneinander von Tal und Brücke. Hier die atmendschwingenden Naturlinien und da das Hektik befördernde, Exaktheit ausstrahlende technische Bauwerk.

Wandert man auf dem Ruhrdeich unter dem Bauwerk hindurch, trifft man alsbald am Wege, schräg unterhalb der Brücke, auf ein steinernes altes barockes Wegkreuz mit einem bäuerlich-archaischen Kruzifixus. Er bildet mit Korpus und Armen eine strenge Kreuzform, und nur der Kopf mit der geweißelten Dornenkrone ist in anrührender Weise geneigt. Fast ebensolche Kreuze – nur kopflos! – bilden Brückenpfeiler und Brückenbalken schräg über dem Wegmal. Ein Topf mit weißen und roten Fleißigen Lieschen steht auf dem Sockel. Nichts haben Brücke und Kruzifixus miteinander zu tun, und doch wirkt es aus meiner, des Betrachters Perspektive, wo das Kreuz sich steil vor die Brücke reckt, so, als nehme dieses Kreuz es auf sich, Sühneopfer, Memento mori und Heilszeichen auch für diese Brücke zu sein – auch wenn sie nichts von ihm weiß oder wissen will. Aber so geht es dem Gekreuzigten ja auch anderswo im Leben – und er ist trotzdem da!

Die beiden Holzbrücken von Essing im Altmühltal

Am Mittwoch, dem 21. Februar 1827, unterhält sich Goethe mit Eckermann über Humboldts Projekt eines Durchstichs der Landenge von Panama. Goethe begrüßt es und stellt mit erstaunlichem Weitblick die voraussichtlichen weltgeschichtlichen Folgen dar. »Zweitens möchte ich erleben«, so fuhr er fort, »eine Verbindung der Donau mit dem Rhein hergestellt zu sehen. Aber dieses Unternehmen ist gleichfalls so riesenhaft, dass ich an der Ausführung zweifle, zumal in Erwägung unserer deutschen Mittel. Und endlich drittens möchte ich die Engländer im Besitze eines Kanals von Suez sehen. Diese drei großen Dinge möchte ich erleben, und es wäre wohl der Mühe wert, ihnen zuliebe noch einige fünfzig Jahre auszuhalten.« Solcher Zukunftsglaube berührt uns Heutige warm und gibt uns doch einen Stich ins Herz: Mit welchen Verlusten werden solche »großen Dinge« erkauft!

Das, was Goethe für das Unwahrscheinlichste hielt, wurde zuerst Wirklichkeit. Bereits 1845 wurde der Ludwigskanal eröffnet, der Rhein, Main und Donau über Regnitz und Altmühl miteinander verband. Goethe hätte »nur« dreizehn Jahre länger leben müssen, um diese technische Großtat zu erschauen, ein Werk, das freilich die Landschaft im Vergleich zu heutigen Großprojekten nur bescheiden veränderte, ja eher steigerte!

Erst 1950 wurde der Kanal als zu klein und unzeitgemäß aufgegeben. Da war aber das Todesurteil über das romantische Altmühltal schon längst gesprochen. Bereits 1921 war in einem Staatsvertrag zwischen dem Deutschen Reich und dem Freistaat Bayern die Rhein-Main-Donau (-Kanal) AG gegründet worden. Sie trieb von da an – wenn auch mit Unterbrechungen durch Krieg und Geldmangel – vom Main und von der Donau her zielstrebig den Bau eines Großschifffahrtsweges voran, von dem weder Karl der Grosse noch Goethe zu träumen gewagt hätten.

Bis in die achtziger Jahre hinein blieb das Altmühltal aber noch ein bewegend schönes Landschaftskunstwerk, in dem sich die Male der Natur – die Felsen – mit den Denkmalen der Kultur – den Burgen – mit Wiesen, Wäldern, dem mäandrierenden Fluss und den kleinen mauerumwehrten Städtchen zu wunderbaren Bildern verbanden, die wir heute mit einem zu engen Begriff »romantisch« nennen. – Laute Schlachten tobten zwischen Naturschützern und Wirtschafts-Progressisten; doch dann rückten die Bagger an und verwandelten – ich sage nicht: verschandelten! – das Tal so völlig wie kaum ein anderes in Deutschland.

Die Kulisse aus Burgen und Bergen, Felsen und Wäldern ist zwar geblieben; nichts aber blieb von dem mäandrierenden Flüsschen. Breit wie die kanalisierte

Das Bild scheint eine zum Foto verdichtete Landschaft Altdorfers oder Wolf Hubers zu sein.

Mosel oder der angestaute Main füllt der gerade Kanal die Talsohle aus. Allerdings haben die heftigen Proteste der Landschaftsschützer dazu geführt, dass die Ufer kunstvoll natürlich gestaltet, also mit Büschen und Bäumen bestanden sind und es sorgfältig angelegte Altwasser gibt – dass also eine »Ersatzlandschaft« entstanden ist, in der mit Hilfe einer stattlichen Flotte weißer Ausflugsschiffe der Tourismus »blüht«. Frachtschiffe, für die der Kanal ja eigentlich gebaut wurde, sieht man dagegen höchst selten.

Einen Höhepunkt dieser verwandelten Landschaft bildet die Talenge von Essing. Unter einer grauweiß zerklüfteten, vom Bergfried der Ruine Randeck bekrönten Felswand liegt der Marktflecken Essing zwischen Fels und Altmühl so eng, dass gerade eine Straße mit zwei Häuserzeilen Platz hat. Ein wuchtiger weißer Turm mit pyramidenförmigem Dach gestattet mit seinem runden Torbogen über einen hölzernen Steg den einzigen Zugang vom anderen Ufer her. Der Steg mag schon oft erneuert worden sein, er könnte der Konstruktion nach aber auch aus mittelalterlichen Zeiten stammen:

Vier hölzerne Pfeiler aus je einer Reihe senkrecht eingerammter, an den Seiten aber schräg abgewinkelter Pfosten tragen dicke Rundholzbalken, auf denen die Fahrbahnbretter befestigt sind; ein seitlich über Auslegern schräg abgestütztes Geländer, bestehend aus Handlauf und parallelen Zwischenbalken, geleitet Wanderer und Wagen in leichter Wölbung über die Brücke. Die schrägen Außenbalken der Pfeiler reichen über die Höhe der Fahrbahn hinauf und betonen damit den Eindruck eines fest-gestemmten soliden Charakters der Brücke, die bei Hochwasser andrängende Bäume und Boote abzuwehren weiß. Die senkrechten Kanthölzer der Pfeiler sind mit je drei übereinander angebrachten waagerechten Brettern zu einem festen Gitterwerk verbunden.

Dieser solide und kräftig-einfache Charakter ist der Brücke geblieben, auch wenn sie nun über ein türkisblaues, strömungsfreies Gewässer führt. Es ist ein abgeschnittener Altarm, ein bloßer »Teich«, in dem sich nun Tor, Brücke und Giebel malerisch spiegeln.

Man wäre versucht, dieses Bild eine »funktionslose Idylle« zu nennen, wenn man damit nicht den Menschen Unrecht täte, die ihrem Dorf nun als ruhigem Erholungsort einen neuen Sinn zu geben versuchen. Von der Schnellstraße, die das Tal durchzieht, sind Flussstück, Ort und Brücke durch Buschwerk und Bäume abgeschirmt.

Auf der anderen Seite der Straße liegt der breite Kanal. Ein paar hundert Meter oberhalb – westlich des Ortes – spannt sich eine neue Holzbrücke über das neue Gewässer. Sie ist das spektakulärste Bauwerk des Unteren Altmühltals und inzwischen schon zu einer Art Wahrzeichen des Kanals geworden: die geschwungene durchhängende Fußgängerbrücke von Essing.

Jeden, der sie – die Talstraße entlang fahrend – zum ersten Mal erblickt, mutet sie seltsam, ja widersinnig an; denn da, wo man bei einer Brücke die Scheitelhöhe von Bogen oder Balken erwartet, hängt die Brücke durch. Zwar nicht bis aufs Wasser hinab, aber so, dass man sich fragt: Können da denn die Schiffe hindurch? Der warmbraune Holzton und die feingliedrige Struktur lassen als erste Assoziation das Bild einer Raupe auftauchen, die sich aufbuckelnd von Ufer zu Ufer streckt.

Diese ungewöhnliche Brücke wurde 1985 bis 1986 vom Münchener Architekten RICHARD R. DIETRICH nach siebenjähriger Planungs- und Vorbereitungszeit erbaut oder besser gesagt: aus vorgefertigten Teilen montiert. Denn die eigentliche Arbeit war das Errechnen, Umsetzen und Ausprobieren einer ganz neuartigen und bis dahin noch nie ausgeführten Konstruktion. Sie folgt zwar dem uralten Prinzip einer frei hängenden Seilbrücke – das aber übertragen auf ein »Spannband« aus neun brettschichtverleimten Holzbalken vom Querschnitt 22 x 65 cm. Dieses Spannband ist in den beiden Widerlagern der massiven Brückenköpfe verankert und über fünf Pfeilerböcke gezogen. Es galt ja, nicht nur den Kanal, sondern Uferwege und -gelände sowie die Bundesstraße zu überspannen, insgesamt 190 Meter, von denen die Öffnung über dem Kanal eine lichte Weite von 75 Metern hat.

Je zwei dieser »Böcke« befinden sich an den beiden Ufern und ein weiterer jenseits der Straße. So ein Pfeilerbock besteht aus einem schmalen Betonfundament, aus dem V-förmig die Holzträger wie eine gespreizte Hand aufsteigen, versteift durch ein weiteres stehendes Dreieck aus Holz, sodass das hölzerne Band der neun verbundenen Brückenträger wie von den Fingerkuppen dieser Hand getragen wird, auf denen es mit Gelenken befestigt ist. Die dreifache Abstützung des hängenden Bandes erzeugt eine schwingende, in der Mitte durchhängende Wellenlinie, die

Die schwingende Brückenform versöhnt mit dem geraden Kanal – und als solche »Versöhnung« ist das Bauwerk auch gemeint.

wie ein in die Dauer versetzter, sich stets lebendig erneuernder Sprung Talgrund und Wasser überquert. Der Architekturkritiker M. SACK formulierte den Eindruck prägnant folgendermaßen:

> »So kommt die Brücke zu ihrer eigenwilligen, eleganten, schwungvollen Gestalt: einer flachen Wellenlinie, ähnlich einem gespannten Seil. Diese Figur hat der Architekt nicht eigentlich entworfen, sondern aus der Konstruktion, die ihm vorschwebte, entwickelt: sie ›ergab‹ sich gewissermaßen. Konstruktion, Form und Funktion sind eins. Auch nicht *ein* Detail dieses Ingenieurbauwerks ist blanker Verschönerungslust zuzuschreiben, jedes hat seine logisch abgeleitete, wenn auch keineswegs sich selbst überlassene Form: der konstruierende Architekt hatte immer auch die Architektur seiner Brücke im Auge.«[19]

Der Architekt, der dieses so leicht und einfühlsam wirkende Bauwerk errichtete, ist im Schatten einer Brücke aufgewachsen: der großen Eisenbahnbrücke über die Isar bei Großhesselohe südlich von München. Zeitlebens faszinierten ihn Brücken, aber nicht nur deren technisch konstruktive Seite, sondern auch ihre Einbindung in Landschaft und Stadtraum. Außer der Brücke in Essing schuf er noch einige andere, sich schwingend in die Umgebung einfügende Brücken in eigenwilligen Formen und neuartigen Konstruktionen und erweiterte damit unsere oft allzu statischen Vorstellungen davon, wie Brücken zu sein hätten.

In der künstlichen Landschaft des umgestalteten Altmühltals gab er der Natur durch ein Kunstwerk die Harmonie zurück, die der Mensch ihr zuvor genommen hatte. Durch Jahrtausende vermochten es die Menschen aus sicherem Instinkt, Natur in Kulturlandschaft umzuformen. Dass es auch heute Beispiele solcher Umgestaltungen gibt, ist beglückend und stimmt hoffnungsvoll. Der Blick vom Talgrund über den felsigen Hang zur Ruine Randeck oder die Aussicht von der Burg auf das neu gestaltete Tal haben durch das originelle Bauwerk einen zusätzlichen Reiz gewonnen; es ist sozusagen ein ästhetischer »Mehrwert« entstanden, wie das sonst nur bei alten denkmalwürdigen und schützenswerten Landschafts- und Stadtbildern der Fall ist. Hier im Altmühltal bei Essing hat man beides: ein durch lange Zeiten gewachsenes Bauensemble von Ort, Torturm und Steg, und ein neues sich der Landschaft verbindendes Kunstwerk, geschaffen von einem Einzelnen und seinen »Mitstreitern«.

[19] *M. SACK, in »Die Zeit«, Nr. 24, 5. Juni 1987, in: RICHARD J. DIETRICH, »Faszination Brücken. Baukunst – Technik – Geschichte« Callwey, München 1998.*

Die Hörnbrücke in Kiel

Wechseln wir vom Süden in den Norden, von der Brücke im Altmühltal zur Hörnbrücke in Kiel. Auch sie ist eine ganz leichte, unkonventionelle und bisher einzigartige Konstruktion, auch sie eine Fußgängerbrücke.

Verfolgt man den zeitgenössischen Brückenbau, so lassen sich zwei divergierende Tendenzen feststellen. Da sind einerseits große neue Bauaufgaben: So sind im Zuge neuer Autobahnstraßen oder Hochgeschwindigkeitsstrecken der Bahn Viadukte und Brückenbauwerke von oft gewaltigen Dimensionen zu errichten. Sie werden meist von den Ingenieuren der Straßenbau- oder Bahnverwaltungen nach erprobten Mustern und Konstruktionsprinzipien entworfen und nach bewährten statischen Berechnungen und in möglichst preisgünstigen routinemäßigen Verfahren gebaut. Kunstwerke entstehen auf diese Weise in der Regel nicht. Denn formale Experimente oder kreative konstruktionstechnische Neuerungen über die Herausforderung heraus, die nun einmal jede besondere Örtlichkeit an einen Baumeister stellt, sind dabei verpönt.

Andererseits bietet die heutige Technik so viele neue Möglichkeiten an, dass fähige Brückenbau-Ingenieure auf jede Bauaufgabe mit einer ganz eigenen Lösung antworten können – wenn sie nicht das billigste und schnellste Entwurfs- und Herstellungsverfahren benutzen müssen, sondern mit ihrem Entwurf auch auf die Landschaft, das städtebauliche Umfeld und die besondere Funktion der zu bauenden Brücke so antworten können, dass das Ergebnis den betreffenden »Ort« im weitesten Sinne steigert und überhöht. Zu einem solchen Experiment gehört, dass es gelingen oder fehlschlagen kann – das erhöht den Reiz der Herausforderung.

Den Mut zu solchem Risiko hat man meistens nicht bei den großen, sondern eher bei den kleineren Brückenbau-Aufgaben. So kommt es, dass man gerade unter den Fußgängerbrücken landauf, landab spektakuläre Bauwerke findet. Sie sind es, die einem den Glauben an die schöpferischen Fähigkeiten der Brückenbauer wiedergeben können, Werke zu schaffen, bei denen Konstruktion, Form und umgebende Landschaft zur Einheit, zur Schönheit verschmelzen.

Ein Vorkämpfer solchen Bauens mit konstruktiver und formaler Fantasie ist der Stuttgarter Brückenbau-Ingenieur und Professor für Konstruktion Jörg Schlaich. Mit großer Vehemenz attackierte er die vermeintliche Sturheit und Unbeweglichkeit der deutschen Planungsbehörden, die für die Dekadenz und Öde des zeitgenössischen Brückenbaus im Hinblick auf seine ästhetische und formale Qualität verantwortlich seien. Ein im Jahre 2000 in Berlin von Schlaich und der Akademie der Künste initiiertes Symposion über »die Kunst, Brücken zu bauen«, das Bauverwaltungen und »freie« Brückenbau-Ingenieure zusammenführen und ins Gespräch bringen sollte, kam nicht zustande. Die Vertreter von Bahn- und Straßenbau-Verwaltungen sagten ihre Teilnahme kurzfristig ab. So schwelt der Konflikt untergründig weiter.

Andererseits kann man sich als Betrachter an zahlreiche Bauwerke halten, die in den letzten Jahren als Bereicherung der deutschen »Brückenlandschaft« entstanden sind. Besonders vielseitig und kreativ erweist sich das Büro von SCHLAICH, BERGERMANN und Partner, von dessen Entwürfen wir hier zwei vorstellen wollen: die Hörnbrücke in Kiel und den Fußgängersteg an der Jahrhunderthalle in Bochum.

Begeben wir uns also nach Kiel – mit dem Zug. Der Hauptbahnhof liegt gleich neben dem innersten Ende der Kieler Förde, der so genannten Hörn; steigt man die große Treppe in der Bahnhofshalle hinunter und geht hinaus, gelangt man nach rechts mit wenigen Schritten ans Wasser. Dort öffnet sich nach links der Blick auf die Förde und den Hafen, wo an beiden Ufern der Bucht die großen Skandinavien-Fährschiffe liegen, nach rechts umfasst der Blick das geschlossene Becken der Hörn, deren Ufer teils noch unbebaut, teils von modernen Hochbauten eingefasst sind.

So liegt die Brücke in Ruhestellung über dem Wasser; doch ist es wirklich Ruhe, nicht eher ein »Hab Acht!«? Im Hintergrund das Rathaus von Kiel.

Aber auch geradeaus kann man weitergehen. Da führt die Hörnbrücke ans andere Ufer – sofern sie nicht hochgeklappt ist. Denn es handelt sich bei der Hörnbrücke um eine hoch-originelle Klappbrücke.

Drei rechteckige Felder des Brückenbodens lassen sich in der Brückenmitte durch ein kompliziertes System von Seilzügen, Stützen und Scharnieren zur Stadtseite hin in kaum drei Minuten zusammenfalten, wobei die Seile über zwei bewegliche Rahmen geführt werden, die ganz entfernt an den Rahmen einer klassischen holländischen Zugbrücke erinnern, hier aber ein filigranes bewegliches Gestänge sind, das sich aufrichten und senken, zurückspannen und vorkippen lässt. Die Brücke selbst liegt auf Trägern zwischen dicken runden Rohren, die wie eingerammte Pfähle aus dem Wasser ragen. Der aufklappbare Mittelteil wird stadtseitig von zwei dünnen Rahmen gehalten, die jeweils wie zwei Arme – der vordere stärker geneigt als der hintere – die Seile halten, die an den drei Feldern der Gehbahn befestigt sind. Diese Seile wirken wie Zügel, die von den Armen eines imaginären Wagen- oder Rosselenkers gehalten werden.

Nun hebt sich die Brücke und zieht sich enger zusammen.

Wird nun die Brücke aufgezogen, richten sich die Rahmen auf und stemmen sich nach hinten, wie eben auch zwei Arme sich gegen die Last, sagen wir: des Pferdes stemmen, das sie zum Sich-Aufbäumen bringen sollen. Nun aber knickt die

Einen Augenblick später hat sie sich steil gestellt, ist fast zusammengeklappt – gleich kann das Schiff hindurch!

Fahrbahn an drei Gelenken ein wie ein gestreckter Arm, der sich anwinkeln und an den Körper falten lässt. Aber in diesem Falle ist kein Körper vorhanden: Nur die zwei Rahmen haben sich schräg nach hinten gezogen und die zu drei Platten zusammengefaltete Fahrbahn steht aufrecht zwischen den vordersten Trägerstangen da, als stände sie wie ein Posten grüßend in Hab-Acht-Stellung, wenn nun ein Schiff die Öffnung durchfährt.

Ist das geschehen, so vollzieht sich lautlos der gleiche Vorgang in umgekehrter Folge. Die Stahlrahmen der Brückenfelder sind rot, die beweglichen Rahmen, über die die Seile laufen, orange angestrichen, sodass das Auf- und Zuklappen der Brücke zu einem farbigen Ereignis wird – nie hätte ich gedacht, dass Technik so etwas Graziles, Leichtes, geradezu Anmutiges an Bewegung hervorbringen könnte!

Kleists Gedanken zum Marionettentheater kommen mir dabei unwillkürlich in den Sinn.

So versieht die Hörnbrücke nun seit 1998 ihren Dienst; der auswärtige Besucher, der sie von Bildern her für ein monumentales Bauwerk gehalten hatte, ist erstaunt, wie klein und zierlich sie ist: ein Zwischending zwischen funktionierender Maschine und einem fröhlichen Mobile à la Tinguely, wie es ein Kritiker beschrieb.

Aber ehe es dazu kam, dass diese extravagante Brücke sowohl zum Nutzen als auch zur Augenfreude des Betrachters ihren Dienst versehen durfte, spielte sich ein kommunalpolitisches Drama ab. Stadtbaurat Otto Flagge präsentierte als »Weltneuheit« den Entwurf des Hamburger Büros Gerkan, Marg und Partner als Architekten und des Stuttgarter Büros Schlaich, Bergermann und Partner als Ingenieuren. Ein wilder Kampf pro und kontra, durch eine Wahl angeheizt, entspann sich. Der Entwurf setzte sich durch, aber zu allem Überfluss funktionierte die Konstruktion bei ihrer Erprobung in einer Rostocker Werft zunächst nicht. Das führte zu Termin- und Kostenüberschreitungen, und die Ablehnung des »Luxus-Projektes« wuchs. Schließlich wurde ein Ersatzsteg gebaut, die Konstruktion, in die schon so viel investiert worden war, weiter erprobt und endlich eben doch realisiert.

Die Kritiker sind seitdem verstummt – und Kiel kann stolz sein auf ein neues Wahrzeichen, das den »Aufbruch der Stadt zu neuen Ufern« symbolisiert; konkret: zur Aufwertung des früheren Industrie-Ufers mit der ehemaligen Howaltswerft. Das soll Kiels Stadterneuerung insgesamt ins Bild setzen.

Die Hängebrücke an der Jahrhunderthalle in Bochum

Stadt- und Landerneuerung in großem Stile spielt sich auch im Ruhrgebiet ab. Da kann es uns nicht wundern, wenn wir auch da den »Brückenentwerfer« Jörg Schlaich mit seinem Büro sowie Gerkan, Marg und Partnern als Schöpfer innovativer Konstruktionen finden: Da gibt es die seitlich gekrümmte, unsymmetrisch verspannte Brücke über den Rhein-Herne-Kanal in Oberhausen, da ist die bewegliche Hängebrücke über den Duisburger Innenhafen, die einen »Buckel« machen kann, wenn darunter Schiffe hindurchfahren wollen, und da ist – als jüngste Schöpfung dieser Konstrukteure (2003) – der S-förmig geschwungene, an zwei Masten aufgehängte, 130 Meter lange Fußgängersteg nächst der Jahrhunderthalle in Bochum.

»Jahrhunderthalle«? – das ist Sprache des Ruhrgebiets, das sein Licht nicht gern unter den Scheffel stellt; das ist in concreto eine dreischiffige Werkshalle von gewaltigen Ausmaßen vom Anfang des 20. Jahrhunderts, 1902 als Ausstellungshalle in Düsseldorf errichtet, 1903 als Gasgebläsehalle in den Werkszusammenhang in Bochum integriert. Der »Bochumer Verein«, später von Krupp übernommen, war der größte Schwerindustriekomplex der Stadt aus Hütten-, Stahl- und Walzwerk, Waggonfabrik und Radsatzschmiede, Gussstahlwerk und weltbekannter Glockengießerei. Die riesige Halle, einst zwar nicht das Herz, aber so etwas wie die »Lunge« des ganzen Komplexes, von dem aus alle Abteilungen mit dem produktionswichtigen Gas versorgt wurden, ist fast allein übrig geblieben und nun »mutiert« zum Festspielhaus der »Ruhr-Triennale«, in dem die »Zauberflöte« und Messiaens Franziskus-Oratorium erklingen und natürlich Modernes!

Rings umgeben von Industrie-Brache, von Haldenaufschüttungen, die sich junger Birkenwald erobert – euphemistisch »Westpark« genannt –, liegt sie in einer weiten kahlen Mulde, dominiert vom »martialischen« Stahlgerüst eines Wasserturms, der die Anlage als ihr Wahrzeichen überragt gleich einem mittelalterlichen Bergfried. Der ganze Komplex strahlt überhaupt den spröden Charme und die sanfte Melancholie einer Ruine aus, bei der man ja immer die glanzvollere Vergangenheit ihrer alten »eigentlichen« Bestimmung mitdenkt und sie hier romantisch miterfühlt im Blick auf all das rostige Eisen, die gekappten riesigen Gasrohre, die aus der Nordseite dramatisch herausstehen und einst den Bau als »Gefäßstränge« mit dem ganzen großen Organismus des Werks verbanden, und im Blick auch auf all die Birken und Büsche, die aus Mauern und Dachvorsprüngen sprießen.

Aus verfallenem Gemäuer, auf dem ihre Auflage ist, schwingt sich die Brücke frei in den Luftraum.

An der Südseite zum großen unbefestigten Vorplatz hin ist der Halle 2003 eine moderne Glas-Stahl-Front vorgeblendet worden, die den Eindruck »Festspielhaus« evoziert und natürlich Räume enthält, die einer Gasgebläsehalle fehlten. Das alles sieht man vom so genannten Westpark aus, zu dem die Haldenlandschaft nun umgeformt wird. Auf breiten Wegen, die von Lichtinstallationen begleitet werden, auf leichten Brücken und aufgeständerten Stegen kann man so die Jahrhunderthalle weitläufig umrunden.

Aber wo ist da der Ort einer ganz besonderen Brücke? Im Südosten ist das Gelände zur Innenstadt hin über breite Treppen und Rampen erschlossen. Nach Norden und Westen hin ist es eine Art von steil abfallender Hochfläche, die einen Winkel bildet, von dem aus man den Blick auf ein typisches Ruhrgebiets-Milieu hat: Kleingärten, Wohnsiedlungen, Straßen, einen Gewerbepark, am Horizont ein Förderturm, Halden und ferne Werkssilhouetten. Doch unmittelbar zu Füßen der »Bergkante« befindet sich eine chaotische »Verkehrslandschaft«: die laute Gahlensche Straße, die man aber durch die Baumkronen und vor allem vieler Brücken wegen nicht sieht: Da unten sind zwei Bahnstrecken auf verschiedenen Niveaus sowie eine Rohrbrücke, über die ein ganzes Bündel von Gasrohren geführt wird. Früher muss schräg über diesem Ensemble noch die Strecke der Erzbahn zum

In weitem Bogen spannt sie sich durch die Luft, selbst beschwingt und beschwingend.

Hier wird das Wesentliche sichtbar: Zwische den nach rechts und links geneigt Masten (siehe im Hintergrund) ist das Brückenband aufgehängt, elastis schwingend und doch fest verspann

Hafen Grimberg am Rhein-Herne-Kanal geführt worden sein. Diese Bahn ist nun überflüssig, die Brücke verschwunden. Ihre Trasse wird vom Kommunalverband Ruhr zu einem Wander-, Rad- und Erlebnisweg – wie man das heute nennt – umgebaut.

Den »Abgrund« zwischen dem Gipfelplateau der alten Werkshalde – jetzt Westpark – diesseits mit seinen Bäumen, Straßen, Brücken, Bahnen und Rohrleitungen und dem Anschluss an den alten Erzbahndamm jenseits überschwingt nun die *neue Brücke* als ein Wunder an Leichtigkeit.

Zwei Masten tragen sie; beide schräg nach außen in den Boden gerammt, um sich gegen das Gewicht der sie umschwingenden Gehbahn zu stemmen. Die aber umzieht sie in einer S-Kurve, sodass die Masten sich in ihrer Schräge einander entgegensetzen und -stemmen; der eine hält so den anderen mit im Gleichgewicht. Leicht beginnt sie zu schwingen, begeht man die Brücke; und die ist wie ein lebendiger Körper, der atmet und pulsiert, aber nicht wackelt und schlingert. Nie hat man bei diesen leichten Bewegungen des Brückenkörpers das Gefühl der Unsicherheit, sondern man spürt immer das Gehaltene, in der Spannung eines vorgegebenen Maßes Eingegrenzte mit. Von der Höhe des Parkgipfels aus ein paar Meter hinabgerückt liegt der südwestliche Brückenkopf auf altem Werksgemäuer auf, und dann schwingt die Brückenbahn leicht bergab über all das grüne, steinerne und eiserne »Chaos« verbauter und fest gewordener »Stadtschaft« hinüber zum nordwestlichen Brückenkopf, wo ein breiter Weg auf der Dammkrone der alten Bahnstrecke weiterführt.

Wenn einen auf dieser Brücke doch ein leichter Schwindel erfasst, ist es kein solcher des körperlichen Gleichgewichtssinnes, sondern eher das seelische Gefühl des Enthobenseins und des Staunens darüber, dass man sich einfach so über die Gegebenheiten einer unschönen und unwiderruflich so gewordenen Stadtlandschaft hinwegschwingen kann.

Man mag außerdem dann noch seine Freude haben an den mit- und gegeneinander schwingenden Formen der Masten, den elliptischen Kurven der Verstrebungsseile und der sich bei jedem Schritt verschiebenden Geometrie der Haltetrossen, dem Schlangenschwung des Brückenkörpers selbst. Der Anblick erinnert an die Takelage eines Segelschiffs, die dieser Konstruktion gegenüber aber geradezu statisch wäre. Hier ist ein Grenzfall erreicht – und das ist sicher der tiefste Grund des durchaus angenehmen Schwindelgefühls –, ein Grenzfall, wo das gebaute Bild der Bewegung wirklich zur Bewegung wird: und die vollzieht sich – so sie erlebbar ist – immer nur innerlich.

»Komm in Bewegung, schwing mit mir – und schwebe!«, sagt diese Brücke; aber sie sagt es nicht nur – sie nimmt mich und tut es auch mit mir. Und das an einem so abgelegenen Platz wie dieser Parkecke in Bochum! Daher ist es nur allzu berechtigt, mit Nachdruck darauf hinzuweisen, dass es sie gibt!

Epilog: Die Rheinbrücke bei Emmerich

Wir sind am Ende unserer Brückenreise durch Deutschland angelangt. Diese Reise führte uns vom archetypischen Brücke-Spielen der Kinder und dem Abstecher zu einer »Ur-Brücke« wie der Ponte Mallio aus etruskischer Zeit bis in die Gegenwart; sie führt vom Holzsteg über den Marksbach bis zur Brücke über den breiten großen Rhein bei Emmerich. Die dortige Brücke ist die größte und weitest gespannte Hängebrücke Deutschlands.

Sie betrachtend können wir gut Abschied nehmen von unserer Brückenreise, denn auch sie ist – in etwas anderem Sinne – ein »Tor des Abschieds«, das Tor nämlich, durch welches der Rhein Deutschland verlässt. Wenige Kilometer hinter dieser Brücke teilt sich der Strom, und es beginnt die niederländische Delta-Landschaft, das Vorspiel des Meeres und der Mündungen, wo der Rhein sogar seinen Namen ablegt. Der Eindruck des Abschieds freilich ist nur bedingt durch unsere deutsche Perspektive – und nur da gültig; ist doch für die Niederländer die Rheinbrücke bei Emmerich eher ein Eingangstor zu jenem deutschen Rhein, den der Holländer fast noch als einen Bergfluss daherkommen sieht, wenigstens was die Wucht seiner Strömung und die Herkunft seiner Wasser betrifft.

Die Rheinbrücke bei Emmerich sprengt mit ihrer Größe die maßvollen Dimensionen mitteleuropäischer Räumlichkeit. Sie wurde 1965 errichtet und überspannt den Fluss als Hängebrücke mit einer Spannweite von 500 Metern. In die weiten Horizonte der niederrheinischen Landschaft fügt sie sich mit den klaren Formen einer bewährten Konstruktion ein. Es sind die Formen einer »klassischen« Hängebrücke. Bei einer solchen werden über die gewaltigen Pfeiler-Tore zweier Pylonen die beiden Seile geführt, an denen die Fahrbahn mit festen Stahltrossen aufgehängt ist.

Zwei Kräfte stehen da eindrucksvoll in Korrespondenz zueinander: zum einen die Zug- und Spannkraft, mit der die Seile über die Pylonen und das weite Wasser gespannt sind, sodass sich die Form eines riesigen, sozusagen aus dem Himmel herabhängenden Bogens von einem halben Kilometer Länge ergibt, zum anderen die Schwerkraft – das Lasten – der filigran wirkenden Fahrbahn-Konstruktion, die an den senkrechten Trossen hängt: senkrechte und waagerechte Linien als letzte Vereinfachung des Kräfteprinzips von Tragen und Lasten, das aller Architektur zugrunde liegt. – Und doch wird diese einfache Gegenüberstellung gleich wieder aufgehoben und in Bewegung gebracht, denn in dem großen Bogen geben die Kräfte des Tragens, Haltens und Spannens der Schwerkraft nach und runden sich abwärts, und so erlebt man in der Brückenmitte den fast imaginären Tiefpunkt, in dem der Bogenschwung von oben sich der Fahrbahn unten am meisten nähert. Da zeigt sich, dass die scheinbar waagerechte Linie des Brückenbalkens sich diesem Punkt fast unmerklich entgegenhebt; so hat die Fahrbahn über der Strommitte tatsächlich einen Scheitelpunkt, auch wenn sie sich im Übrigen den waagerechten Horizonten des Tieflandes ganz verschwistert.

Dem gleitend sensiblen »Ausatmen« der Brückenform in der Mitte stehen rechts und links die beiden Pylonen mit der kraftvollen Geste des Sich-Aufreckens und Schwung-Holens gegenüber. Breitbeinig, sich nach außen spreizend, stehen sie da wie zwei Fluss-Wächtergestalten, die das feste Band der Brücke sich bilden lassen durch ein in dauerhafte Sichtbarkeit geronnenes unaufhörliches Hin- und Her- und Aufeinander-zu-Schwingen der Tragseile, an denen alles hängt. Schlank und schmal emporgereckt, mehr Kraftlinie und gestisches Zeichen als derb-materielle Gestalt erreichen diese Pylonen mit 74,5 Metern über dem Betonsockel mühelos die Höhe der wuchtigen Türme von St. Martin und St. Aldegundis im nahen Emmerich.

Jahrhundertelang waren diese Türme es, die allein mit ihrer Aufrichtekraft Stadt und Landschaft am Strom beherrschten. Sie vermittelten vornehmlich die Kommunikation »nach oben« – und nun setzte ihnen das 20. Jahrhundert das elegante Zeichen der in die Weite ausgreifenden menschlich-irdischen Kommunikation an die Seite: die große Brücke, die den Fluss an seiner wasserreichsten, breit strömenden Stelle seines Laufes überschwingt.

Man kann sich an einem solchen Bauwerk begeistern, weil in ihm die nützlichen, funktionellen und konstruktiven Elemente sich steigern und verwandeln ins Zeichenhafte; weil darin das Sinnlich-Sichtbare gleichzeitig transzendent ist und allgemeine Gesetzmäßigkeiten ausspricht, indem es diese sichtbar werden lässt.

Die modernen Brücken-Konstrukteure sind sich dieser Tatsache, die ja gleichzeitig eine Aufgabe ist und große Verantwortung einschließt, sehr bewusst. So soll hier zum Abschluss einer dieser Konstrukteure selber zu Wort kommen: Jörg Schlaich, dem wir einige der schönsten und originellsten zeitgenössischen Brücken in Deutschland verdanken. Er sagt – Sätze aus einem längeren zusammenhängenden Text sind hier zusammengefügt:

> »Die Brücken sind ein ganz wesentlicher Bestandteil unserer gebauten Infrastruktur, die die materielle Grundlage für ein menschenwürdiges Leben auf dieser Erde darstellt. Der Brückenbau darf und muss für sich in Anspruch nehmen, was jedem anderen öffentlichen Bau, Museum, Theater, Bahnhof, Krankenhaus, Schule, mit größter Selbstverständlichkeit auch zugebilligt wird: dass es Teil unserer Baukultur ist und dass deshalb sein Anspruch auf gestalterische Qualität gleichberechtigt neben seiner Funktion steht. Die Baukunst ist unteilbar!
>
> Dieser gesellschaftspolitische und kulturelle Hintergrund verpflichtet die Bauingenieure, über ihr Wissen und Können hinaus ihre Fantasie einzusetzen, um ihre Bauten, insbesondere in ihrer Königsdisziplin, dem Brückenbau, so zu entwerfen und zu gestalten, dass sie die Natur, die sie verbauen (müssen), mit einer einzig adäquaten Gegenleistung entschädigen: mit Baukultur.

Bei guten Brücken geht alles auf, von der Werkstoffwahl und der vorteilhaften Herstellung bis zur Einfügung in die Landschaft, der Wahrhaftigkeit der Form und der Botschaft. Gute Brücken entstehen aus Wissen, Erfahrung und Intuition in Verantwortung gegenüber der Natur, der Kultur und der Gesellschaft, zu der auch ein soziales Gewissen gehört.

Das herausragende Entwurfskriterium für eine Brücke ist ihr Ort, ihn muss sie reflektieren, im Ganzen und im Detail, sie kann sich bescheiden einfügen oder bewusst abheben. Daraus folgt, dass jede Brücke ein Individuum ist und dass es respekt-, fantasie- und kulturlos wäre, nur standardisierte Einheitsbrücken vorzuhalten.

Der Entwerfer spürt zunächst die Individualität des Ortes auf, beispielsweise die Baugrundsituation, um daraus einerseits ganz rational abzuleiten, wo er Stützen stellen, Bogenkräfte abstäubern oder Abspannseile verankern kann. Wenn er zunächst über schlechte Baugrundverhältnisse stöhnt, wird er bald erkennen, dass gerade sie oder ganz allgemein jedwede Schwierigkeit die Chance für eine entwerferische Idee, für eine einmalige und neuartige Lösung in sich birgt.

Weit sich breitend das Wasser, weit ausschwingend zwischen den Pylonen die Spannseile und dazwischen die Straße: einen Kilometer lang zwischen Himmel und Erde, zwischen Himmel und Wasser gehängt – das ist die Rheinbrücke von Emmerich.

> In einem dicht besiedelten und landschaftlich schönen, aber auch sensiblen Land wie unserem verdienen Brücken all unsere Aufmerksamkeit und liebevolle Zuwendung, damit sie nicht nur ihre technische, volkswirtschaftliche und soziale Aufgabe erfüllen, sondern von den Menschen als Bereicherung ihres Umfeldes begrüßt werden.« [20]

Dem ist nicht mehr viel hinzuzufügen; man könnte verdeutlichend ergänzen: nicht nur als Bereicherung des sichtbaren Umfeldes, sondern auch als dessen Steigerung durch den schöpferischen »Mehrwert«, den der Mensch den natürlichen Gegebenheiten hinzuzufügen vermag, diese verwandelnd in das, was man »Kulturlandschaft« nennt. Erst durch die Umwandlung von der »bloßen« Natur in Kulturlandschaft macht sich der Mensch die Welt zur Heimat, in der er menschenwürdig existieren kann.

Der Begriff der Menschenwürde umschließt aber auch – auf geheimnisvolle Weise – den der »Schönheit« und der »Achtung vor allen Schöpfungsdingen«. Da der Mensch aber, um existieren zu können, notwendigerweise in die Verhältnisse eingreifen, sie (zer-)stören und verändern muss, obliegt es ihm andererseits, durch die ihm eigenen schöpferischen Kräfte, durch einfühlendes Erkennen, durch

[20] Jörg Schlaich, »Straßenbrücken. Ingenieur-Baukunst in Deutschland«, S. 7 ff., Berlin 2002 [3].

Handwerk, Technik, künstlerisches Gestalten das Verlorene zu ersetzen und Neues hinzuzufügen, das die Welt bereichert und weiterbringt.

So ist alle Kulturtätigkeit ein Kampf, der Ausplünderung des Planeten, der Banalisierung des Lebens, der Verunstaltung der Erde positive Schöpfertaten entgegenzusetzen – und das auf vielen, ja allen Gebieten des Lebens!

Brücken nehmen dabei einen besonderen Rang ein, weil sie immer öffentlich sind, fast immer an markanten Punkten errichtet werden und meist durch ihre Dimensionen auffallend oder prägend sind. Wenn es auch schlechte, hässliche Brücken gibt: Die Sehnsucht der Menschen geht doch dahin, mit dem Bau einer Brücke über den Nutzen hinaus ein Zeichen zu setzen, denn »Brücken zu schlagen« – in konkretem und übertragenem Sinn – ist etwas dem Menschen Not-Wendiges. So wie es heißt »navigare necesse est«, kann man auch sagen »pontificium necesse est«. Das machen uns schon die Kinder vor.

Literatur

Aufgenommen wurden nur zusammenfassende und allgemeine Publikationen zum Thema »Brücken« (Sammelbände, Bildbände). Es wurde nicht angestrebt, hier die gesamte »Brücken-Literatur« zu dokumentieren oder die Herkunft der Fülle der Informationen zu den einzelnen der beschriebenen Brücken zu belegen.

Bihalji-Merin (Hrsg.): »Brücken der Welt«, umfangreicher Sammelband verschiedener Autoren, 278 S., R. Löwit-Verlag, Wiesbaden o.J.

Bonatz, Paul und Leonhardt, Fritz: »Brücken«, Reihe: Die Blauen Bücher (Bildband), R. Langewiesche-Verlag, Königstein/Ts. 1952.

Brown, David J.: »Brücken – Kühne Konstruktionen über Flüsse, Täler und Meere«, Bildband, aus dem Englischen, 176 S., Callwey-Verlag, München 1994.

Browne, Lionel: »Brücken – Meisterwerke der Architektur«, Bildband, aus dem Englischen, 80 S., Parkland-Verlag, Köln 1996.

»Daidalos – Architektur Kunst – Kultur«, Band 57, »Brücken«, Sammelband verschiedener Autoren, Bertelsmann-Zeitschriften-Verlag, Gütersloh 1995.

»Diagonal«, Zeitschrift der Universität-Gesamthochschule Siegen, Jahrgang 1998, Heft 1 und 2, »Brücken«, Sammelband verschiedener Autoren, 296 S., Univ. Siegen 1998.

Dietrich, Richard J.: »Faszination Brücken. Baukunst. Technik. Geschichte«, Bild- und Textband, 272 S., Callwey-Verlag, München 1998.

Dünninger, Eberhard: »Weltwunder Steinerne Brücke – Texte und Ansichten aus 850 Jahren«, 80 S., Buch- und Kunst-Verlag Oberpfalz, Amberg 1996.

Goethe, Johann Wolfgang von: »Dichtung und Wahrheit«, C. Hanser-Verlag, München o.J.

ders.: »Das Märchen«, Reihe: Denken – Schauen – Sinnen, 80 S., Verlag Freies Geistesleben, Stuttgart 1961.

Gründel, Eva und Tomek, Heinz: »Prag«, Reihe: Richtig reisen, 376 S., DuMont-Verlag Köln 1993.

Herodot: »Das Geschichtswerk«, 2 Bände, Aufbau-Verlag, Berlin – Weimar 1967.

Kargel, Erhard: »Die Donaubrücken von der Mündung bis Regensburg«, in: »Die Donau – Facetten eines europäischen Stromes«, Katalog zur Oberösterreichischen Landesausstellung 1994, S. 200–203, S. 377–379 (darin tabellarische Auflistung aller Donaubrücken), Landesverlag Linz 1994.

Kuchar, Jiri (Hrsg.), »Esoterisches Prag« – Führer durch die verborgene Geschichte der Stadt. Deutsche Übersetzung Albert Schmirler, Prag 2001.

Leonhardt, Fritz: »Brücken – Ästhetik und Gestaltung«, zweisprachig Deutsch/Englisch, 308 S. mit 696 Abb., davon 326 in Farbe, Deutsche Verlags-Anstalt, Stuttgart o.J.

»Prag«, Merian-Hefte, 14. Jg., Heft 12, 104 S., Hoffmann und Campe Verlag, Hamburg 1961.

Neuwirth, Josef: »Prag«, in: »Berühmte Kunststätten Nr. 8«, 142 S., Leipzig – Berlin 1901.

Roig, Joan: »Neue Brücken«, Bild- und Textband, Deutsche Verlags-Anstalt, Stuttgart 1996.

Schneider, Günter und Kieling, Uwe: »Stadt der Brücken – Berlin«, Text- und Bildband, 96 S. Jaron-Verlag, Berlin 1996.

Schubert, Horst: »Wie die Brücken sich wieder von Köln nach Köln spannten«, Reihe: »Gelebtes Köln« Nr. 1, 1997, 48 S., Stadt Köln 1997.

»Strassen – Brücken – Ingenieur Bau Kunst in Deutschland«, Buch zur Ausstellung, Text- und Bildband, 96 S., Berlin 2002. darin: Schlaich, Jörg: »Gedanken eines Brückenbau-Ingenieurs«.

Struck, Gabriele: »Brücken«, Reihe: Abenteuer Architektur, Text- und Bildband für Kinder, 28 S., Prestel-Verlag, München o.J.

»Überbrücken – Neue Verbindungen der Hauptstadt (10 Jahre Brückenbau nach der Wende)«, 80 S., Stadt Berlin o.J.

Danksagung

Es ist mir ein Bedürfnis, denen zu danken, die zum Entstehen dieses Buches beigetragen haben. Da ist zuerst Johannes M. Mayer zu nennen, mit dem ich mich schon vor Jahren über das »Mysterium des Übergangs« unterhalten hatte, ohne zu ahnen, wohin uns dieses große Thema führen würde. Als ich ihm mein leicht »über die Ufer getretenes« Manuskript schließlich vorlegte, war es nun an ihm, sich damit auseinanderzusetzen! Aber das haben er und seine Mitarbeiter, besonders auch Roswitha von dem Borne im Lektorat, mit Hingabe getan – ihm und ihnen sei herzlich gedankt.

Förderung und kritische Hinterfragung allzu salopper Gedankengänge oder Bilder fand das Buch in mittlerweile vielen Jahren des »Wachsens« durch meine Frau, die das Projekt mit manchen Gedanken und Erfahrungen, insbesondere zu den archetypischen Aspekten des Phänomens »Brücke«, bereicherte.

Danken muss ich auch einer Reihe von Freunden und Bekannten, die mir – um mein Interesse für Brücken wissend – Bilder schöner, mir bisher unbekannter und von ihnen entdeckter Brücken von ihrem Reisen gleichsam als »Fundstücke« für die Brücken-Bilder-Sammlung mitbrachten. Nennen möchte ich Frank Hörtreiter in Hamburg, dem das Brücken-Thema ein Herzensanliegen ist, der mir Bücher und Bilder darüber zukommen ließ und immer wieder fragte, wie weit ich damit nun sei.

Möge das Buch nun selber Brücken bauen – Brücken des Interesses, des Verständnisses und der Freude an dieser besonderen Ausprägung der menschlichen Kultur: der Brücke!

Dortmund, am 28. Januar 2004 Joachim von Königslöw

Bibliografische Information Der Deutschen Bibliothek

Die Deutsche Bibliothek verzeichnet diese Publikation
in der Deutschen Nationalbibliografie;
detaillierte bibliografische Daten sind
im Internet über http://dnb.ddb.de abrufbar.

Königslöw, Joachim von:
Brücken: Mysterien des Übergangs
Stuttgart; Berlin: Mayer 2004
ISBN 3-932386-80-9

Einband: Klaus Dempel, Stuttgart
Satz: Susanne Olbrich und projektpartner, Stuttgart
Reproduktionen: projektpartner, Stuttgart
Papier: BVS, 170g/qm, Scheufelen, Lenningen
Druck: Druckerei C.H. Beck, Nördlingen
Buchbinder: Großbuchbinderei Monheim, Monheim
Printed in Germany

Bildquellen:
Seite 8, 9, 10, 12, 13, 14, 26, 27, 29, 30, 32 aus: Richard J. Dietrich, Faszination Brücken. Baukunst – Technik – Geschichte. Verlag Georg D.W. Callwey, München.
Seite 35, 36 und Autorenporträt Umschlag: Christiane von Königslöw, Dortmund.
Seite 129, 130, 133, 206, 208 Archiv und Fotograf: Hans P: Szyszka, Erfurt.
Seite 184, 210, 212: Jürgens. Ost + Europa-Photo, Berlin.
Seite 189, 191, 195: Artur. Architekturbilder-Agentur, Köln.
Seite 192: Architektur-Bilderservice Kandula, Witten.
Seite 200, 201: Rainer Gaertner. Publikon Verlagsgesellschaft, Berlin.
Seite 229, 230, 231: Ingo Röhrbein, Hamburg.
Alle übrigen Aufnahmen vom Verfasser